GEMEINWOHL ALS ZUKUNFTSAUFGABE

HEINRICH BÖLL STIFTUNG
SCHRIFTEN ZU WIRTSCHAFT UND SOZIALES
BAND 20

Gemeinwohl als Zukunftsaufgabe

Öffentliche Infrastrukturen zwischen Daseinsvorsorge und Finanzmärkten

Eine Studie von Jana Mattert, Laura Valentukeviciute und Carl Waßmuth

Herausgegeben von der Heinrich-Böll-Stiftung in Zusammenarbeit mit Gemeingut in BürgerInnenhand (GiB) e.V.

Gemeinwohl als Zukunftsaufgabe
Öffentliche Infrastrukturen zwischen Daseinsvorsorge und Finanzmärkten
Eine Studie von Jana Mattert, Laura Valentukeviciute und Carl Waßmuth
Band 20 der Schriftenreihe Wirtschaft und Soziales
Herausgegeben von der Heinrich-Böll-Stiftung in Zusammenarbeit mit Gemeingut in BürgerInnenhand (GiB) e.V.

Lektorat: textwerkstatt, Karin Nungeßer
Gestaltung: feinkost Designnetzwerk, C. Mawrodiew (basierend auf Entwürfen von State Design)
Cover-Foto: © Frank Schirrmeister – Ostkreuz Agentur der Fotografen
Druck: ARNOLD group, Großbeeren
ISBN 978-3-86928-163-6

Bestelladresse: Heinrich-Böll-Stiftung, Schumannstr. 8, 10117 Berlin
T +49 30 28534-0 **F** +49 30 28534-109 **E** buchversand@boell.de **W** www.boell.de

INHALT

VORWORT

Die Kooperation mit den Autor/innen des Vereins Gemeingut in BürgerInnenhand und die Idee zu dieser Studie entstanden im Rahmen unserer internationalen Arbeit zur kritischen Begleitung der Investitionspolitik der G20. Die Präsidentschaft dieses informellen Klubs von 19 der stärksten Wirtschaftsmächte und der EU hat Deutschland am 1. Dezember 2016 übernommen.

Diese Kooperation mag auf den ersten Blick ungewöhnlich erscheinen. Da ist einerseits die Arbeit eines privatisierungskritischen Bürger/innennetzwerkes in Deutschland. Es klärt über verschiedene Formen von Privatisierung nach dem Modell der öffentlich-privaten Partnerschaft (ÖPP) auf und schafft Öffentlichkeit, um zu verhindern, dass Steuermittel und Gebühren in Erhalt, Ausbau und Betrieb von öffentlich finanzierten Infrastrukturen der Daseinsvorsorge fließen, während die Gewinne daraus privat angeeignet werden können. Das aktuelle Beispiel ist die Debatte um die Infrastrukturgesellschaft, die in Zukunft die Verwaltung und den Betrieb von Autobahnen in Deutschland übernehmen soll – doch das könnte erst der Anfang sein, denn das zugrundeliegende Modell kann auch auf jeden anderen Bereich der Daseinsvorsorge, wie z.B. den Schulbau, übertragen werden.

Da ist andererseits die jahrelange kontinuierliche Beobachtungsarbeit der Heinrich-Böll-Stiftung zu den politischen Bemühungen der G20, einen globalen Konsens zur Infrastruktur-Investitionspolitik herbeizuführen. Das ÖPP-Modell wird dabei als eine Art Wundermittel – für Wachstum und Wohlstand und zur Umsetzung der globalen Nachhaltigkeitsziele – angesehen und weltweit systematisch gefördert.

Was also hat das eine mit dem anderen zu tun? Wie greifen nationale und internationale Ebene ineinander?

Die Autor/innen beleuchten die aktuellen Entwicklungen von öffentlich-privaten Partnerschaften in Deutschland und ordnen sie historisch ein. Die Ergebnisse dieser kritischen Aufarbeitung passen in das Bild unserer internationalen Beobachtungen zur Modellentwicklung für die Investitionspolitik der G20: Sie setzt auf Infrastrukturinvestitionen, um das globale Wirtschaftswachstum wieder anzukurbeln. Die Idee ist, öffentliches Geld – ob aus Steuergeldern, aus Nutzungsgebühren wie der Maut oder aus Mitteln für die Entwicklungszusammenarbeit – einzusetzen und institutionelle Anleger (wie Pensionsfonds, Versicherer oder Staatsfonds) für eine Kofinanzierung von Infrastrukturinvestitionen im Rahmen von öffentlich-privaten Partnerschaften zu gewinnen.

Die 2016 im Ergebnis der chinesischen G20-Präsidentschaft gegründete «Global Infrastructure Connectivity Alliance» will diese Pläne unterstützen und miteinander verzahnen, etwa den «Juncker-Plan» in Europa, das afrikanische «Program for Infrastructure Development in Africa» (PIDA) oder das chinesische

Seidenstraßen-Projekt, das China mit Europa, Nahost und Afrika unter Einsatz eines Investitionsvolumens von 900 Milliarden US-Dollar verbinden soll. Nationale, regionale und multilaterale öffentliche Banken, mehrheitlich unter der Kontrolle von G20-Mitgliedsstaaten, haben sich zusammengeschlossen, um den Investitionsbedarf zu decken, den die Direktorin des Internationalen Währungsfonds (IWF), Christine Lagarde, kürzlich auf 90 Billionen US-Dollar bezifferte. Diese Banken konzentrieren ihre Investitionen auf die wirtschaftlich relevanten Sektoren Energie, Transport, Wasser und Informationstechnologie. Geplant sind Megakorridore, die den Handel innerhalb und zwischen den Kontinenten beflügeln sollen. Standardisierte Projektvorbereitungsprozesse und die Bereitstellung entsprechender Vertragsmuster sollen diesen Prozess international beschleunigen und Pipelines von bankfähigen Projekten entstehen lassen. Wir befinden uns also in einer Ära der «Entwicklung», die sich stark an Infrastrukturinvestitionspolitik ausrichtet.

Deutschland hat im Rahmen seiner G20-Präsidentschaft einen Afrika-Schwerpunkt gesetzt und bereitet mit der Verknüpfung eines «Marschallplans für Afrika» des Bundesministeriums für wirtschaftliche Zusammenarbeit und Entwicklung (BMZ) und einem «Compact mit Afrika», einer Investitionsinitiative des Bundesfinanzministeriums (BMF), bilaterale Partnerschaften mit Ländern vor, in denen man bereits ausreichend gute Rahmenbedingungen für Investoren sieht. Diese Investitionsinitiative des Bundesfinanzministeriums ordnet sich in die Logik des Infrastruktur-Investitionskonsenses der G20 und der multilateralen Banken ein. So sollen, wenn es nach der Weltbank geht, künftig Rentner/innen im Vereinigten Königreich davon profitieren können, wenn Menschen im tansanischen Dar es Salaam Mautgebühren zahlen.

In den Ländern des globalen Südens geht es vielerorts zunächst um nachholende Entwicklung. In den alten Industrieländern, so auch in Deutschland, bedarf es umfangreicher Investitionen in den Erhalt und Ausbau sowie in den ökologischen Umbau bestehender Infrastrukturen. Der Anlagewert der öffentlichen Infrastrukturen in Deutschland beträgt rund zwei Billionen Euro, allein der jährliche Ersatzbedarf dafür liegt bei 50 bis 67 Milliarden Euro. Die OECD beziffert den weltweiten Finanzierungsbedarf für Infrastrukturen auf rund zwei Billionen US-Dollar pro Jahr. Es wird aber nur rund eine Billion US-Dollar jährlich investiert, vorwiegend durch die öffentliche Hand. Es besteht also kein Zweifel, dass eine gut durchdachte Investitionspolitik eine globale Aufgabe ist.

Das Design von Infrastrukturfinanzierungen hat weitreichende Auswirkungen auf Umwelt, soziale Gerechtigkeit, Entwicklung und öffentliche Haushalte. Mit den 2015 auf UN-Ebene verabschiedeten globalen Nachhaltigkeitszielen verbindet sich die Hoffnung auf Fortschritt durch Infrastrukturinvestitionen, die an die globalen Herausforderungen zur Bekämpfung des Klimawandels und der Armut angepasst sind. Die negativen Auswirkungen von Infrastrukturinvestitionen auf Mensch und Umwelt sind jedoch ebenfalls bekannt: Von Großstaudämmen über Bergbau-, Öl- und Gasprojekte bis hin zu Straßen und Häfen haben Großprojekte in der Vergangenheit dazu geführt, dass Menschen vertrieben und ihrer Lebensgrundlagen beraubt, Ökosysteme zerstört und grundlegende Menschenrechte verletzt wurden.

Die entscheidenden Fragen für eine kritische Begleitung jeglicher Infrastrukturpolitik – national wie international – sind deshalb: Wer investiert? Zu welchem Zweck? Wer profitiert? Wer zahlt? Und schließlich: Wem gehört die so entstehende Infrastruktur, und wer kontrolliert ihr Gedeihen und eine nachhaltige Bewirtschaftung?

Bei der Analyse der bevorzugten Finanzierungsmodelle sind wir sowohl in Deutschland als auch in unserer internationalen Arbeit überall auf das Modell öffentlich-privater Partnerschaften (ÖPPs) gestoßen. Die Argumente dafür sind immer dieselben: Die öffentlichen Kassen sind leer; gut verpackt kann man mit ÖPPs die tatsächlichen öffentlichen Schulden schönen; Finanzmarktakteure finden neue Anlagemöglichkeiten. Tatsächlich sind Investitionen in Infrastrukturprojekte für sie wegen eines geringen Risikos und vergleichsweise hoher Renditen in Zeiten von Niedrigzinspolitik besonders interessant. ÖPPs und Infrastrukturgesellschaften repräsentieren also eine vermeintliche Win-win-Situation: Wohlstand und Entwicklung im globalen Süden, sichere Renditen im reichen Norden.

Das ÖPP-Modell wird deshalb nicht nur für deutsche Autobahnen bevorzugt, sondern auch im Rahmen der G20. Es wird darüber hinaus aber auch von der UN stark gefördert. ÖPPs sind im Nachhaltigkeitsziel 17 verankert. Dort werden die Mittel zur Umsetzung der 16 anderen Ziele dargelegt. Selbst in den Indikatoren zur Umsetzung dieses Zieles wird die reine Anzahl von ÖPPs – ohne Hinterlegung qualitativer Kriterien entlang der oben formulierten Fragen! – als ein Erfolgskriterium genannt. Das Modell findet sich auch im Rahmen der sogenannten Addis-Abeba-Agenda der UN-Konferenz zur Entwicklungsfinanzierung wieder. Dort wird ebenfalls stark auf die Mobilisierung privaten Kapitals für Entwicklungsaufgaben gesetzt. Im Rahmen der Diskussionen um das Nachhaltigkeitsziel 17 wurde zeitweilig sogar über ÖPP-Pools und die Bündelung verschiedener Vorhaben nachgedacht, um die Risiken zu moderieren. Die Idee: Anlagen weniger risikobehafteter Projekte sollen mit solchen «gebündelt» werden, bei denen das Risiko größer ist.

Klingt vertraut? Kein Wunder: Hier finden sich altbekannte Muster, die zur Finanzkrise 2008 beigetragen haben. Es geht um die Finanzialisierung von Infrastrukturprojekten als neue Anlageformen. Die G20 erhofft sich damit die Wiederbelebung und Stabilisierung der Finanzmärkte – eines ihrer wesentlichen selbstgesetzten Ziele nach der Krise von 2008.

Keine Pauschalkritik an der Einbeziehung des Privatsektors, aber...

Aufgrund des weltweit sehr hohen Investitionsbedarfs sind ÖPPs die modernste Form umfangreicher Privatisierung. In der vorliegenden Studie finden sich zahlreiche Argumente, warum eine Privilegierung des ÖPP-Modells in Deutschland gegenüber der öffentlichen Vergabe für die anstehenden nötigen Investitionen nicht angemessen ist: weil darüber Gewinne privatisiert und Risiken sozialisiert werden, weil die Kosten, die ÖPPs verursachen, für die Allgemeinheit langfristig nicht niedriger, sondern höher sind, und weil Politik und öffentliche Verwaltungen an Einfluss verlieren und Kernkompetenzen, etwa an private Beratungsfirmen übertragen und große Konzerne Wettbewerbsvorteile gegenüber dem Mittelstand erlangen können.

Und, es stellt sich eine Kernfrage der Demokratie: Durch einseitige Verträge wird das Recht des Staates, im Interesse von Mensch und Umwelt zu regulieren, eingeschränkt, damit die Rechte von Investoren Vorfahrt haben. International passiert genau das gerade im Rahmen der Erarbeitung eines Standard-Vertragsentwurfes für ÖPP-Vorhaben durch die Weltbank. Während der Protest gegen den Investor-Staat-Streitbeilegungsmechanismus im Rahmen von TTIP noch nicht verklungen ist, sollen das Prinzip der Privilegierung der Rechte von Investoren und Garantiezusagen zum Schutz ihrer Investitionen künftig in jedem einzelnen ÖPP-Vertrag festgeschrieben werden. Das führt nicht nur zu einem Kontrollverlust der Parlamente, wo sie denn überhaupt effektiv arbeiten können, sondern zerstört darüber hinaus einen Sozialvertrag des Staates mit seinen Bürger/innen im Interesse von Rechtsstaatlichkeit und Regulierungshoheit zugunsten von nationalen Sozial- und Umweltstandards und zum Schutz der Menschenrechte.

Es geht uns nicht um eine Pauschalkritik gegen die Mobilisierung des Privatsektors für die anstehenden enormen Zukunftsaufgaben. Aber das global favorisierte Design für öffentlich-private Partnerschaften ist nicht zukunftsfähig – nicht in Deutschland, wo Bürger/innen und die Oppositionsparteien den Plänen zur Schaffung einer «Infrastrukturgesellschaft Autobahnen» widersprochen haben, und auch anderswo nicht. Es belastet die Steuerzahler/innen und insbesondere künftige Generationen mit Schattenhaushalten und Risiken. Denn sie sind es, die Infrastrukturen der Daseinsvorsorge im Krisenfall «retten» müssen – mit tiefgreifenden Folgen, wie die Finanzkrise von 2008 gezeigt hat. Dazu verengt das Investitionsmodell die Möglichkeiten für eine verbesserte Umwelt- und Sozialgesetzgebung, und es gefährdet demokratische Errungenschaften wie öffentliche Kontrolle und Mitbestimmungsrechte – überall. Das können wir, das dürfen wir nicht zulassen.

Berlin, im Juni 2017

Dr. Heike Löschmann
Referentin für Internationale Politik
Heinrich-Böll-Stiftung

EINLEITUNG

Unsere Daseinsvorsorge basiert auf Infrastrukturen, deren Erhalt und Ausbau Investitionen benötigt. Dabei kann es um den kaum wahrnehmbaren Erhalt von Abwasserrohren unter der Erde gehen, um die Schlaglochsanierung auf den Straßen oder um den spektakulären Ausbau der Versorgungsnetze im Zuge der Umstellung auf erneuerbare Energien.

Wie investiert wird und wie die dafür erforderlichen Mittel bereitgestellt werden können, ist ein so großes Thema, dass es auf vielen Ebenen behandelt wird: supranational – etwa bei G20-Gipfelgesprächen –, im Rahmen nationaler Investitionsoffensiven ebenso wie in den Kommunen. Die vorliegende Studie kann das Thema in dieser Breite nicht erfassen, sie bietet jedoch die Betrachtung aus deutscher Perspektive als Beitrag für die Debatte zur G20-Infrastrukturpolitik. Wo es sich anbietet, werden Hinweise auf den internationalen Kontext gegeben.

Deutschland verfügt über eines der leistungsfähigsten Netze an Infrastrukturen weltweit. Allerdings besteht auch hierzulande Umbau-, Ausbau- und Erneuerungsbedarf. Investitionen dieser Art wurden in den letzten 15 Jahren in Deutschland kaum getätigt. Die hochwertigen Anlagen verfallen: Notwendige Nachinvestitionen fallen zu niedrig aus und werden zu langsam getätigt. Gänzlich unklar ist, wie neue Anforderungen, etwa durch die Energiewende oder den Ausbau des schnellen Internets, gelöst werden sollen.

Für den Investitionsstau spielt eine bedeutende Rolle, dass der überwiegende Teil der Daseinsvorsorge durch die Kommunen erbracht wird. Unter anderem durch einen Rückgang des Anteils an den Gesamtsteuereinnahmen im Nachgang der rot-grünen Steuerreformen bei gleichzeitig wachsendem Aufgabenvolumen besteht in vielen Kommunen Deutschlands eine extrem angespannte Haushaltssituation – es fehlt an Geld, weshalb überfällige Investitionen über Jahre immer wieder zurückgestellt werden mussten. Auch der Bund und die Länder haben Haushaltsprobleme. Sie müssen die Maastricht-Kriterien zur Defizitbegrenzung einhalten, zusätzlich haben sie sich die Schuldenbremse(n) auferlegt.

Wie also soll investiert werden? Private Anleger[1] stehen bereit, der öffentlichen Hand zur Seite zu springen. Auf den Finanzmärkten zirkulieren liquide Mittel in Billionenhöhe, für die nach rentablen und risikoarmen Anlageformen gesucht wird. Auch Vertreter/innen der politischen Parteien möchten privates Kapital in die Daseinsvorsorge einbeziehen. Seit gut 15 Jahren setzen sie dazu vielfach auf das

1 Es gibt auch Anlegerinnen, die als Einzelpersonen Geldanlageentscheidungen treffen. Unter dem Begriff «Anleger» werden hier und im Weiteren jedoch institutionelle Anleger wie Fonds, Banken und Versicherungen verstanden, die Akteure an den Finanzmärkten sind.

Instrument der öffentlich-privaten Partnerschaften (ÖPPs). Diese Form der Finanzierung soll nun ausgeweitet werden. Derzeit schlägt die Bundesregierung vor, öffentliche Infrastrukturen im Autobahnsektor in einer privatrechtlichen Infrastrukturgesellschaft zusammenzufassen und auf diesem Wege eine weitere Kapitalaufnahme zu ermöglichen. Dazu soll – nach dem Willen der Bundesregierung – sogar das Grundgesetz geändert werden.

Allerdings haben vorausgegangene Privatisierungen bei den Menschen in Deutschland keinen guten Eindruck hinterlassen. Nach einer repräsentativen Umfrage, die der Deutsche Beamtenbund (dbb) 2007 bis 2015 vom Meinungsforschungsinstitut Forsa durchführen ließ, wollen derzeit nur 17 % der Bevölkerung weitere Privatisierungen, mehr als die Hälfte (55 %) lehnt dies ab, 23 % fordern sogar die Rückabwicklung bestehender Privatisierungen.[2]

Die Infrastrukturen der Daseinsvorsorge stehen damit in einem Spannungsfeld zwischen drei verschiedenen Akteuren mit unterschiedlichen Zielsetzungen: Da sind die Bürger/innen mit ihren Ansprüchen an einen guten öffentlichen Nah- und Fernverkehr, an intakte Straßen, eine funktionierende Wasser- und Energieversorgung, eine zuverlässige Müllabfuhr, an gut ausgestattete Schulen und Universitäten, moderne Krankenhäuser und Kultureinrichtungen. Sie beziehen sich auf die öffentliche Hand, die weiß, dass sie dringend investieren muss, aber knapp bei Kasse ist. Als dritte Gruppe werden über die Finanzmärkte Anleger hinzugezogen, deren Interesse nicht in der Erfüllung von Daseinsvorsorgeaufträgen, sondern in der Maximierung von Renditen liegt.

In der vorliegenden Untersuchung wird die Frage gestellt: Erfüllt privates Kapital in öffentlichen Infrastrukturen die Ansprüche der Bürger/innen – oder verschärft es die gegenwärtige Situation?

Zur Beantwortung haben wir Literatur recherchiert und Texte analysiert. Für zentrale Fragen wurden für die aufgefundenen Sachverhalte Modelle gebildet. Zu einzelnen Aspekten haben wir Interviews mit einer Expertin und drei Experten geführt, die zu diesem Thema forschen oder politisch aktiv sind. Die Analyse erfolgt dabei in sechs Schritten.

In Kapitel 1 werden Daseinsvorsorge und Infrastrukturen unter die Lupe genommen: Wie sind sie definiert, was genau sind ihre Aufgaben, wie sind sie verfasst, welche materiellen und immateriellen Einrichtung sind ihnen zuzurechnen, wie verändern sie sich? Werden sie den Ansprüchen gerecht, die die Allgemeinheit an sie stellt?

Kapitel 2 hält Rückschau: Welche Erfahrungen mit Privatisierungen wurden in Deutschland nach dem Zweiten Weltkrieg gemacht? Es werden sechs Privatisierungswellen beschrieben. Was wurde dabei privatisiert? Was waren die jeweiligen Beweggründe, um zu privatisieren? Welche Folgen hatten diese Privatisierungen? Worin ähneln sich die Wellen, worin unterscheiden sie sich?

2 dbb beamtenbund und tarifunion/forsa Gesellschaft für Sozialforschung und statistische Analysen mbH (2015): Bürgerbefragung öffentlicher Dienst, S. 30, www.dbb.de/fileadmin/pdfs/2015/forsa_2015.pdf.

Öffentlich-private Partnerschaften (ÖPPs) bilden die aktuelle, noch anhaltende Privatisierungswelle. In Kapitel 3 wird daher gefragt: Was genau sind diese öffentlich-privaten Partnerschaften? In welchem Zusammenhang stehen sogenannte Infrastrukturgesellschaften zu ÖPP?

Kapitel 4 wendet sich den Finanzmärkten zu. Um was genau geht es, wenn man im Zusammenhang mit Infrastrukturen von Finanzmärkten spricht? Wann und warum steigen Bedeutung und Einfluss der Finanzmärkte in einer langfristigen Abfolge von Investitionen? Welche Interessen verfolgen institutionelle Anleger, wenn sie Kapital in Infrastrukturen der Daseinsvorsorge einbringen? Dazu wird das Spannungsfeld betrachtet, das entsteht. Was sind gegenüber den Interessen von Anlegern die Anforderungen der Allgemeinheit an die Leistungen der Daseinsvorsorge?

In Kapitel 5 werden verschuldete öffentliche Haushalte vorgestellt. Wer ist stark verschuldet, wer weniger stark? Welche Rolle spielen die Schuldenregeln, welche Schulden bremsen sie – und welche nicht? Welche Stellung nehmen öffentlich-private Partnerschaften und die neu vorgeschlagenen Infrastrukturgesellschaften in öffentlichen Haushalten ein?

In Kapitel 6 werden gängige Staatsmodelle betrachtet: Leistungsstaat, «schlanker Staat», Austeritätspolitik und Gewährleistungsstaat. Welche Argumentation soll welches staatliche Handeln begründen? Verändern sich die Modelle, verändert sich die Argumentation? Enthalten die Modelle alle wesentlichen Einflüsse? Verträge zwischen der öffentlichen Hand und den privaten Anbietern von Daseinsvorsorgeleistungen werden als zentrale Schnittstelle identifiziert. Können die Anforderungen an die Qualität und Zuverlässigkeit der Daseinsvorsorge über diese Verträge umgesetzt werden? Wo bestehen Machtasymmetrien?

In Kapitel 7 werden mögliche Alternativen vorgestellt und untersucht. Wie kann so investiert werden, dass Gemeinwohlinteressen gewahrt bleiben?

Kapitel 1: Daseinsvorsorge und öffentliche Infrastruktur

Im ersten Kapitel erfolgt eine Auseinandersetzung mit den Begriffen «Daseinsvorsorge» und «öffentliche Infrastrukturen». Es wird gefragt, was in einem umfassenden Sinne unter Daseinsvorsorge verstanden werden kann, welche Geschichte dem Begriff zugrunde liegt, in welchem Verhältnis Daseinsvorsorge und öffentliche Infrastrukturen zueinanderstehen, was (alles) Investitionen sein können und auch, welche Dynamik diese Begriffe begleitet. Was sind die Ansprüche der Bürger/innen an Daseinsvorsorge, werden diese Ansprüche erfüllt?

1.1 Daseinsvorsorge

Dem Begriff «Daseinsvorsorge» geht der Begriff der «Daseinsfürsorge» voraus, der auf den NS-Staatsrechtler Ernst Forsthoff[3] zurückgeht. Forsthoff hatte die Daseinsfürsorge 1938 in seiner Schrift «Die Verwaltung als Leistungsträger» eingeführt. Forsthoff sieht das Gemeinwesen als verantwortlich für die Sicherstellung jener öffentlichen Grundbedürfnisse, die unter anderem die Grundversorgung mit Wasser und Energie, Abwasser- und Abfallentsorgung, öffentlichem Personennahverkehr, Gesundheitsdiensten, Wohnraum, Bildungseinrichtungen sowie kulturellen Einrichtungen wie Theatern, Museen und Sporteinrichtungen umfassen.[4] Nach dem Krieg löste die «Daseinsvorsorge» die «Daseinsfürsorge» begrifflich ab, bei weitgehend

3 Ernst Forsthoff veröffentlichte 1933 sein Buch «Der totale Staat» (Hanseatische Verlagsanstalt, Hamburg). Darin kritisierte er die Weimarer Verfassung: Diese habe einen Staat «ohne Substanz» gebildet; eine solche Substanz, aus der der Staat seine Kraft beziehe, könne eine Monarchie von Gottes Gnaden oder nunmehr das Volk, der Führer und sein Mythos sein. Die Weimarer Republik habe den Staat an den Pluralismus von Interessen ausgeliefert; Politik setze aber Macht und Autorität, eine Rangordnung von Verhältnissen der Über- und Unterordnung voraus. In der Schrift verteidigt Ernst Forsthoff neben dem Führerprinzip auch die Diskriminierung und Verfolgung der Jüdinnen und Juden.

4 Ernst Forsthoff (1938): Die Verwaltung als Leistungsträger, Kohlhammer, Stuttgart, zitiert aus ders.: Der Staat der Industriegesellschaft, 1971, S. 75f.

synonymer Verwendung.[5] Auch Forsthoff, der ab 1952 einen Lehrstuhl für Staatsrecht in Heidelberg innehatte, spricht in seinen Schriften im Weiteren von Daseinsvorsorge.[6]

Dabei ist zu beachten, dass trotz der breiten Verwendung des Begriffs «Daseinsvorsorge» in mehrerlei Hinsicht Unschärfen bestehen. So wird «Daseinsvorsorge» sowohl als politisch-soziologischer Begriff als auch als Rechtsbegriff verwendet. Auch innerhalb der Bereiche ist die jeweilige Bedeutung oft strittig. Bestandteil des politischen Diskurses ist insbesondere, welche Bereiche unter Daseinsvorsorge subsummiert werden sollen. Seit den 1980er-Jahren wird zudem intensiver diskutiert, von wem bestimmte Leistungen erbracht werden müssen oder dürfen. Für das Rechtswesen gilt, dass es sich um einen generell unbestimmten Rechtsbegriff handelt, seine Bedeutung wird also auch in Gesetzen nicht näher definiert. Zudem ist die rechtliche Relevanz des Begriffs umstritten. Gleichwohl wird der Begriff der Daseinsvorsorge in der verwaltungsrechtlichen Diskussion häufig verwendet und als Argumentationsstütze herangezogen – auch vom Bundesverfassungsgericht.[7]

1.1.1 Entwicklung von Daseinsvorsorge

Als Vorläufer und mögliches Gegenmodell zur öffentlichen Daseinsvorsorge kann die private Subsistenzwirtschaft angesehen werden. Autarke Einzelhöfe, deren Bewohner/innen alles, was sie zum Leben und Überleben benötigten, selbst herstellten oder der Natur entnahmen, gibt es hierzulande heute jedoch nur noch sehr selten. Entsprechend hat die Bedeutung von Daseinsvorsorge und insbesondere von

5 Häufigkeitsanalysen sind schwer mit vertretbarem Aufwand zu führen. Die Häufigkeit der Nennung eines Begriffs in verschiedenen Texten belegt zudem noch nicht zwingend seine Verwendung im Sinne einer bestimmten Bedeutung. Auch ist es schwierig, die Gruppe der zu untersuchenden Literaturstellen sinnvoll einzugrenzen. Nichtsdestotrotz können grobe Entwicklungen sichtbar gemacht werden. So zeigt eine Häufigkeitsanalyse mithilfe des Recherchewerkzeugs «Google Books Ngram Viewer» für die Begriffe «Daseinsfürsorge» und «Daseinsvorsorge» das folgende Muster: Etwa. ab 1930 werden Treffer für «Daseinsfürsorge» ausgewiesen. Die prozentuale Trefferquote geht ab 1940 zurück, steigt ab 1950 wieder an und erreicht 2008 etwa das Doppelte des Werts von 1930. «Daseinsvorsorge» weist einen starken Anstieg ab 1945 auf, überholt «Daseinsfürsorge» 1950 und erreicht 1975 eine gegenüber «Daseinsfürsorge» 15-mal höhere prozentuale Trefferquote. Es folgt eine rund 20 Jahre andauernde Phase, in der die prozentuale Trefferquote unterhalb der Werte von 1975 bleibt. Ab Mitte der 1990er-Jahre steigt der Wert wieder stark an und verdoppelt sich bis 2008 nahezu noch einmal.

6 Siehe dazu z. B. Ernst Forsthoff (1958): Die Daseinsvorsorge und die Kommunen, Kohlhammer, Stuttgart. Trotz seiner Entstehung während der NS-Diktatur findet der Begriff der Daseinsvorsorge in Deutschland seit Jahrzehnten breite Verwendung und wird auch in der vorliegenden Studie nicht durch ein anderes Wort ersetzt. Ob und inwieweit die Entstehungsgeschichte einen Einfluss auf Bedeutung und Rezeption hat, kann im Rahmen der vorliegenden Studie nicht beantwortet werden.

7 Vgl. Siegfried Broß (2015): Privatisierung staatlicher Infrastrukturbereiche in der «sozialen Demokratie». Probleme, Risiken, verfassungs- und gemeinschaftsrechtliche Bindungen, Folgerungen für die Mitbestimmung und strategische Überlegungen, Schriften der Hans-Böckler-Stiftung, Band 84, Nomos Verlag, Baden-Baden, S.38 ff.

technischen Infrastrukturen in den vergangenen 150 Jahren erheblich zugenommen. Der Bochumer Politik- und Verwaltungswissenschaftler Prof. Dr. Jörg Bogumil verfasste 2010 gemeinsam mit den Autor/innen Prof. Dr. Johann-Christian Pielow, Jens Ebbinghaus, Sascha Gerber und Maren Kohrsmeyer eine wichtige Studie zur kommunalen Daseinsvorsorge. Darin halten die Verfasser/innen fest: «Die Industrialisierung bewirkt, dass einzelne Individuen - anders als noch in der Agrargesellschaft - nicht mehr die Möglichkeit besitzen, sich selbst aus eigener Kraft mit allen essentiellen Lebensgrundlagen zu versorgen.»[8]

Diese Entwicklung hat auch mit der Bevölkerungszunahme zu tun: Ein Land ohne flächendeckende Wasserversorgung mit einer Einwohner/innenzahl von fünf Millionen ist mit demselben Land, aber nun 25 Millionen Einwohner/innen und weiterhin ohne ausreichende Wasserversorgung nicht mehr zu vergleichen. In Letzterem herrscht vermutlich eine dauerhafte, strukturelle humanitäre Krise. Die Weltbevölkerung hat sich seit 1850 verfünffacht. Eine Rückkehr zur Subsistenzwirtschaft ist so gut wie unmöglich.

1.1.2 Die Rolle der Daseinsvorsorge und ihre Wahrnehmung in Deutschland

Menschen benötigen die Daseinsvorsorge heute oft in einer Weise, die ihnen wenig bewusst ist. Alle wissen, dass Menschen sauberes Wasser zum Leben brauchen. Gleichzeitig haben die meisten Menschen hierzulande nach dem Zweiten Weltkrieg kaum je Situationen erlebt, in denen Wasser knapp oder seine Qualität gesundheitsbedrohlich war. Das Wissen um die lebensnotwendige Bedeutung von Wasser ist somit trotz der täglichen Berührung weniger eine Alltagserfahrung als eine kulturelle Prägung. In anderen Bereichen der Daseinsvorsorge gibt es dagegen oft keine solche kulturelle Prägung. Kann man ohne Strom überleben? Als Einzelne oder Einzelner zeitweise schon. Fällt der Strom jedoch für alle aus, wird es schnell existenziell: Sind Krankenhäuser, Tankstellen und Kühlhäuser länger ohne Strom, sind lebenserhaltende Funktionen unseres Zusammenlebens bedroht.

1.1.3 Daseinsvorsorge – ein dynamischer Begriff

Kann man ohne Mobiltelefon leben? Vor fünfzig Jahren war mobiles Telefonieren das Privileg einer kleinen Oberschicht. Seit zehn Jahren gibt es in Deutschland bereits mehr aktive Mobilfunkzugänge als Einwohner/innen. 2015 lag die Zahl sogar schon bei 1,4 aktiven SIM-Karten pro Bewohner/in. Pro Person und Monat werden in Deutschland 400 MB an Daten mobil übertragen. Auf dem Welt-Pressefoto des

---

8 Jörg Bogumil, Johann-Christian Pielow, Jens Ebbinghaus, Sascha Gerber, Maren Kohrsmeyer (2010): Die Gestaltung kommunaler Daseinsvorsorge im Europäischen Binnenmarkt - empirische Untersuchung zu den Auswirkungen des europäischen Beihilfe- und Vergaberechts insbesondere im Abwasser- und Krankenhaussektor sowie in der Abfallentsorgung, erstellt im Auftrag des Ministers für Bundesangelegenheiten, Europa und Medien des Landes Nordrhein-Westfalen, S. 9, online: www.sowi.ruhr-uni-bochum.de/mam/images/regionalpolitik/gestaltung_kommunaler_daseinsvorsorge.pdf.

Jahres 2013 sieht man eine Gruppe afrikanischer geflüchteter Menschen an der nächtlichen Küste Dschibutis. Sie hielten ihre Handys in die Luft, in der Hoffnung, Empfang zu bekommen. Das Foto symbolisiert die gewachsene Bedeutung der Kommunikationsinfrastruktur als Bestandteil der Daseinsvorsorge.

1.1.4 Daseinsvorsorge aus Sicht der klassischen Wirtschaftswissenschaft

Von Adam Smith über Friedrich Hayek bis Milton Friedman vertreten viele angesehene Wirtschaftswissenschaftler/innen die Überzeugung, dass es Bereiche öffentlicher Aufgaben und öffentlicher Daseinsvorsorge gibt, die der Markt niemals erfassen und regeln wird, die für das Funktionieren von Handel und Gesellschaft aber gleichwohl unabdingbar sind. Bei Hayek liest sich das so: «Sie [die wünschenswerten Dienstleistungen, die von wettbewerblichen Unternehmen nicht bereitgestellt werden] schließen auch diejenigen Betätigungen ein, die Adam Smith beschrieben hat als ‹diejenigen öffentlichen Anstalten und Unternehmungen [...] die, so vorteilhaft sie für ein ganzes Volk sein mögen, doch niemals einem einzelnen oder einer kleinen Zahl von Personen die Kosten ersetzen›.»[9]

Die Schlussfolgerungen aus dieser gemeinsamen Annahme sind bei den jeweiligen klassischen und neoklassischen Ökonomen unterschiedlich, es wird dazu auf die Diskussion verwiesen, die die Politikwissenschaftlerin Prof. Petra Dobner zusammengefasst hat.[10] An dieser Stelle soll nur festgehalten werden, dass es keine relevante ökonomische Theorie gibt, die ohne Daseinsvorsorge oder einen vergleichbaren Gegenstand (wie «wünschenswerte Dienstleistungen», s. o.) auskommt.

1.1.5 Daseinsvorsorge und Wohlfahrtsstaat

Die Entwicklung des Daseinsvorsorge-Begriffs nach dem Zweiten Weltkrieg ist eng mit der Vorstellung des Wohlfahrtstaats verbunden. Insbesondere in der Nachkriegszeit wurden Forderungen aus Parteien, Gewerkschaften und Kirchen an die Politik gerichtet, die Daseinsvorsorge wiederherzustellen und auszubauen. Gleichzeitig lässt sich die Fortentwicklung der Daseinsvorsorge selbst als demokratisierend verstehen, wie der britische Politikwissenschaftler Colin Crouch deutlich macht: «Die Idee, aber auch die praktische Umsetzung des öffentlichen Dienstes und des Wohlfahrtstaates, die während des 20. Jahrhunderts verfolgt wurden, war ein wesentlicher Bestandteil der Demokratisierung der Politik.»[11]

Erst mit zunehmender Kritik am Wohlfahrtsstaat und dem Postulat des «Gewährleistungsstaats» gerieten etwa ab der Jahrtausendwende zunächst die rein öffentliche Bereitstellung von Daseinsvorsorge und später auch die Daseinsvorsorge selbst unter Druck – wie hier vonseiten der Deutschen Bank: «Privatisierungsoffensiven sollten auch auf Einrichtungen der Infrastruktur und der Daseinsvorsorge zielen.»

---

9 Friedrich August von Hayek zitiert nach Petra Dobner (2010): Wasserpolitik. Zur politischen Theorie, Praxis und Kritik globaler Governance, Suhrkamp Verlag, Berlin, S. 240.

10 Petra Dobner, ebd., S. 210 ff.

11 Colin Crouch (2008): Postdemokratie, Suhrkamp Verlag, Frankfurt am Main, S. 101.

«Vorteilhaft ist prinzipiell auch die Privatisierung staatlicher Leistungen der Daseinsvorsorge, also etwa der Wasserversorgung und -entsorgung, von Einrichtungen des Gesundheitswesens und von nicht hoheitlichen staatlichen Verwaltungsaufgaben. Hierbei handelt es sich prinzipiell um private Güter.»[12]

Zur Debatte um Daseinsvorsorge und Wohlfahrtsstaat verweisen wir auch auf Krautscheid[13] und Broß[14] sowie auf die Auseinandersetzung mit verschiedenen neueren Staatsmodellen in Kapitel 6.

1.1.6 Kommunen als wesentliche Träger der Daseinsvorsorge

Ein Großteil der Leistungen der Daseinsvorsorge wird von den Kommunen erbracht. Dies ist zum einen historisch bedingt, wie der Bochumer Verwaltungsexperte Prof. Jörg Bogumil und seine Koautor/innen betonen: «Insbesondere in der zweiten Hälfte des 19. Jahrhunderts werden viele Einzelelemente des späteren Sozialstaates im kommunalen Raum erprobt, und es erfolgt eine zunehmende Verklammerung kommunaler Selbstverwaltung und moderner Staatlichkeit. Die Kommunen verbreitern mit den zunehmenden Versorgungs-, Leistungs-, Fürsorge- und Planungsfunktionen ihr Aufgabenspektrum. Die Städte bauen innerörtliche Straßennetze, kümmern sich um die Abwasser- und Wasserversorgung und organisieren die Müllbeseitigung. [...] Zentrale Aufgabenbereiche der kommunalen Daseinsvorsorge befinden sich seit dieser Zeit also in kommunaler Hand.»[15]

In den Kommunen ist zudem der Einfluss der dort lebenden Menschen noch relativ unvermittelt. In der zweiten Hälfte des 19. Jahrhunderts nutzt das aufstrebende Bürgertum die Möglichkeiten zur Mitbestimmung, um die Daseinsvorsorge zu etablieren und in kommunale Trägerschaft zu bringen, wie die Wissenschaftler/innen deutlich machen: «Hier streiten nun kommunales Bürgertum gegen Großindustrie, Finanzkapital und die Verfechter eines klassischen Wirtschaftsliberalismus über die Fragen der öffentlichen Gemeindewirtschaft. Das kommunale Bürgertum setzt sich durch. Anfang des 20. Jahrhunderts sind in den 85 Städten des Deutschen Reichs mit über 50.000 Einwohnern Wasser-, Gas-, Elektrizitätswerke, Straßenbahn und Schlachthof weitgehend kommunalisiert.»[16]

Moderne Infrastrukturen der Daseinsvorsorge sind häufig überregional. Das gilt zum Beispiel für Autobahnen, Bundesstraßen, für Netze für Hochgeschwindigkeitszüge, 380kV-Stromnetze und das Internet. Fast immer ist jedoch weiterhin eine kommunale Anbindung erforderlich. Die Dimension dieser Anbindung kann

---

12 Beide Zitate aus: Deutsche Bank Research (2011): Erlöse, Wettbewerb, Wachstum. Möglichkeiten der Privatisierung im Eurogebiet, online: www.dbresearch.de/PROD/DBR_INTERNET_DE-PROD/PROD0000000000279744/Erl%C3%B6se%2C+Wettbewerb%2C+Wachstum%3A+M%C3%B6glichkeiten+der+Privatisierung+im+Eurogebiet.pdf, S. 1 und S. 5.

13 Andreas Krautscheid (Hg.) (2009): Die Daseinsvorsorge im Spannungsfeld von europäischem Wettbewerb und Gemeinwohl – eine sektorspezifische Betrachtung, VS Verlag, Wiesbaden.

14 Siegfried Broß (2015): ebd.

15 Bogumil et al. (2010): S. 9.

16 Ebd.

exemplarisch für das Straßennetz gezeigt werden: Autobahnen machen in Deutschland gerade einmal knapp zwei Prozent aller Straßen aus, Bundesstraßen sechs Prozent; je 13 % entfallen auf Landes- und Kreisstraßen. Kommunale Straßen machen hingegen 66 % aller deutschen Straßen aus. Selbst wenn man berücksichtigt, dass Autobahnen nicht selten sechs- oder sogar achtspurig sind, und man die Spurlängen ins Verhältnis setzt, bilden die kommunalen Straßen also das deutlich größere Netz: mit einem Anteil von etwa 58 % gegenüber dem Bundesfernstraßennetz mit 17 % und den Kreis- und Landesstraßen mit 25 %.[17]

1.1.7 Sozialer Ausgleich auf dem Wege der Daseinsvorsorge

Daseinsvorsorge hat einen im Grundsatz sozialen Anspruch. So konstatieren die Autor/innen der «Kommission Öffentliche Güter» der Heinrich-Böll-Stiftung in ihrem Bericht: «Mit der Zugänglichkeit öffentlicher Güter ist ein ausgleichender und ermöglichender Anspruch verbunden. Die Verfügbarkeit existentiell wichtiger Güter wie Luft, Wasser, Strom, die Sicherstellung eines existenz- und teilhabesichernden Lebensstandards, der chancengleiche Zugang zu Bildung, Gesundheit, Kultur und Wohnen sowie die Bereitstellung von Infrastruktur für Mobilität und Kommunikation – es steht außer Frage, dass ein demokratisch organisierter Wohlfahrtsstaat diese Dinge gewährleisten muss, um soziale Kohäsion zu erhalten und zu fördern.»[18]

Auch wer wenig Geld hat, soll also Zugang zu elementaren Leistungen erhalten. Dafür werden Preise und Gebühren häufig bezuschusst, um sie für alle erschwinglich zu halten. Dieses Konzept der Bezuschussung wird ab der Jahrtausendwende im Zusammenhang mit vorgeschlagenen Privatisierungen zunehmend harsch kritisiert, wie das folgende Zitat aus einem Bericht der Deutschen Bank von 2011 belegt: «In vielen Fällen bietet der Staat herkömmlicherweise Leistungen der Daseinsvorsorge zu günstigen Preisen an, um die Dienste für breite Teile der Bevölkerung bezahlbar zu halten. Dies ist indes kein Argument gegen eine Privatisierung. Die Subventionierung ist ein verfehlter sozialpolitischer Ansatz. Bei der Privatisierung entsprechender Dienste kann darauf verzichtet werden. Eine finanzielle Unterstützung einkommensschwacher Nutzer ist hier der kostengünstigere und sozialpolitisch treffsichere Weg.»[19]

Eine andere Form der Bezuschussung ist die Quersubvention. Historisch wurden durch Gebühren jedoch auch nicht unerhebliche zusätzliche Einnahmen generiert, wie Prof. Jörg Bogumil und seine Kolleg/innen in ihrer Untersuchung betonen: «Mit den Einnahmen aus diesen Betrieben [der Daseinsvorsorge] werden zu nicht unerheblichen Teilen zuschussbedürftige Aufgaben finanziert [Armenkasse,

17 Alle Angaben nach: Kurt Bodewig (2015): Zwischenbericht der Kommission «Bau und Unterhalt des Verkehrsnetzes», S. 7.

18 Petra Böhnke, Jens Kersten, Berthold Vogel (Hg.) (2015): Der Wert öffentlicher Güter. Bericht der «Kommission Öffentliche Güter» der Heinrich-Böll-Stiftung. Schriften zu Wirtschaft und Soziales, Bd. 15, hrsg. von der Heinrich-Böll-Stiftung, Berlin, online: www.boell.de/sites/default/files/der-wert-oeffentlicher-gueter.pdf.

19 Deutsche Bank (2011): S. 5.

Krankenhaus, Polizei, Straßenbahn]. 1907 machen sie ein Viertel der Gesamteinnahmen aller deutschen Gemeinden aus.»[20]

1.1.8 Regionaler Ausgleich auf dem Wege der Daseinsvorsorge

Daseinsvorsorge hat auch den Anspruch, regionale Unterschiede abzumildern. So gibt es in Spanien sowohl wasserreiche Regionen wie auch solche, die die längste Zeit des Jahres extrem trocken sind. Sauberes Trinkwasser soll dennoch in allen Regionen gleichermaßen verfügbar gemacht werden. In vielen Ländern der Welt gibt es solche Unterschiede in den klimatischen Bedingungen oder den Bodenverhältnissen zwischen verschiedenen Regionen, die auch die Daseinsvorsorge unterschiedlich aufwendig machen. Das wichtigste Spannungsfeld hinsichtlich des regionalen Ausgleichs besteht zwischen der Peripherie und den Zentren. Städte mit Infrastrukturen der Daseinsvorsorge zu versehen ist zumeist wesentlich einfacher (und kostengünstiger), als die Grundversorgung in der Fläche sicherzustellen.[21] Daseinsvorsorge erfüllt daher auch eine wichtige strukturpolitische Funktion: Werden die zugehörigen Leistungen auf dem Land für viele Menschen unerschwinglich oder werden sie gar nicht (noch nicht oder nicht mehr) bereitgestellt, beschleunigt sich die Landflucht.

Gleichzeitig kann der Abbau der kleinteiligen Verteilungsnetze auch gravierende Auswirkungen auf die übergeordneten Netze haben. So führten in Brandenburg in den vergangenen 15 Jahren Bahnhofsschließungen und die sukzessive Stilllegung von Nebenstrecken dazu, dass auch die Nutzung von Strecken zu Mittelzentren stark zurückging und dort weitere Stilllegungen nach sich zog. Es trat ein sich teils selbst verstärkender Effekt des Rückzugs aus der Fläche ein. Im gleichen Maße stieg allerdings der aus Umweltgründen weniger erwünschte Autoverkehr an. Er verstopfte die Hauptstraßen und Innenstädte der umliegenden Regionalzentren und erzeugte so einen steigenden Druck zum Ausbau der Straßeninfrastruktur.

1.1.9 Daseinsvorsorge im Vertrag von Lissabon

Im Protokoll Nr. 26 des Vertrags von Lissabon wird in Artikel 1 festgehalten: «Zu den gemeinsamen Werten der Union […] zählen insbesondere die wichtige Rolle und der weite Ermessensspielraum der nationalen, regionalen und lokalen Behörden in der Frage, wie Dienste von allgemeinem wirtschaftlichem Interesse auf eine den

20 Bogumil et al. (2010): S. 9.

21 Eine neue Situation stellt sich mit dem Aufkommen von Megacities: Hier besteht ein Spannungsfeld zwischen den Stadtzentren und den die Peripherie bildenden Slums, die sowohl am Rande der Stadt liegen können, sich aber auch oft flächig über die Riesenstädte verteilen. Siehe dazu auch Mike Davis (2007): Planet der Slums, Assoziation A Verlag, Berlin.

Bedürfnissen der Nutzer so gut wie möglich entsprechende Weise zu erbringen, in Auftrag zu geben und zu organisieren sind.»[22]

Der Passus stellt eine erstmalige Regelung der kommunalen Selbstverwaltung in der Europäischen Union dar und wurde entsprechend von vielen Kommunen in der EU begrüßt.

1.1.10 Einfach- und grundgesetzliche Regelung der Daseinsvorsorge

Das deutsche Grundgesetz regelt die Daseinsvorsorge indirekt. In Art. 20 und in Art. 28 ist festgelegt, dass die «Bundesrepublik Deutschland [...] ein [...] sozialer Bundesstaat» und ein «sozialer Rechtsstaat» ist. Zudem ist im Grundgesetz die sogenannte kommunale Selbstverwaltung verankert: «Den Gemeinden muß das Recht gewährleistet sein, alle Angelegenheiten der örtlichen Gemeinschaft im Rahmen der Gesetze in eigener Verantwortung zu regeln.»[23]

Damit ist es den Kommunen überlassen, was genau sie als Daseinsvorsorge auffassen. Dem werden durch die Einführung der grundgesetzlichen Begriffe «Gleichwertigkeit» respektive «Einheitlichkeit der Lebensverhältnisse» gewisse Grenzen gesetzt. Demnach hat «der Bund das Gesetzgebungsrecht, wenn und soweit die Herstellung gleichwertiger Lebensverhältnisse im Bundesgebiet oder die Wahrung der Rechts- oder Wirtschaftseinheit im gesamtstaatlichen Interesse eine bundesgesetzliche Regelung erforderlich macht.»[24]

An anderer Stelle werden die Finanzbeziehungen zwischen dem Bund und den Ländern, zu denen die Kommunen gehören, unter folgender Bedingung geregelt: «Die Deckungsbedürfnisse des Bundes und der Länder sind so aufeinander abzustimmen, daß [...] die Einheitlichkeit der Lebensverhältnisse im Bundesgebiet gewahrt wird.»[25]

Im Raumordnungsgesetz wird konkretisiert, dass in Deutschland ausgeglichene soziale, infrastrukturelle, wirtschaftliche, ökologische und kulturelle Verhältnisse anzustreben sind. Hierbei ist die «nachhaltige Daseinsvorsorge zu sichern».[26] Aus diesen Regelungen ergeben sich allerdings keine individuell einklagbaren Rechte von Menschen, die von einer regionalen Uneinheitlichkeit der Lebensverhältnisse betroffen sind, etwa weil in ihrer Kommune bestimmte Leistungen der Daseinsvorsorge nicht (mehr) verfügbar wären.

Für große bundeseigene Infrastrukturen gibt es im Grundgesetz eigene Regelungen, die das Eigentum, die Rechtsform und den Gemeinwohlauftrag betreffen.

---

22 Konsolidierte Fassungen des Vertrags über die Europäische Union und des Vertrags über die Arbeitsweise der Europäischen Union, in: Amtsblatt der Europäischen Union, Mitteilungen und Bekanntmachungen, Ausgabe vom 30. März 2010, online: http://eur-lex.europa.eu/legal-content/DE/TXT/PDF/?uri=OJ:C:2010:083:FULL&from=DE, S. 310.

23 Grundgesetz für die Bundesrepublik Deutschland, Art. 28 (2).

24 Ebd., Art. 72 (2).

25 Ebd., Art. 106 (3).

26 Raumordnungsgesetz vom 22. Dezember 2008 (BGBl. I S. 2986), § 2 Abs. 2 Ziffer 1, zuletzt geändert durch Artikel 124 der Verordnung vom 31. August 2015 (BGBl. I S. 1474), online: www.gesetze-im-internet.de/bundesrecht/rog_2008/gesamt.pdf.

Dementsprechend bedurfte die materielle Privatisierung der Post ebenso wie die formelle Privatisierung der Bahn spezifischer Grundgesetzänderungen.[27]

Das Bundesverfassungsgericht sah sich wegen der fehlenden grundgesetzlichen Definition der Daseinsvorsorge zu einer eigenen Auslegung des Begriffs genötigt. Danach ist Energieversorgung eine Leistung, «derer der Bürger zur Sicherung einer menschenwürdigen Existenz unumgänglich bedarf».[28] Es wird festgestellt, «dass die Sicherstellung der Energieversorgung eine öffentliche Aufgabe von größter Bedeutung ist, weil die Energieversorgung zum Bereich der Daseinsvorsorge gehört».

Der ehemalige Richter am Bundesgerichtshof und am Bundesverfassungsgericht Prof. Siegfried Broß spricht anstelle von Daseinsvorsorge von «staatlichen Infrastrukturbereichen». Diese sieht er im Grundgesetz im Verbund geregelt und mit dem Sozialstaatsprinzip verknüpft: «In dieser Stellungnahme[29] umschrieb das Bundesverfassungsgericht [...] die grundlegenden Strukturelemente der Staatsform der Bundesrepublik Deutschland: Demokratie, Sozialstaat, Rechtsstaat. Das ist die von mir so bezeichnete Makroebene. Die verfassungsrechtliche Beurteilung von einzelnen Problemen gerade im Staatsorganisationsbereich hat sich hieran zu orientieren und an die grundlegenden Strukturelemente der Staatsform der Bundesrepublik Deutschland ‹rückzukoppeln›. Die genannten Merkmale werden durch Teilstrukturen und Teilelemente gestützt und abgerundet. Deshalb ist eine isolierte Betrachtung einzelner Bereiche von vorneherein methodisch verfehlt.»[30]

Broß listet in der Folge auf, welche Bereiche er zu den elementaren Infrastrukturbereichen zählt. Das sind an vorderster Stelle die Wasserversorgung, dann die Gesundheitsfürsorge, Bildungseinrichtungen, die Energieversorgung, Beförderungsleistungen, Postleistungen, Abfallentsorgung und die Reinigung von Abwasser sowie eine angemessene Beteiligung am Kulturleben. Zugleich weist er daraufhin, dass er die Liste als nicht abgeschlossen ansieht: «Da es [das Bundesverfassungsgericht] nur auf Antrag tätig werden darf, sind mangels Klage nicht alle Bereiche von ihm ‹behandelt› und beurteilt worden.»[31]

27 Unter «materieller Privatisierung» wird der teilweise oder vollständige Verkauf von Anteilen der Daseinsvorsorgeeinrichtung verstanden. Als «formelle Privatisierung» wird der Wechsel vom öffentlichen Recht ins Privatrecht bezeichnet.

28 BVerfG, Beschluss der 1. Kammer des Ersten Senats vom 10. September 2008 – 1 BvR 1914/02 – Rn., Absatz 12, online: www.bverfg.de/e/rk20080910_1bvr191402.html. Die Richter verweisen dort auf einen früheren Beschluss zur Verfassungsmäßigkeit des Energiewirtschaftsgesetzes vom 20. März 1984, Az.: 1 BvL 28/82.

29 Broß bezieht sich auf das KPD-Verbotsurteil von 1956, BVerfGE 1, 97, Broß (2015): S. 104 f.

30 Ebd., S. 52.

31 Ebd., S. 53.

1.2 Öffentliche Infrastrukturen

1.2.1 Abgrenzung zur Daseinsvorsorge

Daseinsvorsorge und öffentliche Infrastrukturen sind begrifflich eng verwandt. Nicht selten werden beide Begriffe sogar synonym verwendet. Die Unterschiede können je nach Kontext jedoch bedeutend werden. «Daseinsvorsorge» beschreibt den betrachteten Gegenstand aus Sicht des Bedarfs: Alles, was eine Gesellschaft zum Beispiel benötigt, um zu allgemein zugänglichem, sauberem Trinkwasser zu kommen, ist demnach Daseinsvorsorge. Die öffentlichen Dienstleistungen, die erbracht werden, um diese Daseinsvorsorge bereitzustellen, kann man als die «Software der Daseinsvorsorge» bezeichnen. Im genannten Beispiel wäre dies etwa die Tätigkeit der Beschäftigten in den kommunalen Wasserversorgungsbetrieben. Öffentliche Infrastrukturen sind dagegen die materielle, stoffliche Ausformung von Daseinsvorsorge - im genannten Fall beispielsweise die Wasserrohre, Kläranlagen und Wasserhebewerke: Sie wären quasi die «Hardware».

1.2.2 Begriffsbestimmung Infrastrukturen

Was als Infrastruktur bezeichnet wird, weicht international teilweise deutlich voneinander ab. Der ursprünglich aus dem militärischen Bereich stammende Begriff beschreibt in seiner engsten Auslegung nur die unter der Erde verlaufenden Versorgungsleitungen. Mittlerweile - und insbesondere im deutschsprachigen Raum - ist die Auslegung wesentlich umfassender. So subsumiert man unter Infrastrukturen nicht selten nahezu alle langlebigen Grundeinrichtungen einer Volkswirtschaft, die deren arbeitsteiliges Funktionieren garantieren sollen - also auch private Produktionsanlagen. Was mit dieser weit gefassten Definition im Einzelnen als Infrastruktur bezeichnet werden kann, ist nachfolgend dargestellt.

Tabelle 1a: Typologien – Materielle Infrastrukturen

Soziale Infrastruktursektoren	Technische Infrastruktursektoren
Bildung	Energieversorgung
■ Kindergärten ■ Jugendzentren ■ Altenheime ■ Schulen ■ Volkshochschulen ■ Hochschulen ■ Bibliotheken ■ Forschungseinrichtungen	■ Stromnetze ■ Strom- und Wärmeproduktion ■ Gas ■ Fernwärme ■ Tankstellennetze

<table>
<tr><th>Soziale Infrastruktursektoren</th><th>Technische Infrastruktursektoren</th></tr>
<tr><td>Gesundheit</td><td>Kommunikation</td></tr>
<tr><td>- Medikamentenentwicklung und -produktion
- Apotheken
- Arztpraxen
- Pflegeheime
- Krankenhäuser und Rettungsdienste</td><td>- Rundfunk
- Internet
- Festnetz-Telefonie
- Mobilfunk
- Brief- und Paketdienste</td></tr>
<tr><td>Öffentliche Sicherheit</td><td>Ver- und Entsorgung</td></tr>
<tr><td>- Katastrophenschutz und -hilfe
- Feuerwehr
- Polizei
- Grenzschutz und Zoll</td><td>- Trinkwasser
- Abwasser
- Abfall
- Wertstoffverwertung</td></tr>
<tr><td>Verwaltung und Gewaltenteilung (Legislative, Judikative, Exekutive)</td><td>Verkehr</td></tr>
<tr><td>- Rathäuser
- Parlamente
- Gerichte
- Verwaltungsgebäude
- Ministerien
- Gefängnisse</td><td>- Häfen und Wasserstraßen
- Straßen
- Schienenwege
- öffentlicher Personennahverkehr (ÖPNV)
- Flughäfen
- Rad- und Fußwege
- Straßenbeleuchtung
- Ampelsysteme und Beschilderung
- Verkehrsaufsicht und -steuerung (Flugsicherung, Verkehrswacht, Eisenbahnaufsicht)</td></tr>
<tr><td colspan="2">Pflege</td></tr>
<tr><td colspan="2">- Waisenhäuser
- Altenheime
- Frauenhäuser
- Pflegedienste</td></tr>
<tr><td colspan="2">Kultur</td></tr>
<tr><td colspan="2">- Museen
- Theater
- sonstige kulturelle Einrichtungen</td></tr>
<tr><td colspan="2">Sport</td></tr>
<tr><td colspan="2">- Sportanlagen und -plätze
- Schwimmbäder
- Parks
- öffentliche Plätze
- Erholungsgebiete
- Spielplätze</td></tr>
</table>

Tabelle 1b: Typologien – Immaterielle Infrastrukturen

Soziale Infrastruktursektoren	Technische Infrastruktursektoren
Sozialversicherungen	Finanzsektor
Arbeitslosenversicherung Krankenversicherung Rentenversicherung Pflegeversicherung	Finanzsystem Bankensystem Steuersystem Währungssystem
Wettbewerbs- und Kontrollaufsichten	
Bauaufsicht Netzagenturen Kartellämter Patentämter	

Tabelle 1c: Typologien – Grenzfälle

Grenzfälle
Militär- und Verteidigungssysteme
Heer Luftwaffe Marine
Liegenschaften und Bauwirtschaft
Wohnungsbau
Umwelt
Landschaftspflege Tier- und Naturschutz Klimaschutz
Nahrungsmittelversorgung und Agrarwirtschaft
Nahrungsmittelproduktion

Quelle: GiB; eigene Darstellung

1.2.3 Abgrenzung zu privaten Infrastrukturen

Daseinsvorsorge hat stets die Allgemeinheit als Zielgruppe. Im Fokus stehen dabei Einzelpersonen und private Haushalte. Private Unternehmen sind jedoch in den meisten Fällen in gewissem Umfang ebenfalls Nutzer und Nachfragende, etwa im öffentlichen Verkehr. Gleichzeitig sind sie ab einer gewissen Unternehmensgröße auch imstande, für eigene Zwecke eigene Infrastrukturen zu errichten. Dies findet zum Beispiel häufig in der industriellen Produktion oder der Rohstoffgewinnung statt. So betreibt zum Beispiel die Firma BASF in Ludwigshafen Anlagen auf ihrem Betriebsgelände, deren Energieverbrauch den Gesamtenergiebedarf Dänemarks übersteigen soll. Die vorhandene Anlage sowie Wege und Kraftwerke sind jedoch privat. Die dort erzeugten Produkte stehen auch nur denen zur Verfügung, denen sie angeboten werden und die sie bezahlen können – nicht der Allgemeinheit. Ist von der «Förderung von Investitionen in Infrastrukturen» die Rede, werden jedoch möglicherweise auch solche privaten Infrastrukturen gefördert oder subventioniert.

1.2.4 Besonderheit öffentliche, aber privat betriebene Infrastrukturen

Im allgemeinen Sprachgebrauch ist oft dann von öffentlichen Infrastrukturen der Daseinsvorsorge die Rede, wenn diese öffentliches Eigentum sind und von der öffentlichen Hand betrieben werden. Privatisierungen wie Verkäufe, Teilverkäufe und öffentlich-private Partnerschaften (ÖPPs) haben jedoch auch Zwischenformen hervorgebracht. Seltener wurden Infrastrukturen privat errichtet und genutzt und erst später allgemein verfügbar gemacht – wie zum Beispiel die Eisenbahnen in Deutschland. Desweiteren gibt es sowohl Infrastrukturen der Daseinsvorsorge, die sich in öffentlichem Eigentum befinden, aber privat betrieben werden, als auch solche, die sich in privatem Eigentum befinden und/oder privat betrieben werden. In allen Fällen können Eigentum und Betrieb in einer Hand liegen oder getrennt werden. (Bei der Bahn betrifft dies zum Beispiel die «Trennung von Netz und Betrieb», siehe dazu auch Abschnitt 1.2.5.)

Weiterhin können bei unterschiedlichen Eigentums- und Betriebsformen verschiedene Rechtsformen vorliegen. So können öffentliche Infrastrukturen sowohl im öffentlichen Recht als auch im Privatrecht verfasst sein. Die Spanne reicht dabei von öffentlichen und vom Grundgesetz vor Verkauf geschützten Immobilien, die durch Bundes- oder Landesverwaltungen betrieben werden, über öffentliche Eigenbetriebe und Anstalten öffentlichen Rechts bis hin zu Genossenschaften, Aktiengesellschaften, GmbHs und GmbH & Co. KGs. Nachfolgend zur Veranschaulichung eine Tabelle mit bekannten Beispielen aus Deutschland:

Tabelle 2: Infrastrukturen im öffentlichen sowie im Privatrecht

Beispiele	Eigentumsform	Art des Betriebs	Rechtsform
Schulen, Gerichte, Straßen[32]	öffentlich	öffentlich	öffentlich
DB Netz AG, Flughäfen	öffentlich	öffentlich	privat
Kommunale Energienetze, ÖPPs, Infrastrukturgesellschaften	öffentlich	privat	privat
privatisierte Trinkwasserversorgung	privat	integriert/privat	öffentlich/privat
Überregionale Stromnetze	privat	vom Netz getrennt/privat	privat

Quelle: GiB; eigene Darstellung

Entscheidend für die Kennzeichnung als öffentliche Infrastrukturen ist somit der öffentliche Auftrag – nicht jedoch die Frage, ob öffentliches Eigentum, öffentlicher Betrieb oder eine öffentliche Rechtsform vorliegt.

1.2.5 Trennung von Netz und Betrieb

Häufig wird zwischen Infrastrukturen und den Mitteln unterschieden, die notwendig sind, um diese zu betreiben. Dementsprechend werden solche Betriebsmittel selbst nicht zu den Infrastrukturen gerechnet. So ist ein Schienennetz fraglos eine Infrastruktur, Züge werden hingegen als «rollendes Material» (Englisch: «rolling stock») bezeichnet und als Betriebsmittel behandelt und verbucht. Diese Unterscheidung sollte jedoch nicht nur als rein technisch-buchhalterische Angelegenheit angesehen werden, denn sie hat weitreichende Folgen. Private Firmen haben oft ein Interesse daran, den Betrieb auf öffentlichen Infrastrukturen zu übernehmen. Dabei verbleibt der kostenintensive Infrastrukturerhalt öffentlich, der Betrieb kann hingegen durch Erhebung von Gebühren (Bahnfahrkarte, Maut, Wassergebühren) lukrativ gemacht werden. Eine Trennung von Netz und Betrieb führt deswegen nicht selten zu einer Teilprivatisierung.

Zudem ist die begriffliche (und später eventuell auch organisatorische) Trennung auf den zweiten Blick oft weit weniger zwingend, als es auf Anhieb erscheinen mag. Zumeist erfolgt die Unterscheidung entlang der Grenze «fest verbaut» versus «beweglich». Allerdings kann die betreffende Beweglichkeit durchaus relativ sein. So sind im Zweifel die Schienen eines Gleisabschnitts leichter zu demontieren und anderweitig zu verwenden oder zu veräußern als eine Lokomotive. Die Lokomotive ist zwar innerhalb des Netzes beweglich, kann aber nur mit erheblichem Kraftaufwand aus dem Netz entfernt werden. Auch die Weiterverkäuflichkeit einer

32 Hier ist noch die Unterscheidung zwischen Verwaltung/Regiebetrieb (kein eigener Haushalt) und Eigenbetrieb (eigener Haushalt) möglich. Im ersten Fall ist eine Auslagerung der Schulden der Einrichtung nicht möglich, im zweiten Fall schon. Zur Bedeutung der Auslagerung von Schulden aus den öffentlichen Haushalten siehe auch Kapitel 5.

Lokomotive ist unter Umständen stark eingeschränkt. Oft schließt eine bestimmte Technik den Einsatz in anderen Schienennetzen aus. So können die Berliner S-Bahn-Triebwagen ohne erhebliche Umbauten auf keinem anderen Schienennetz der Welt eingesetzt werden.

Infrastrukturen erfüllen ihren Auftrag zur Daseinsvorsorge nur, wenn die erforderlichen Betriebsmittel vorhanden und intakt sind. Die organisatorische Trennung kann zu Fehlanreizen führen, die sowohl in der Gesamtbetrachtung (Netz und Betrieb erleiden gemeinsame Synergieverluste) als auch in der Einzelbetrachtung zu erheblichen Nachteilen wie Unterfinanzierung und Unterinvestitionen führen. Das kann die Gewährleistung der Daseinsvorsorgeleistungen gefährden.

1.2.6 Zunahme technischer Komplexität von Infrastrukturen und ihre Folgen

Mit dem technischen Fortschritt und der Digitalisierung der Gesellschaft erhöht sich auch der Komplexitätsgrad von Infrastrukturen. Damit steigt der Anteil der wartungsintensiven und kurzlebigen Komponenten. So macht im Hochbau die Versorgungstechnik – zu der unter anderem Strom- und Heizungsanlagen, Klimatechnik, Sanitäranlagen und Aufzüge gehören – bei größeren Gebäuden mittlerweile 40–60 % der Investitionskosten aus. Dabei ist diese Technik deutlich kurzlebiger als der Gebäuderohbau. Entfallen auf die Versorgungstechnik beim Neubau etwa 50 % der Investitionskosten, verursacht sie über die Gesamtlebensdauer des Gebäudes wegen der Notwendigkeit zur mehrfachen Erneuerung rund 75 % der Investitionskosten. Zudem generiert sie einen hohen Aufwand im Betrieb und verursacht heute schon 80–90 % der Betriebskosten.[33]

Die höhere technische Komplexität verkürzt die mittlere Nutzungsdauer von Infrastrukturen. Betrug Letztere 2008 für Infrastrukturen der Daseinsvorsorge noch etwa 40 Jahre[34], so liegt die mittlere Nutzungsdauer in techniklastigen Bereichen heute oft nur noch bei maximal 30 Jahren. Entsprechend erhöht sich bei gleichem Anlagenwert der erforderliche jährliche Ersatzbedarf um ein Drittel.

1.2.7 Infrastrukturbegriff und Anlagevermögen

Die weite Fassung des Infrastrukturbegriffs, die sowohl technische als auch soziale, materielle wie immaterielle Systeme miteinbezieht, bringt Probleme mit sich. So erfasst das Statistische Bundesamt in Deutschland zwar teilweise Anlagevermögen[35],

---

33 Vgl. Jürgen Lauber, Hans Kranz, Bernd Hanke (2014): BauWesen/BauUnwesen: Warum geht Bauen in Deutschland schief? Bauwesen.co, Courgevaux.

34 Vgl. Tilman Bracher, Busso Grabow, Stefan Schneider, Antje Seidel-Schulze, Michael Reidenbach (2008): Investitionsrückstand und Investitionsbedarf der Kommunen – Ausmaß, Ursachen, Folgen, Strategien, hrsg. vom Deutschen Institut für Urbanistik, Edition Difu – Stadt – Forschung – Praxis, Bd. 4, Berlin. Eigene Berechnungen: Summe der Anlagewerte dividiert durch Summe des jährlichen Ersatzbedarfs.

35 Anlagevermögen werden zumeist nach der Kumulationsmethode erfasst: Getätigte Investitionen werden summiert, Abschreibungen nach sektoralen mittleren Nutzungsdauern abgezogen.

aber nicht explizit bezogen auf alle öffentlichen Infrastrukturen. Entsprechend ist weder der Anlagewert der öffentlichen Infrastrukturen in Deutschland noch der zugehörige Investitionsbedarf genau bekannt. Als Untergrenze für den Anlagewert der öffentlichen Infrastrukturen in Deutschland können zwei Billionen Euro angenommen werden[36] – ein stattliches Vermögen, das sich auch in einem der obersten Plätze im internationalen Infrastruktur-Ranking widerspiegelt.[37]

Das hohe Infrastrukturniveau erfordert allerdings auch hohe Erhaltungsinvestitionen. Kombiniert mit der zuletzt noch etwa 40-jährigen durchschnittlichen Nutzungsdauer ergibt sich ein jährlicher Ersatzbedarf von 50 Milliarden Euro – ein Sechstel des Bundeshaushalts. Sinkt die durchschnittliche Nutzungsdauer auf 30 Jahre, steigt der jährliche Ersatzbedarf für öffentliche Infrastrukturinvestitionen auf 67 Milliarden Euro.

Weltweit kosten die regelmäßig erforderlichen Nachinvestitionen über größere Zeiträume Dutzende Billionen Euro bzw. US-Dollar, wie die «Private Equity Consultants» Fleischhauer, Hoyer & Partner potenziellen Kund/innen in einer ihrer Werbebroschüren vorrechnen: «Die OECD beziffert den weltweiten Bedarf an Infrastrukturinvestitionen bis zum Jahr 2030 auf mindestens 41 Billionen USD. Pro Jahr entspricht dies rund zwei Billionen USD – dem gegenüber werden jährlich nur rund 1 Billion USD investiert, vorwiegend durch die öffentliche Hand. Angesichts hoch verschuldeter Staatshaushalte zeichnet sich schon heute eine gigantische Finanzierungslücke ab.»[38]

Man kann diese Zahlen auf Deutschland umrechnen: Deutschland hatte 2015 einen Anteil von 4,6 % am Weltbruttosozialprodukt.[39] Nimmt man an, dass sich der Bedarf an Infrastrukturinvestitionen proportional zum Bruttoinlandsprodukt (BIP) verhält, so beträgt Deutschlands Anteil an den zwei Billionen für öffentliche Infrastrukturinvestitionen etwa 91 Milliarden US-Dollar (ca. 85 Mrd. Euro) jährlich.

---

36 Stand 2009 Kommunen: 1.194 Mrd. Euro, Länder: 332 Mrd. Euro; Bund (Bundesautobahnen und sonstige Anlagen des Bundes): 365 Mrd. Euro, zuzüglich Schienenverkehr Bund: 186 Mrd. Euro, Summe: 2.077 Mrd. Euro. Siehe dazu auch Carl Waßmuth (2017): Schriftliche Stellungnahme zur öffentlichen Anhörung des Haushaltsausschusses des Deutschen Bundestages am 24. April 2017 «Öffentliches Vermögen erhalten, ehrlich bilanzieren, richtig investieren», online: www.bundestag.de/blob/503808/c3d8c8af253dc329e712e9b1990ddda0/carl-friedrich-wassmuth-data.pdf.

37 Vgl. z. B. das Infrastruktur-Ranking des Weltwirtschaftsforums: World Economic Forum (2017): Global Competitiveness Report 2016–2017, S. 186, online: www3.weforum.org/docs/GCR2016-2017/05FullReport/TheGlobalCompetitivenessReport2016-2017_FINAL.pdf.

X **38** Fleischhauer, Hoyer & Partner – Private Equity Consultants (2009): Anlageklasse Infrastruktur: Potenziale und Perspektiven. Eine empirische Marktanalyse – Executive Summary, S. 3, online: www.fhpe.de/vc-panel/Anlageklasse%20Infrastruktur_Summary_FHP.pdf.

39 Das BIP betrug 2016 weltweit 73.990 Mrd. US-Dollar, das deutsche BIP 3.134 Mrd. Euro. Vgl. Statista (2017): Weltweites Bruttoinlandsprodukt (BIP) in jeweiligen Preisen von 2006 bis 2016 (in Billionen US-Dollar), online: https://de.statista.com/statistik/daten/studie/159798/umfrage/entwicklung-des-bip-bruttoinlandsprodunkt-weltweit/, sowie dies. (2017): Bruttoinlandsprodukt (BIP) in Deutschland von 1991 bis 2016 (in Milliarden Euro) Bruttoinlandsprodukt (BIP) in Deutschland von 1991 bis 2016 (in Milliarden Euro), online: https://de.statista.com/statistik/daten/studie/1251/umfrage/entwicklung-des-bruttoinlandsprodukts-seit-dem-jahr-1991.

1.2.8 Investitionsbegriff

Bei einer Investition wird davon ausgegangen, dass das eingesetzte Kapital nach einer gewissen Zeit einen Mehrwert erzeugt und die künftigen Einnahmen (oder die Kostenvorteile an anderer Stelle) die einmaligen Ausgaben übersteigen. Bei öffentlichen Investitionen kann der Mehrwert ein – im weitesten Sinne – volkswirtschaftlicher Vorteil sein. Zum Beispiel ermöglichen Verkehrswege Handel und Reisen, der Austausch von Wissen und Waren ermöglicht eine höhere Wertschöpfungstiefe und kann so Wohlstand generieren. Das Gegenteil von öffentlichen Investitionen ist öffentlicher Konsum: Hier erbringt die Ausgabe selbst keine späteren Einnahmen oder Kostenvorteile, von konjunkturellen Auswirkungen und dadurch generierten steuerlichen Mehreinnahmen abgesehen. Als öffentlichen Konsum kann man Prunkbauten ansehen, die allein der Repräsentation der jeweiligen politischen Klasse dienen.

Diese Darstellung benennt jedoch nur die beiden äußersten Pole dieses Begriffsfelds. Dazwischen liegen als Investitionen bezeichnete Ausgaben, deren Mehrwert umstritten ist. Lange Jahre sah man Atomkraftwerke als Mehrwert generierende Investitionen an, inzwischen ist das Bewusstsein um die Risiken und die erheblichen Entsorgungskosten gestiegen. Gleichzeitig werden Personalkosten in Kindergärten bedauerlicherweise nicht als Investition gerechnet, obwohl sie fraglos Wohlfahrt und künftige Einnahmen generieren.

Das statistische Bundesamt Destatis erfasst Investitionen in seiner volkswirtschaftlichen Gesamtrechnung. Bei der Definition des Begriffs «Investition» folgt Destatis dem Europäischen System Volkswirtschaftlicher Gesamtrechnungen (ESVG). Die dort festgehaltenen Definitionen folgen allerdings nicht zwingend dem Daseinsvorsorge-Anliegen. So werden seit der Novelle des ESVG 2010 gegenüber der vorausgegangenen Fassung von 1995 Ausgaben für Forschung und Entwicklung den Investitionsausgaben zugeordnet – auch wenn die Ergebnisse für die Daseinsvorsorge irrelevant sind. Noch strittiger sind Ausgaben für militärische Waffensysteme, die seit 2010 ebenfalls zu den Investitionen gerechnet werden.

Die Daseinsvorsorge genießt gegenüber anderen Bereichen der Gesellschaft eine herausgehobene Position, sie wird als besonders schutzwürdig angesehen. Es ist selbstverständlich, dass wir entsprechender Leistungen bedürfen, dass dazu öffentliche Infrastrukturen betrieben und bei Bedarf auch neu gebaut sowie vorhandene öffentliche Infrastrukturen um- und ausgebaut werden müssen. Ebenfalls unstrittig ist, dass dafür in einer gemeinschaftlichen Anstrengung – zumeist mit Steuergeldern – investiert werden muss.

Im Detail wird dennoch viel infrage gestellt: Ist eine spezielle Ausgabe dem öffentlichen Konsum zuzurechnen (und sollte sie deswegen in der Priorität hintanstehen), oder handelt es sich um eine dringende (und sich sogar refinanzierende) Ausgabe für die Daseinsvorsorge? Umgekehrt wird auch gefragt: Dient eine bestimmte Leistung noch der Daseinsvorsorge, oder könnte sie auch (oder sogar besser) vom Markt erbracht werden? Sofern es sich um Daseinsvorsorge handelt: Welche Infrastrukturen gehören zwingend dazu? Und welche Betriebsmittel gehören zu den Infrastrukturen? Welche Betriebsmittel können im Wettbewerb betrieben werden, und welche dienen nur dem Konsum? So sind Lokomotiven und Eisenbahnwagen für einen Bahnbetrieb unerlässlich, sie müssen hohen Sicherheitsanforderungen genügen. Aus diesem Grunde wurden sie bis zur Bahnreform von 1994 von der Bahnindustrie und staatlichen Forschungseinrichtungen gemeinsam entwickelt. Der erste deutsche Hochgeschwindigkeitszug ICE 1 ist das Ergebnis dieser sogenannten Systempartnerschaft. Auch um Fußballstadien und Musicaltheater zu betreiben, sind erhebliche technische Anlagen wie Videoleinwände und Lautsprecheranlagen nötig. Hier wurde bisher noch nicht gefordert, den zugehörigen Betrieb zu rekommunalisieren. Abhängig von den genauen Definitionen können so große Bereiche als schutzwürdig ausgewiesen oder verworfen werden.

1.3 Daseinsvorsorge zwischen Anspruch und Wirklichkeit

Für die Diskussion, wie Daseinsvorsorge künftig erbracht werden soll, spielt es eine wichtige Rolle, zu überprüfen, wie diese Leistungen bisher erbracht wurden und welche Kritik daran besteht.

1.3.1 Bevormundung statt Beteiligung

Schon die Einführung der Kranken-, Unfall-, Invaliditäts- und Altersversicherung durch Otto von Bismarck in den 80er-Jahren des 19. Jahrhunderts war im zeitpolitischen Kontext gegen die damalige Opposition gerichtet: Einerseits sollte damit sozialen Unruhen und sozialistischen Umtrieben begegnet werden, andererseits sollte den freiwilligen Sozialversicherungen der Gewerkschaften und der kirchlichen Arbeiterverbände die wirtschaftliche Grundlage entzogen werden.

Viele Bereiche sind nach wie vor von der Vorstellung geprägt, dass «Vater Staat» die Daseinsvorsorge vorausschauend und fürsorglich für seine Bürger/innen erbringt, ohne sie jedoch im Einzelnen in die Entscheidungsfindungen einzubeziehen. Das wird in Umweltorganisationen und Bürger/inneninitiativen zunehmend als paternalistisch und bevormundend empfunden. Kritisiert werden Intransparenz und die unzureichende Partizipation, insbesondere bei Großprojekten. So schrieb Jens Loewe, basisdemokratischer Aktivist und Mitbegründer zahlreicher Bürgerinitiativen wie des «Stuttgarter Wasserforums», «Wasser in Bürgerhand» und «Demokratie zu Stuttgart 21», zwei Wochen vor der dramatischen Räumung des Stuttgarter Schlossgartens in Bezug auf Stuttgart 21:[40] «Das gegenwärtige Projekt S21 ist demokratisch nicht legitimiert, [...] weil Bürgerschaft und politische Gremien nicht transparent über Kosten und Risiken informiert und weil wesentliche Studien, Gutachten und Berechnungen geheim gehalten wurden, [...] der Denkmalschutz missachtet und der Ausgang eines diesbezüglichen gerichtlichen Verfahrens nicht abgewartet

40 Dieser Räumung am 30. September 2010 wird von der Bewegung als «Schwarzer Donnerstag» gedacht. Bei dem Polizeieinsatz wurden Hunderte Personen verletzt, darunter auch Minderjährige. Der Ingenieur Dietrich Wagner, den ein Wasserwerferstrahl frontal in die Augen traf, erblindete davon fast vollständig.

wurde. [...] Die Vorgehensweise der Projektbetreiber zeichnet sich zudem durch eine enorme Respektlosigkeit gegenüber der Bürgerschaft aus! Ihr Paternalismus zeigt, dass sie die Stimme der Bürgerschaft weder verstehen noch ernst nehmen. Wie sonst im Umgang mit Kleinkindern üblich, erklären sie öffentlich, was für die Bürger, deren Kinder und die Region gut ist. [...] Die Vorgehensweise der Projektbetreiber weist aber auch erschreckende Parallelen zu anderen Mega-Projekten rund um den Globus auf, bei denen es mittlerweile gang und gäbe ist, zur Durchsetzung der gesteckten Ziele die Bevölkerung zu täuschen und sie mit Militär- und Polizeigewalt in Schach zu halten.»[41]

Das für die Bürger/innenbeteiligung vorgesehene gesetzliche Regelwerk, das Planfeststellungsverfahren, gilt als ein bürokratisches Monster, bürger/innenfeindlich, undemokratisch und im Sinne des Gemeinwohls ineffizient. Die dem Planfeststellungsverfahren zugrundeliegenden Pläne werden demnach einseitig und im Eigeninteresse der Verwaltungen und Regierungen erstellt, alternative Varianten gar nicht erst planungsreif durchgearbeitet. Viele Bürger/innen nehmen die zuständigen Verwaltungen in erster Linie als verlängerten Arm der Regierungen wahr – und nicht als Vollstreckerin des Willens der Bürger/innen und der Parlamente.

1.3.2 Probleme in öffentlicher Verwaltung

Der Ausbau von Infrastrukturen erfordert langfristige Zeithorizonte. Dem stehen oft kurzfristige Vorgaben der Politik entgegen, die noch in der laufenden Legislaturperiode Effekte erzielen sollen – und dadurch Mehrkosten verursachen. Noch kurzfristiger sind Ausgaben am Jahresende, die oft von der fehlenden Möglichkeit von Budgetübertragungen ins Folgejahr motiviert werden. Diese fehlende Überjährigkeit erzeugt den Fehlanreiz, «goldene Wasserhähne vor Weihnachten» einbauen zu lassen («Dezemberfieber»).

Noch gravierendere Folgen hat das sogenannte Bestpreisprinzip bei der Vergabe öffentlicher Aufträge: Danach bekommt der Bieter den Zuschlag, der das günstigste Angebot abgibt, selbst wenn sein Angebot ganz offensichtlich unter den Erstellungskosten liegt. Eine zum Vergabezeitpunkt oft nicht abgeschlossene Planung, kombiniert mit häufigen Änderungswünschen seitens der Politik, macht Bestpreis-Deutschland zum Eldorado für «Nachtragsjäger». Das günstige Angebot wird zum «Fuß in der Tür» für umfangreiche Nachtragsforderungen. Die Rechtsabteilungen der großen Baufirmen in Europa haben sich auf diesem Gebiet spezialisiert. Sie konnten erreichen, dass mitunter mit Fehlern in den Ausschreibungen der öffentlichen Hand mehr verdient werden kann als mit dem Bauen selbst.

Das Bestpreisprinzip führt systematisch auch zu einer Vernachlässigung künftiger Betriebskosten. Wer sie geringhalten möchte, muss vor dem Start der Ausschreibung mehr Planungsaufwand betreiben und höhere Erstinvestitionskosten in Kauf nehmen. Beides amortisiert sich erst durch spätere Einsparungen, die erheblich sein

41 Jens Loewe (2010): Stuttgart 21 – demokratisch legitimiert?, Lobbypedia, online: https://lobbypedia.de/images/5/57/12e_Stuttgart_21_demokratisch_legit.pdf.

und die eingesetzten Investitionskosten um ein Vielfaches übersteigen können. Sie werden allerdings nur möglich, wenn die entsprechenden Planungsvorgaben im Bauprozess auch umgesetzt werden. Eine Verwaltung, die vor der Ausschreibung nur spärlich plant, von der Politik ein zu geringes Budget vorgegeben bekommt und dann an den billigsten Anbieter vergeben muss – auch wenn dessen Preis völlig unrealistisch niedrig ist –, wird nicht nur viele teure Nachträge generieren, sondern auch hohe Betriebskosten.

Eklatante Kostensteigerungen bei Infrastrukturprojekten gibt es schon lange, nichtsdestotrotz ist in den letzten Jahren in Deutschland diesbezüglich eine Häufung zu beobachten. Im Fall des Tiefbahnhofs Stuttgart 21 erschütterten Bürger/innenproteste die Landesregierung und trugen vermutlich zu deren Ablösung bei. Diese Widerstandsbewegung, die seit sieben Jahren wöchentlich Demonstrationen organisiert, richtet sich gegen die langjährige Beeinträchtigung der Innenstadt, gegen die Verwüstung der dortigen Grünanlagen und die nachhaltige Zerstörung der bestehenden Schienenverkehrsinfrastruktur. Es wurde auch ein Volksentscheid erreicht, in dem eine Obergrenze für die Kosten enthalten war. Mittlerweile geht der Bundesrechnungshof davon aus, dass diese Obergrenze um mehr als 50 % überschritten wird. In Berlin verzeichnen die Baustellen der Staatsoper und des Großflughafens BER enorme Termin- und Budgetüberschreitungen. Die Bundesregierung sah sich gezwungen, eine «Reformkommission Großprojekte» einzuberufen.[42] Im Verbund mit lokalen und nationalen Widerstandsbewegungen gegen Bauvorhaben in den Nachbarländern Italien, Frankreich und Großbritannien entstand vor diesem Hintergrund ein europäisches Netzwerk gegen solche «aufgezwungenen unnützen Großprojekte», wie Kritiker/innen sie nennen.[43]

1.3.3 Personalabbau und Verschlechterung von Beschäftigungsbedingungen

Öffentliche Verwaltungen, die für Planung, Bau und Betrieb öffentlicher Infrastrukturen verantwortlich sind, werden seit Jahren bundesweit sowohl personell als auch hinsichtlich des Know-hows ausgedünnt. So wurde von 1990 bis 2010 die Zahl der Beschäftigten in den Gemeinden um mehr als ein Drittel reduziert. Die Zahl der

42 Leider wurde von der «Reformkommission Großprojekte» versäumt, Bürger/inneninteressen adäquat in ihre Vorschläge zu integrieren. So spielen in den von ihr erarbeiteten Vorschlägen demokratische und parlamentarische Institutionen keine Rolle, zukünftige Großprojekte sollen sogar außerhalb der bisher vorgesehenen und bewährten Kontrollinstanzen betrieben werden. Geplant ist die Einrichtung «privater Gerichte» und von «Schiedsgerichten», die rechtlich bindend entscheiden sollen. Die Großprojekte-Kommission geht davon aus, dass «Bürgerproteste für die Projektverantwortlichen ein hohes Zeit- und Kostenrisiko» darstellen, die minimiert oder besser ausgeschaltet werden sollten. Fehler werden nicht bei den Großprojekten selbst gesehen. Siehe dazu auch Winfried Wolf (2017): abgrundtief + bodenlos. Stuttgart 21 und sein absehbares Scheitern, PapyRossa Verlag, Köln.

43 In Frankreich werden diese Großprojekte «grands projets inutiles et imposés» genannt, in Italien «le Grandi Opere Inutili e Imposte», in Großbritannien «unneccessary imposed mega projects». Siehe dazu auch die Webseite des Arbeitskreises «Stuttgart 21 ist überall», online: https://stuttgart21ueberall.wordpress.com/tag/6-forum-gegen-aufgezwungene-unnuetze-grossprojekte.

Vollzeitstellen sank sogar auf weniger als die Hälfte des Stands von 1990. Folge war auch eine Ausdünnung von Expertise und Kapazität, etwa in den Bauämtern. Viele der zuvor beschriebenen Kostensteigerungen sind mit diesem drastischen Personalabbau verbunden. Auch für eine zufriedenstellende Partizipation der Bürger/innen fehlen damit vielerorts die personellen Ressourcen. Diese Entwicklung ist nicht abgeschlossen, sondern wird gezielt fortgeführt, wie Renate Sternatz, ver.di-Bereichsleiterin im Fachbereich Gemeinden, im Interview mit den Autor/innen kritisierte: «Alle Bundesländer haben aufgrund der Finanzsituation in den Kommunen sogenannte Rettungsschirme oder Entschuldungsprogramme aufgelegt. Die Kommunen können an diesen Landesprogrammen teilnehmen, haben dafür aber einen hohen Preis zu zahlen. Überall müssen begleitende Vereinbarungen abgeschlossen werden, so zum Beispiel über konkrete Personalabbau-Quoten oder bestimmte Privatisierungsmaßnahmen.»[44]

Nach innen erfolgt immer öfter die Ausbildung der Verwaltungen als Betriebe, vielfach wurden auch wesentliche Teile in privatrechtliche Gesellschaften ausgelagert. Das Statistische Bundesamt stellte fest, dass die Zahl solcher privatrechtlichen Gesellschaften in öffentlichem Eigentum stark anstieg. 89 % dieser nun privatrechtlichen Unternehmen lagen dabei auf der kommunalen Ebene.[45] Gleichzeitig stieg die Zahl der ÖPP-Projekte. Mit öffentlich-privater Partnerschaft (ÖPP) verbunden ist nicht selten der Wegfall der Tarifbindung, wie Sternatz weiter ausführt: «Ein Dienstleister, der im Bereich des ÖPP-Vorhabens auf der Autobahn A1 tätig ist, hat in einer Diskussion erzählt, dass die Arbeitsbedingungen dort ganz gut sind. Und auf Nachfragen, ob es tarifgebundene Arbeitsbedingungen sind, musste er zugestehen, dass dem nicht so ist. [...] Beschäftigte müssen einzeln ihre Arbeitsbedingungen mit ihren jeweiligen Chefs verhandeln. Und das schwächt natürlich Verhandlungspositionen massiv und verschlechtert eben auch Arbeitsbedingungen.»[46]

In einem weiteren Schritt wurden zahlreiche Einrichtungen der Daseinsvorsorge vollständig privatisiert. Diese Entwicklung wird in Kapitel 2 eingehender beschrieben.

1.3.4 Infrastrukturverfall

Im Bereich der öffentlichen Infrastrukturen in Deutschland wird seit 15 Jahren eine besonders rigide Form der Sparpolitik betrieben: Abzüglich der Abschreibungen sind die Nettoinvestitionen negativ, die Infrastrukturen verfallen schneller, als nachgebaut und erneuert wird.

44 Renate Sternatz am 28. Juni 2016 im Interview mit den Autor/innen.

45 «Zwischen den Jahren 2000 und 2012 stieg die Zahl der in der Jahresabschlussstatistik erfassten öffentlichen Fonds, Einrichtungen und Unternehmen um 24 %.» Statistisches Bundesamt (2016): Wirtschaft und öffentlicher Sektor. Auszug aus dem Datenreport 2016, S. 120, online: www.destatis.de/DE/Publikationen/Datenreport/Downloads/Datenreport2016Kap4.pdf?__blob=publicationFile.

46 Renate Sternatz am 28. Juni 2016 im Interview mit den Autor/innen.

Abb. 1: Nettoinvestitionen des Staates (1991–2013)

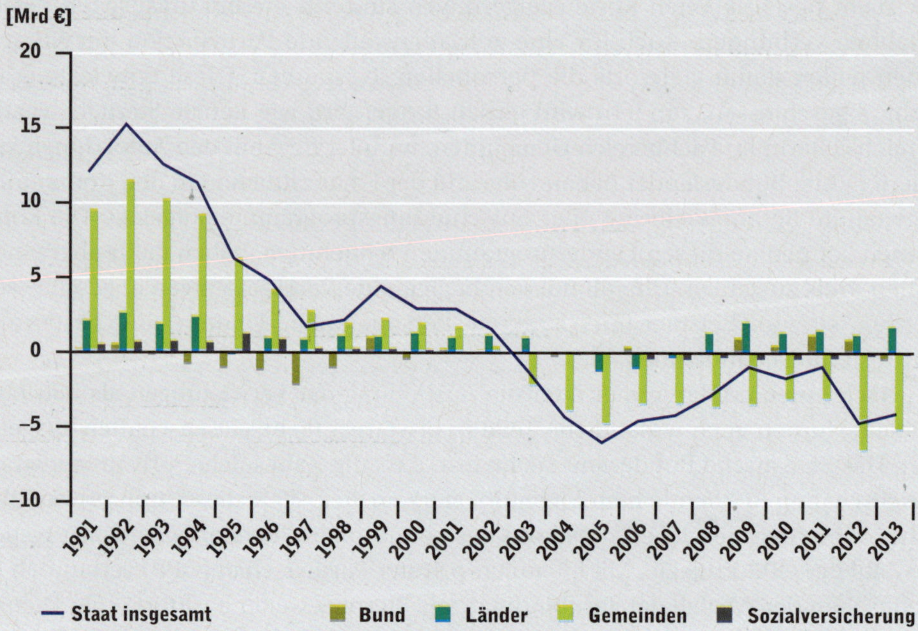

Quelle: IMK Report 94 (Juni 2014); eigene Darstellung

Der entstandene Investitionsstau in Deutschland wird auf mindestens 120 Milliarden Euro beziffert. Zu diesen Rückständen kommen Kosten für spezifische Herausforderungen wie die Energiewende (200 Mrd. Euro) und den Ausbau der digitalen Infrastruktur, der je nach Quelle auf 20 bis 34 oder auf bis zu 45 Milliarden Euro geschätzt wird.[47] In der Summe sind in den kommenden 15 Jahren zusätzlich zur derzeitigen Investitionsleistung Deutschlands 280 bis 360 Milliarden Euro zu investieren.

1.4 Konsens zum großen Ganzen, Streit um die Details

Daseinsvorsorge hat eine bedeutende Funktion für unsere Gesellschaft. Entsprechend stehen Infrastrukturen der Daseinsvorsorge als solche in hohem Ansehen, Investitionen in Infrastrukturen werden in breiten Kreisen als sinnvoll angesehen. Niemand erhebt öffentlich die Forderung, Daseinsvorsorgeleistungen zu reduzieren und Investitionen zurückzufahren. In krassem Kontrast dazu steht allerdings die Praxis: Daseinsvorsorgeleistungen werden in Qualität und Quantität reduziert. Wie im vorangehenden Abschnitt gezeigt, waren die Infrastrukturinvestitionen in

47 Alle Angaben nach Katja Rietzler (2014): Anhaltender Verfall der Infrastruktur. Die Lösung muss bei den Kommunen, ansetzen, IMK-Report 94, hrsg. vom Institut für Makroökonomie und Konjunkturforschung der Hans-Böckler-Stiftung, Düsseldorf, S. 7, online: www.econstor.eu/bitstream/10419/106118/1/imk-report_94_2014.pdf.

Deutschland in den letzten 15 Jahren geringer als der gleichzeitig stattfindende Verfall.

Der Teufel steckt im Detail: Daseinsvorsorge ist zwar bedeutend, aber gleichzeitig nur ungenau in unseren Rechtsvorschriften verankert. Insofern ergeben sich für die regierenden Politiker/innen nur wenige konkrete Verpflichtungen. Auch hinsichtlich der Erfassung von Anzahl, Umfang, Verschuldung, Reinvestitionsgrad und Zustand von Infrastrukturen der Daseinsvorsorge gibt es mehr Lücken als gesicherte Erkenntnisse.

Diese Lücken machen sich Trittbrettfahrer/innen zunutze: Dass Waffensysteme inzwischen als Investitionen gelten, ist absurd und kontraproduktiv. Die Abgrenzung von Netzen zu Betriebsmitteln schwächt den Schutz von Einrichtungen der Daseinsvorsorge zusätzlich. Ein Beispiel: Eine Schienenstrecke hat nur Sinn, wenn darauf Züge fahren. Doch Züge genießen nicht denselben Schutz wie Infrastrukturen, sie können als Betriebsmittel verbucht, systematisch vernachlässigt oder auch privatisiert werden.[48] Auch die konkrete Organisation von Daseinsvorsorge weist Schwächen auf: Bürokratie, bürger/innenfernes Vorgehen, Verschwendung und eine Neigung zu unnützen und zerstörerischen Großprojekten machen Projekte der Daseinsvorsorge angreifbar. Daseinsvorsorge und die ihr dienenden Infrastrukturen bedürfen daher zeitgemäßer demokratischer Steuerungs- und Kontrollmechanismen.

Haushaltsüberschuß seit 2014

48 Dieses Problem ist nicht auf Deutschland beschränkt: So wurde zwar die Privatisierung des britischen Streckennetzes rückgängig gemacht, die britischen Züge und Wagen sind jedoch weiterhin privat – und völlig überaltert, weil die vier Eigentümerkonzerne kein Interesse an Investitionen haben.

Kapitel 2: Privatisierung in Deutschland nach 1945

Um das Spannungsfeld besser zu verstehen, in dem Infrastrukturpolitik aktuell gestaltet wird, erscheint es hilfreich, einen Blick darauf zu werfen, wie sie in dieses Spannungsfeld geraten ist. Wann, wie, in welchen Bereichen und mit welchen Argumenten wurde in Deutschland im Bereich der Daseinsvorsorge privatisiert? Welche Folgen hatte das?

Der Ausbau des öffentlichen Sektors wurde direkt nach dem Zweiten Weltkrieg in Deutschland von den jeweils regierenden politischen Parteien vorangetrieben, es kam zu einigen Verstaatlichungen. Allerdings verhinderte der Einfluss der USA eine umfassende Vergesellschaftung. Die Privatisierung öffentlicher Infrastrukturen begann etwa 15 Jahre später und erfolgte in sechs großen Wellen.

2.1 Die erste Privatisierungswelle – Platz für den privaten Sektor

Die erste Privatisierungswelle begann in den 1960er-Jahren und reichte etwa bis Ende der 1980er. Sie umfasste vor allem den Verkauf vieler Unternehmensanteile im Industrie- und Finanzsektor.

Viele Sozialstaaten mit einem starken öffentlichen Sektor in Europa sollten nach dem Zweiten Weltkrieg zurückgebaut werden, um Platz für den privaten Sektor zu schaffen. Deutschland unternahm die ersten Schritte ab Anfang der 1960er-Jahre: 1961 wurden Anteile von Volkswagen und 1965 von der VEBA (Vereinigte Elektrizitäts- und Bergwerks AG) verkauft. Stärker privatisiert wurde ab 1985, nachdem die CDU-FDP-Koalition unter Bundeskanzler Helmut Kohl ein Programm mit Leitlinien zur Privatisierung sowie eine Liste zu privatisierender Objekte verabschiedet hatte. Daraufhin folgten Privatisierungen beziehungsweise Anteilsverkäufe der Mischkonzerne Vereinigte Industrieunternehmungen AG (VIAG, 1986–88), Vereinigte Elektrizitäts- und Bergwerks AG (VEBA, 1984–87) sowie von Volkswagen (1986–88), Lufthansa (1987–88), der Salzgitter AG (1989) und anderen. Die Regierung Helmut Kohl forderte außerdem mehr Privatisierungen in den Bundesländern und Kommunen, etwa in den Jahreswirtschaftsberichten der Regierung von 1989 und 1990.[49]

49 Vgl. Christina Deckwirth (2008): Kommunalwirtschaft und Global Players. Stand der Liberalisierung und Privatisierung in der Bundesrepublik Deutschland. In: Torsten Brandt, Thorsten Schulten, Gabriele Sterkel, Jörg Wiedemuth (Hg.): Europa im Ausverkauf. Liberalisierung und Privatisierung öffentlicher Dienstleistungen und ihre Folgen für die Tarifpolitik, VSA-Verlag, Hamburg, S. 42–67, dort S. 46.

Abb. 2: Privatisierungswellen in Deutschland ab 1960

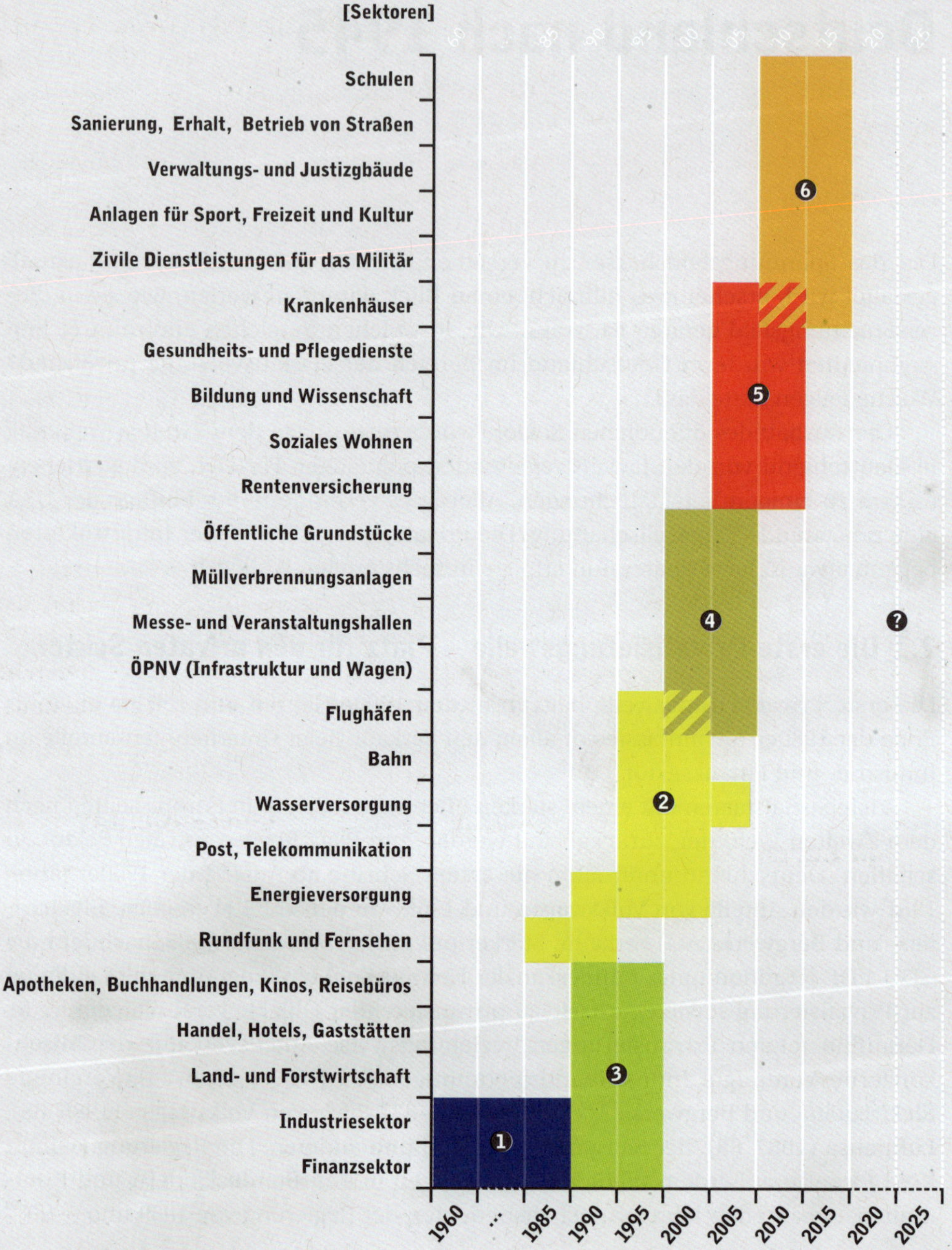

❶ 1. Welle: Industrie- und Finanzsektor
❷ 2. Welle: Infrastruktur, Netzwerkdienste und Medien
❸ 3. Welle: Privatisierungen der Treuhand
❹ 4. Welle: Cross-Border-Leasing
❺ 5. Welle: Soziale Sicherungssysteme
❻ 6. Welle: ÖPP
? 7. Welle: Infrastrukturgesellschaften

Quelle: GiB; eigene Darstellung

Diese Privatisierungen wurden Ende der 1990er-Jahre in der zweiten Privatisierungswelle umgesetzt.

Deutschland folgte mit dieser Politik einem internationalen Trend. In Großbritannien wurde sogar noch massiver privatisiert. Ab 1979 ließ die britische Premierministerin Margaret Thatcher Auto-, Schiffbau-, Kohle-, Stahl- und Wasserunternehmen privatisieren. Hintergrund war zum einen das neoliberale Argument von der angeblich überlegenen Leistung der Privatwirtschaft gegenüber öffentlicher Leistungserbringung.

Ebenfalls eine Rolle spielten strukturelle Veränderungen wie der Zusammenbruch des Bretton-Woods-Systems[50] Anfang der 1970er-Jahre und die nachfolgende Liberalisierung des internationalen Kapitalverkehrs: Das international «vagabundierende» Kapital war geboren und begann, Druck auf die Volkswirtschaften auszuüben. Die Ölkrise von 1973 schwächte die europäischen Volkswirtschaften weiter, Wachstum und Staatseinnahmen schrumpften, sodass der Anreiz stieg, Anteile an Industrieunternehmen zugunsten kurzfristiger Einnahmen zu veräußern. Parallel dazu wurden die nach dem Zweiten Weltkrieg dominanten wirtschaftspolitischen Ziele – Vollbeschäftigung und soziale Sicherheit – zunehmend durch das Ziel Wettbewerbsfähigkeit ersetzt.[51]

Angaben der Organisation für wirtschaftliche Zusammenarbeit und Entwicklung (OECD) zufolge ging im Rahmen dieser Privatisierungsoffensive die Zahl der Unternehmen mit Bundesbeteiligung in Deutschland von 808 auf 132 zurück.[52] Eine der vielen Folgen war eine Schwächung der Gewerkschaften, unter anderem durch Tarifflucht und eine Zersplitterung in zahlreiche einzeln zu verhandelnde Tarifverträge.

2.2 Die zweite Privatisierungswelle – Folge der Liberalisierung in Europa

Regionale Ungleichgewichte können ein Einfallstor für Privatisierungen bieten. Während der Schuldenkrise in Afrika von 1970 bis 1990 forderten der Internationale Währungsfonds (IWF) und die Weltbank von den betroffenen Ländern im Rahmen sogenannter Strukturanpassungsprogramme weitreichende Privatisierungen. Auch nach dem Zusammenbruch des Ostblocks wurden flächendeckende Privatisierungsprogramme durchgesetzt. Im Vorfeld der Euroeinführung kam es in den damals wirtschaftlich schwächeren EU-Ländern Italien, Frankreich, Spanien, Portugal und Griechenland zu Privatisierungen mit dem Ziel, die Neuverschuldung zu reduzieren. Damit wollte man die neuen EU-Defizitgrenzen einhalten, um den Euro einführen zu dürfen. Teilweise in denselben Ländern kommt es nun im Zuge der Eurokrise

50 Mit Bretton-Woods-System wird ein Währungssystem mit Wechselkursbandbreiten bezeichnet, das vom goldhinterlegten US-Dollar als Leitwährung bestimmt war und im Juli 1944 in Bretton Woods (New Hampshire) unterzeichnet wurde.

51 Vgl. Jörg Huffschmid (2008): Die Bedeutung der EU für die Liberalisierung und Privatisierung öffentlicher Dienstleistungen. In: Torsten Brandt et al. (2008): S. 14–41, dort S. 15.

52 Vgl. Christina Deckwirth (2008): S. 45.

seit 2008 zu Privatisierungsprogrammen und privatisierungstreibenden «Schutzschirm»-Bedingungen, siehe dazu auch Kapitel 2.5.

Die zweite Welle der Privatisierung in Deutschland begann Mitte der 1980er-Jahre. Sie folgte einer Entwicklung innerhalb der Europäischen Wirtschaftsgemeinschaft (EWG), im Zuge derer Privatisierungen und Liberalisierungen sich gegenseitig begünstigten und so eine Welle des Ausverkaufs öffentlicher Unternehmen und Infrastrukturen in Europa erzeugten. Obwohl die Bundesrepublik Deutschland auch damals zu den wirtschaftlich starken Ländern gehörte, griff die Welle nach mehreren Liberalisierungen auch auf Deutschland über. Privatisiert wurde vor allem im Bereich der Infrastruktur; Netzwerkdienste und Medien wurden (teil-)privatisiert, das betraf das Fernsehen, die Energie- und Wasserversorgung, die Bahn, Telekommunikation und Post.

Häufig erfolgte die Privatisierung in mehreren Schritten: Ausgehend von der formellen Privatisierung – also dem Übergang oder der Ausgründung in das Privatrecht – erfolgte nach einigen Jahren der erste Teilverkauf, dem weitere Teilverkäufe bis hin zur Vollprivatisierung folgten. In einigen Fällen, etwa bei der Deutschen Bahn, blieb es bei der formellen Privatisierung, es wurden jedoch Marktanteile an Private abgegeben. In anderen Fällen – wie der Telekom – hält die öffentliche Hand weiterhin Anteile. Beim Fernsehen erfolgte die Privatisierung durch die Einführung des Privatfernsehens, das seither – unbelastet von Informations- und Bildungsaufgaben – das öffentlich-rechtliche Fernsehen im Streit um lukrative Werbekund/innen und Sendeanteile niederkonkurrieren darf.

Angesichts der zunehmend prekären Haushaltslage vieler Kommunen sollten diese durch Verkäufe entlastet werden. Im Fokus stand die Energie- und Wasserversorgung. Teilweise bestand auch die Hoffnung, dass privates Kapital und Know-how die öffentlichen Dienstleistungen modernisieren und deren Qualität verbessern würden.[53] Vor allem aber wurden die Privatisierungsmaßnahmen der zweiten Welle mit den Liberalisierungsvorgaben im Rahmen der fortschreitenden europäischen Integration begründet. Bereits im Vertrag zur Gründung der Europäischen Wirtschaftsgemeinschaft (EWG-Vertrag) von 1957 hatten öffentlicher Sektor und öffentliche Dienstleistungen keinen besonderen Schutz erfahren, gleichzeitig war die Liberalisierung von Märkten ein Grundelement des EWG-Vertrags.[54] Mit dem Übergang der Europäischen Gemeinschaft (EG) zur EU wurde – ausgehend vom Vertrag von Maastricht, ergänzt und erweitert durch die Verträge von Amsterdam und Nizza – festgelegt, dass diese Liberalisierung alle Bereiche umfassen solle. Explizit galten damit die Wettbewerbsregeln auch für die «Dienstleistungen von allgemeinem

53 Vgl. Wolfgang Gerstlberger, Michael Siegl (2009): Öffentliche Dienstleistungen – unverzichtbarer Baustein der Daseinsvorsorge! Zwei Jahrzehnte Privatisierung: Bilanz und Ausblick, WISO Diskurs, Juni 2009, online: http://library.fes.de/pdf-files/wiso/06514.pdf.

54 Vgl. Jörg Huffschmid (2008): S. 17.

wirtschaftlichen Interesse» und für «öffentliche Unternehmen».[55] Deutschland verlor mit der zweiten Privatisierungswelle in großem Umfang reguläre Beschäftigungsverhältnisse. Allein die formell privatisierte Bahn baute als Aktiengesellschaft von 1994 bis 2012 im inländischen Bahnverkehr 130.000 Arbeitsplätze ab. Die Telekom reduzierte ihre Belegschaft deutschlandweit zwischen 1994 und 2007 um rund 77.000 Stellen, während ihre Wettbewerber im selben Zeitraum nur 14.000 neue Stellen schufen. Dafür übernahm der Bund bis 2076 rund 550 Milliarden Euro an Zahlungsverpflichtungen allein für Witwen-, Waisen- und sonstige Renten für die ehemaligen Beamt/innen der Deutschen Bundespost.[56] Auch im Fall der Bahn bezahlte der Bund bereits rund 100 Milliarden Euro für Renten und Ausgleichszahlungen.

2.3 Die dritte Privatisierungswelle – Ausverkauf des DDR-Volkseigentums

Die dritte Welle umfasst die Privatisierungsmaßnahmen in den neuen Bundesländern nach der Wiedervereinigung. Diese Welle verlief teilweise parallel zur zweiten. International waren nach dem Zusammenbruch der sozialistischen Staaten in Mittel- und Osteuropa vergleichbare Privatisierungen zu beobachten. Die Privatisierungen der dritten Welle umfassten viele Wirtschaftssektoren gleichzeitig: Finanzinstitute, Industrie, Landwirtschaft, Handel und Dienstleistungen. Zur konkreten Umsetzung wurde die «Anstalt zur treuhänderischen Verwaltung des Volkseigentums» (Treuhandanstalt) gegründet. Dabei wurde den Bürger/innen der neuen Bundesländer ein Anteil an den Verkaufserlösen in Aussicht gestellt. Im Zeitraum von 1990 bis 1994 wurden rund 13.000 Volkseigene Betriebe (VEB) privatisiert[57], dazu 22.340 Geschäfte, Gaststätten und Hotels sowie 1.734 Apotheken, 475 Buchhandlungen und 481 Kinos.[58] Die Treuhand-Nachfolgeorganisation «Bundesanstalt für

---

55 Art. 86, der ehemalige Art. 90 des EG-Vertrages, lautete: «(1) Die Mitgliedstaaten werden in Bezug auf öffentliche Unternehmen und auf Unternehmen, denen sie besondere oder ausschließliche Rechte gewähren, keine diesem Vertrag und insbesondere dessen Artikeln 12 und 81 bis 89 widersprechende Maßnahmen treffen oder beibehalten. (2) Für Unternehmen, die mit Dienstleistungen von allgemeinem wirtschaftlichem Interesse betraut sind oder den Charakter eines Finanzmonopols haben, gelten die Vorschriften dieses Vertrags, insbesondere die Wettbewerbsregeln, soweit die Anwendung dieser Vorschriften nicht die Erfüllung der ihnen übertragenen besonderen Aufgabe rechtlich oder tatsächlich verhindert. Die Entwicklung des Handelsverkehrs darf nicht in einem Ausmaß beeinträchtigt werden, das dem Interesse der Gemeinschaft zuwiderläuft.» Online: https://dejure.org/gesetze/EG/86.html.

56 Vgl. Tim Engartner (2014): Der große Postraub. Die Privatisierung der Bundespost und ihre Folgen. In: Blätter für deutsche und internationale Politik, 1/2014, S. 85–92, online: www.fb03.uni-frankfurt.de/49005923/Privatisierung_Der-grosse-Postraub_Blaetter_I_2014.pdf.

57 Vgl. Werner Rügemer (2008): Privatisierung in Deutschland. Eine Bilanz. Von der Treuhand zu Public Private Partnership, Westfälisches Dampfboot, Münster, S. 39.

58 Bundeszentrale für politische Bildung (2015): Das Vermögen der DDR und die Privatisierung durch die Treuhand, online: www.bpb.de/geschichte/deutsche-einheit/zahlen-und-fakten-zur-deutschen-einheit/211280/das-vermoegen-der-ddr-und-die-privatisierung-durch-die-treuhand.

vereinigungsbedingte Sonderaufgaben» organisierte bis zum Jahr 2000 weitere große Privatisierungen.

Die Bilanz der Treuhand-Privatisierungen ist bitter: In der Rückschau dienten sie nicht dem Zweck, öffentliche Einnahmen zu erzielen – im Gegenteil. Der erste Treuhandpräsident Detlev Karsten Rohwedder hatte das von der Anstalt verwaltete Vermögen zu Beginn der Tätigkeit der Treuhand 1990 auf 600 Milliarden D-Mark (307 Mrd. Euro) geschätzt. Auf eine Eröffnungsbilanz war verzichtet worden. Vier Jahre später beendete die Treuhand ihre offizielle Tätigkeit mit 256 Milliarden D-Mark (130 Mrd. Euro) Schulden, die in den Bundeshaushalt übernommen werden mussten. Das Vorgehen war auch ein großer Vermögenstransfer von Ost nach West: 80 % des DDR-Produktionsvermögens gingen bis Mitte 1994 an Westdeutsche, 14 % an Ausländer/innen – und nur sechs Prozent an einstige DDR-Bürger/innen; zudem waren spätestens 1993 nahezu alle Führungspositionen der Anstalt mit Personal aus Westdeutschland besetzt. Die industrielle Basis der ostdeutschen Wirtschaft wurde auf Jahre hinaus unterminiert – und die Menschen in Arbeits- und Perspektivlosigkeit zurückgelassen. So verloren nach Angaben der Bundeszentrale für politische Bildung zwischen 1990 und 1994 in den neuen Bundesländern insgesamt 2,6 Millionen Menschen ihre Arbeit.[59]

2.4 Die vierte Privatisierungswelle – Cross-Border-Leasing

Von 1995 bis 2003 schlossen rund 50 Städte und Zweckverbände insgesamt etwa 150 sogenannte Cross-Border-Leasing-Verträge (CBL) ab. Das Transaktionsvolumen betrug geschätzt 50 Milliarden US-Dollar. Der Schwerpunkt lag dabei auf dem öffentlichen Personennahverkehr sowie in der Wasserver- und -entsorgung. Verleast wurden auch ein Flughafen, verschiedene Messe- und Veranstaltungshallen, einige Müllverbrennungsanlagen sowie öffentliche Grundstücke. CBL lagen hochkomplexe Verträge zugrunde. Vordergründig sollte ein US-amerikanisches Steuerschlupfloch genutzt werden. Deutsche Kommunen brachten öffentliche Infrastrukturen für eine Dauer von zumeist 100 Jahren in CBL-Verträge ein und leasten sie sofort wieder zurück. Ein Teil des generierten Steuervorteils (zulasten der US-amerikanischen Steuerzahlenden) wurde als sogenannter Barwertvorteil sofort an die betreffende Kommune ausbezahlt.

2004/2005 änderte der Gesetzgeber in den Vereinigten Staaten die betreffenden Steuerregeln, damit wurde CBL für Investoren uninteressant. In Deutschland wuchs hingegen die Kenntnis über die stets in Englisch abgefassten und mit Geheimhaltungsklauseln versehenen Vertragsinhalte, insbesondere über die zahlreichen Risiken.

So stellte sich heraus, dass man sich von mehr als einem Vertragspartner (und dessen Bonität) abhängig gemacht hatte. Die Verträge beruhten im Kern auf einer Finanzwette auf regelmäßige Zahlungsflüsse und stabile Finanzmärkte. Mit der Finanzkrise wurden jedoch wichtige CBL-Beteiligte wie die US-amerikanische

59 Ebd.

Versicherung AIG im Rating herabgestuft, zahlreiche Kommunen verloren ihre CBL-Wette und sahen sich deswegen mit erheblichen Zahlungsforderungen konfrontiert. Das Ausfallrisiko eines der beteiligten Partner muss von den deutschen Kommunen mitgetragen werden. Auch im Betrieb ergaben sich neue Probleme: Bei Mehrfachnutzungen von verleasten Verkehrsflächen – so liegen zum Beispiel neben verleasten Wasserrohren oft auch andere Versorgungsleitungen unter der Erde – erfordert jegliche Änderung eine Zustimmung aus den USA. Die Werterhaltung der Anlagen muss sich an den Interessen der Investoren ausrichten, nicht am Bedarf (Betriebs- und Bestandspflicht).

2.5 Die fünfte Privatisierungswelle – Stabilität und Wachstum als Heilsversprechen

Die fünfte Welle an Privatisierungen findet seit der Jahrtausendwende statt, sie schließt an die zweite Welle an, die sich mit der Liberalisierung des Waren- und Dienstleistungsverkehrs innerhalb der EU vollzog. Privatisiert wird überwiegend im Bereich der sozialen Sicherungssysteme: Soziales Wohnen, Gesundheits- und Pflegedienste, kommunale Krankenhäuser, aber auch Bildung und Wissenschaft sind betroffen. Ebenso ist die Diversifizierung der öffentlichen Rentenversicherung im Zuge der Förderung privater Altersvorsorge zu dieser Welle zu rechnen. Zwar wurde weiterhin die höhere Effizienz privater Anbieter als Argument für die Privatisierung vorgebracht. Haushaltspolitische Restriktionen gewannen jedoch argumentativ zunehmend an Gewicht, auch auf der Ebene von Bund und Ländern begann die «Zeit knapper Kassen»[60].

Darüber hinaus wurden die Privatisierungen verstärkt mit den fiskalischen Vorgaben der EU begründet. Die sogenannten Maastricht-Kriterien von 1992 und der Stabilitäts- und Wachstumspakt von 1997 setzten enge Grenzen für Haushaltsentscheidungen. Mit dem Maastricht-Vertrag sollte einer als übermäßig wahrgenommenen öffentlichen Verschuldung entgegengewirkt werden. Der Stabilitäts- und Wachstumspakt konkretisierte dann, dass Staaten die Höhe ihres jährlichen Haushaltsdefizits auf drei Prozent ihres Bruttoinlandsprodukts (BIP) und den Stand ihrer öffentlichen Verschuldung auf 60 % ihres BIPs begrenzen müssen. Diese Vorgaben bildeten die Voraussetzung, um den Euro als Landeswährung einzuführen. Eine Folge war, dass um die Jahrtausendwende in vielen EU-Ländern verstärkt auf Privatisierungsmaßnahmen zurückgegriffen wurde, um Einmaleinnahmen zu generieren.

---

60 Vgl. Arno Gahrmann, Ernst Mönnich, Malte Moewes, Silke Overman, Benno Reinhardt, Thomas Wüst (2012): Public Private Partnership. Organisationsvarianten für eine nachhaltige Entsorgung. Evaluierung von Fallbeispielen für die Praxis, Lit Verlag, Berlin. In dieser Untersuchung haben die Autoren unter anderem betrachtet, welche Kriterien bei kommunalen Entscheidungen für oder gegen ÖPPs eine Rolle spielten. Von 18 untersuchten Aspekten stachen nur drei signifikant hervor. Diese mit Abstand wichtigsten Gesichtspunkte sind die Haushaltssanierung, das Zutrauen in die eigene kommunale Leistungsfähigkeit und die eigene fachliche Kompetenz sowie die gesellschaftliche bzw. weltanschauliche Grundhaltung.

Eine Untersuchung der Deutsche Bank Research zeigt in einem Vergleich der Länder Italien, Frankreich, Portugal, Spanien und Griechenland, dass diese Länder durch Privatisierungen ihre Neuverschuldung reduzierten, um die vorgeschriebenen Defizitgrenzen einzuhalten.[61] In Frankreich ging die Neuverschuldung von 4 % (1996) auf 1,5 % (2000) zurück, in Italien von 7,5 % (1995) auf 1 % (2000), in Spanien von 7 % (1995) auf gut 1 % (2000), in Portugal von 5 % (1995) auf 3,1 % (1999), und in Griechenland sank sie auf 3,7 % im Jahr 2000.[62]

In Deutschland folgten den Privatisierungen dieser Welle Leistungskürzungen und Preissteigerungen: Dies betraf Rentenkürzungen, einen Rückgang bei der Anzahl verfügbarer Sozialwohnungen sowie einen Anstieg der betreffenden Mieten, weitere Wege zur nächsten (Fach-)Klinik, zahlreiche kostenpflichtige sogenannte Zusatzleistungen sowie längere Wartezeiten für Kassenpatient/innen, eine Erosion der Qualität öffentlicher Schulen und Hochschulen bei gleichzeitigem Anstieg der Zahl kostenpflichtiger privater Nachhilfeinstitute, Schulen und Hochschulen.[63]

2.6 Die sechste Privatisierungswelle – Öffentlich-private Partnerschaften

Mit Beginn der 1990er-Jahre wurde in der Entwicklungszusammenarbeit vonseiten der Geberländer verstärkt auf private Beteiligung gesetzt. 1998 erreichten diese Aktivitäten ein Zwischenhoch, Projekte mit privater Beteiligung («infrastructure projects with private participation in developing countries») erreichten das Achtfache des Wertes von 1990. Allein bis 2009 wurde über das Modell insgesamt über eine Billion US-Dollar investiert.[64] Deutschland beteiligte sich im Rahmen seiner Entwicklungspolitik an der Verstärkung dieses Trends.[65] Mitte der 1990er-Jahre begannen Großbritannien und Australien, in großem Umfang eigene Infrastrukturprojekte per ÖPP[66] umzusetzen. Ende der 1990er-Jahre wurden in Deutschland erste Projekte in öffentlich-privater Partnerschaft (ÖPP) umgesetzt.

---

61 Deutsche Bank Research (2011): S. 7–15.

62 Ebd.

63 Deutsche Bank Research hat sogar Empfehlungen für die zu privatisierenden Objekte ausgearbeitet: Sie umfasst staatliche Immobilien, Grundstücke und Wälder sowie übrig gebliebene Unternehmensbeteiligungen in Bereichen wie Bahn, Post, Wasserversorgung und -entsorgung. Außerdem liege «ein erheblicher Teil des Potentials […] auf der Ebene der Kommunen», allerdings sei die Privatisierung auf dieser Ebene nicht so einfach «wegen der mehr oder minder starken Autonomie der Kommunen». Dieses Problem könne aber gelöst werden: «Die Einbeziehung internationaler Organisationen kann für mehr Konsequenz und Konsistenz nationaler Initiativen sorgen». In: Deutsche Bank Research (2011): S. 15–16.

64 Word Bank (2009): Global Monitoring Report, S. 80, online: http://siteresources.worldbank.org/INTGLOMONREP2009/Resources/5924349-1239742507025/GMR09_book.pdf.

65 Vgl. Uwe Hoering (2003): «Zauberformel PPP» – «Entwicklungspartnerschaften» mit der Privatwirtschaft. Ausmaß – Risiken – Konsequenzen. WEED – Weltwirtschaft, Ökologie & Entwicklung e.V., online: www2.weed-online.org/uploads/Zauberformel%20PPP.pdf.

66 Im Englischen werden solche Projekt als «Public Private Partnership (PPP)», später auch als «Private Finance Initiative (PFI)» bezeichnet. Da es in der vorliegenden Schrift um Deutschland geht, wird im Weiteren von ÖPP(s) gesprochen.

Unter ÖPP versteht man die Kooperation zwischen der öffentlichen Hand und einem privaten Unternehmen. Ein privates Unternehmen wird von der öffentlichen Hand beauftragt, Finanzierung, Planung, Bau oder Sanierung sowie den anschließenden Betrieb und die Verwertung eines Objekts im Bereich der öffentlichen Daseinsvorsorge für einen festgelegten Zeitraum von 25, 30 oder sogar 50 Jahren zu übernehmen. Die öffentliche Hand zahlt im Gegenzug eine jährliche Rate für die Nutzung (zu Details siehe Abschnitt 3.2).

In Deutschland kamen ÖPPs etwa bei Schulsanierungen, in Anlagen für Sport, Freizeit und Kultur sowie bei Verwaltungs- und Justizgebäuden zum Einsatz. Finanziell besonders umfangreiche ÖPP-Verträge wurden bezüglich der IT-Versorgung der Bundeswehr und im Autobahnausbau und -betrieb abgeschlossen. 2005 wurden ÖPPs durch ein Artikelgesetz («ÖPP-Beschleunigungsgesetz») erleichtert. In der Folge wuchs das Projektvolumen in Deutschland deutlich, und ÖPP etablierte sich bald als die am häufigsten verwendete Privatisierungsform.

Das wichtigste Argument für ÖPP lautete, dass damit die jeweilige Daseinsvorsorgeleistung günstiger erbracht werden könne. Dazu werden vor ÖPP-Projekten üblicherweise sogenannte Wirtschaftlichkeitsuntersuchungen eingeholt. Ein wichtiger kostenreduzierender Effekt, der ÖPPs zugeschrieben wurde, sollte sich durch das sogenannte Lebenszyklusprinzip ergeben: Da den Privaten die betreffende Infrastruktur nicht nur zum Ausbau oder zur Sanierung, sondern auch zum langjährigen Betrieb übergeben werde, entstehe bei den Unternehmen der Anreiz, die Baumaßnahme so zu gestalten, dass Betriebskosten reduziert würden, hieß es. Da die Betriebskosten in Zeiträumen von 15 bis 30 Jahren die Erstinvestitionskosten übersteigen, ergebe sich – so die Hoffnung – ein erhebliches Einsparpotenzial, an dem die öffentliche Hand im Zuge eines Ausschreibungswettbewerbs um die günstigsten Jahresraten teilhabe.

2.7 Privatisierung und Rekommunalisierung

Privatisierungen haben Deutschland seit 1960 netto viele Arbeitsplätze gekostet. Auch Versprechen hinsichtlich einer gestiegenen Servicequalität wurden vielfach nicht erfüllt. Die Deutsche Bahn AG und die Deutsche Telekom gelten heute vielen als Paradebeispiele für kund/innenfeindliche Unternehmen, die ihre Marktmacht und Monopolstellung nutzen, um hohe Preise durchzusetzen, und sich gleichzeitig Investitionen in der Fläche widersetzen. Es ist nicht verwunderlich, dass Privatisierungen breit abgelehnt werden, Rekommunalisierungen hingegen zunehmend auf Zuspruch stoßen.[67]

So engagieren sich viele Bürger/innen gegen Privatisierungen besonders stark im Rahmen von Bürger/innen- und Volksbegehren. Zahlreiche solcher Begehren wurden in den vergangenen 20 Jahren gestartet, einige konnten tatsächlich zum

---

67 Zu den Folgen von Privatisierung und den Entwicklungen von Rekommunalisierung in Deutschland siehe die umfangreiche Darstellung in: Tim Engartner (2016): Staat im Ausverkauf. Privatisierung in Deutschland. Campus, Frankfurt.

Erfolg geführt werden. Bezeichnenderweise ist bisher kein Begehren pro Privatisierung bekannt.

Ein bekannter Volksentscheid forderte die Offenlegung der Verträge, die den Teilverkauf der Berliner Wasserbetriebe regelten («Schluss mit Geheimverträgen – Wir Berliner wollen unser Wasser zurück»). Der Volksentscheid konnte nicht nur ein hohes Quorum erfüllen, obwohl die Abstimmung an keinem Wahltag für eine Bundestags- oder Landtagswahl lag. Es stimmten auch 98,2 % mit «Ja» – und damit mehr Menschen, als bei den Abgeordnetenhauswahlen die SPD gewählt hatten, die immerhin den regierenden Bürgermeister stellte. In der Folge leitete der Senat Rückkaufverhandlungen ein, 2013 gehörten 100 % der Anteile wieder mittelbar dem Land Berlin.

Auch jenseits von Bürger/innen- und Volksentscheiden kommt es immer wieder zu Rekommunalisierungen, so in Bochum, Hamburg und Leipzig, wo die Energieversorgung wieder unter das kommunale Dach zurückgeführt wurde. Ebenfalls in Bochum sowie in Dortmund, Freiburg und Grevenbroich wurde die Gebäudereinigung rekommunalisiert. Gemäß dem Deutschen Institut für Urbanistik finden Rekommunalisierungen vor allem in wirtschaftlich schwachen Regionen statt, um dort den Arbeitsmarkt zu stärken.

Kapitel 3: Öffentlich-private Partnerschaften und Infrastrukturgesellschaften

Im politischen Kontext werden öffentlich-private Partnerschaften oft als etwas gesehen, das außerhalb von Privatisierung steht oder keine «richtige Privatisierung» ist. So ordnet man sie als «Beschaffungsvariante» ein oder sieht darin zumindest einen Mittelweg zwischen Staatswirtschaft und Privatisierung. Doch wofür steht ÖPP tatsächlich? In welchem Verhältnis stehen ÖPPs zu Infrastrukturgesellschaften?

3.1 Begriffsdefinitionen von ÖPP

Eine einheitliche, allgemein akzeptierte Definition von öffentlich-privater Partnerschaft existiert bis heute nicht.[68] In der Wissenschaft wird ÖPP als «unstrukturierter Sammelbegriff» bezeichnet. Danach werden «häufig sehr verschiedene Ausprägungen der (Teil-)Privatisierung öffentlicher Aufgaben als ÖPP zusammengefasst».[69] Eine Definition, die grundlegende Gemeinsamkeiten der verschiedenen ÖPP-Varianten in Deutschland in sich vereint, lautet wie folgt: «ÖPP ist der Sammelbegriff für Kooperationen zwischen privat-gewerblichen, nicht staatlichen und staatlichen bzw. kommunalen Akteuren in gemischtwirtschaftlichen Unternehmen oder langfristigen Vertragsbeziehungen. Sie erstellen gemeinsam Projekte und Leistungen, die auch in staatlicher Eigenregie erbracht werden könnten. Dafür bringen

68 «[Es] ist in der Rechtsordnung weder der Begriff der funktionalen Privatisierung noch die Einschaltung Privater in die Wahrnehmung staatlicher Aufgaben nach dem Typus ‹ÖPP› klar definiert oder abgegrenzt. Jeder Versuch, funktionale Privatisierungen oder ÖPP im Zusammenhang mit der Planung, dem Bau oder dem Betrieb von Bundesfernstraßen rechtlich zu beschränken, sieht sich deshalb mit der Notwendigkeit konfrontiert, diese Erscheinungsformen der Einbeziehung Privater zu definieren und gegenüber anderen – nicht verbotenen oder beschränkten – Formen abzugrenzen. Dabei kann die Gesetzgebung nicht auf klar vorgeformte Begriffe zurückgreifen.» Georg Hermes, Holger Weiß (2017): Neuordnung der Bundesfernstraßenverwaltung – Politische Steuerung, Privatisierung, Kreditaufnahme. Rechtliches Kurzgutachten im Auftrag der SPD-Bundestagsfraktion, Freiburg, Stuttgart, 20. März 2017, S. 24.

69 So zum Beispiel vom Wissenschaftlichen Beirat der Gesellschaft für öffentliche Wirtschaft (GÖW), in: Wolfgang Gerstlberger, Karsten Schneider, Katrin von Schäwen (2008): Öffentlich Private Partnerschaften. Zwischenbilanz, empirische Befunde und Ausblick, Bd. 31. Nomos Verlag Baden-Baden. S. 19.

sie personelle, strategische (Knowhow, Projekterfahrungen, Kooperationspartner) und finanzielle Ressourcen ein.»[70]

Die Unschärfe des ÖPP-Begriffs ermöglicht einen vielfältigen und breiten Einsatz des Modells. Der Begriff klingt zudem modern und vermittelt eine positive Botschaft, ganz anders als zum Beispiel «Verkauf», «Teilprivatisierung» oder gar «Privatisierung».[71]

Allerdings zeigen sich auch Abnutzungseffekte: Wurde in der Anfangsphase in Deutschland fast jede neu ins Leben gerufene Kooperation zwischen öffentlicher Hand und Privaten als öffentlich-private Partnerschaft beworben, ist zuletzt eine Tendenz zu beobachten, den ÖPP-Charakter (d. h. oft den Privatisierungscharakter) eines Projekts im Fall eines Misserfolges herunterzuspielen – so etwa bei der Hamburger Elbphilharmonie (Trägerin des «PPP-Innovationspreises 2007») oder der Teilprivatisierung der Berliner Wasserbetriebe.[72]

3.2 Unterkategorien öffentlich-privater Partnerschaften

Zu öffentlich-privaten Partnerschaften gibt es eine verwirrend große Anzahl von Unterkategorien: Betreibermodell, Build-Operate-Transfer- oder BOT-Modell, Erwerber-, Inhaber- oder Leasingmodell, Miet-, Vertrags- oder Contracting-Modell und noch weitere. Eine Erklärung für diese Vielfalt liefert der klassische wirtschaftswissenschaftliche Ansatz: Dabei wird dann von ÖPP gesprochen, wenn von den fünf möglichen Phasen (ökonomisch: Wertschöpfungsstufen) Finanzierung, Planung, Bau, Betrieb und Verwertung wenigstens zwei an private Unternehmen übertragen werden. Je näher übertragene Phasen aufeinanderfolgen, umso größer soll der Verbundvorteil sein.

Bei fünf Phasen ergeben sich 26 Kombinationsmöglichkeiten, was die verwirrend große Anzahl der Unterkategorien teilweise erklärt. In der neueren Fachliteratur wird nur noch von vier Phasen gesprochen, die Finanzierung wird dabei als eine separate Dienstleistung aufgefasst: «In diesem Kontext ist im Übrigen fraglich, ob zwischen der Finanzierung und den übrigen Wertschöpfungsstufen überhaupt Verbundvorteile auftreten können. Die Art und die Kosten der Finanzierung lassen weder Auswirkungen auf die Bau- und Betriebskosten noch auf die

70 Ebd.

71 Vgl. Holger Mühlenkamp (2006): Public Private Partnership aus der Sicht der Transaktionskostenökonomik und der Neuen Politischen Ökonomie. In: Dietrich Budäus (Hg.) (2005): Kooperationsformen zwischen Staat und Markt – Theoretische Grundlagen und praktische Ausprägungen von Public Private Partnership, Schriftenreihe Öffentliche Dienstleistungen, Band 54, Nomos, Baden-Baden, S. 29–48.

72 Im Fall der Berliner Wasserbetriebe wird mittlerweile bestritten, dass es sich um ein ÖPP-Projekt gehandelt habe. Noch in der Broschüre zum zehnjährigen Jubiläum wurde die Teilprivatisierung allerdings als erfolgreiches ÖPP-Projekt beworben, vgl. Mark Oelmann, Iris Böschen, Claudia Kschonz, Gernot Müller (2009): 10 Jahre Wasserpartner Berlin. Eine Bilanz der öffentlich-privaten Partnerschaft zwischen dem Land Berlin, RWE Aqua und Veolia Wasser, WIK-Consult GmbH, Bad Honnef, online: www.wik-consult.com/uploads/media/10JahreWasserpartnerBerlin.pdf.

Verwertung(smöglichkeiten) erwarten. Vielleicht lässt sich bei gleichzeitiger Verantwortung für Bau und Finanzierung Kapital zeitgenauer bereitstellen. Daher dürften sich Verbundvorteile im Wesentlichen durch die Kombination der übrigen Wertschöpfungsstufen erreichen lassen.»[73]

Laut Wolfgang Gerstlberger basiert die Finanzierung bei öffentlich-privater Partnerschaft auf «regelmäßigen Zahlungsströmen. Dabei handelt es sich entweder um direkte öffentliche Leistungsentgelte oder Zahlungen von Nutzern (Verkaufserlöse, Gebühren, Miet- oder Mauteinnahmen u. Ä.).»[74] Ohne Finanzierung reduzieren sich die möglichen Kombinationen auf elf.

Abb. 3: Struktur von ÖPP-Verfahren

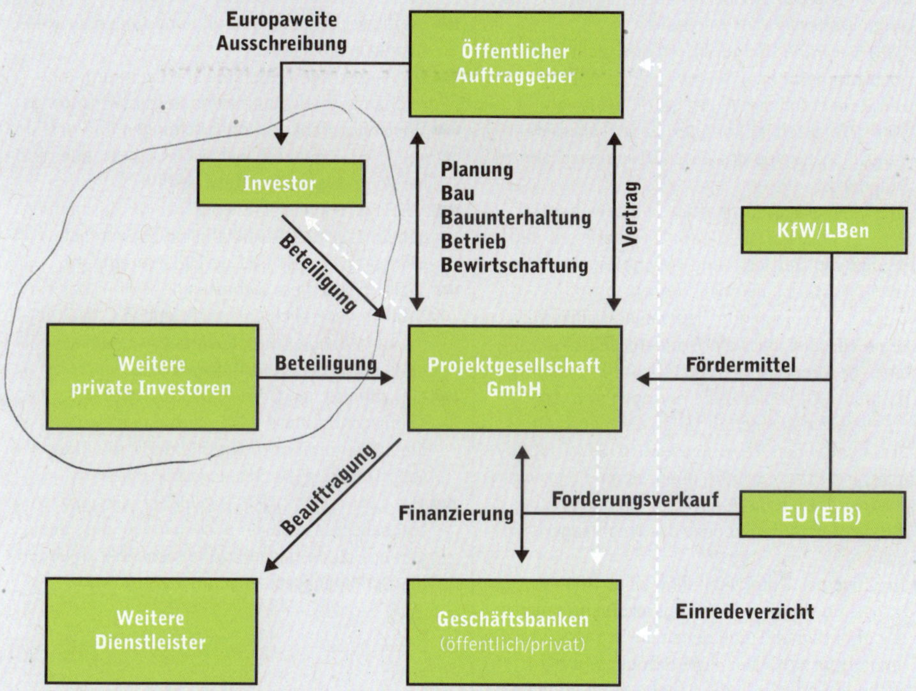

Quelle: ver.di; eigene Darstellung

73 Holger Mühlenkamp (2012): Effizienzgewinne und Entlastungen öffentlicher Haushalte durch Public Private Partnership (PPP)? In: Ulrich Küpper, Lothar Semper (Hg.): Chancen und Risiken von PPP. Eine Betrachtung aus ökonomischer und juristischer Perspektive, Ludwig-Fröhler-Institut, München, S. 63–126, dort S. 78, online: http://docplayer.org/27925481-Effizienzgewinne-und-entlastungen-oeffentlicher-haushalte-durch-public-private-partnership-ppp.html.

74 Wolfgang Gerstlberger et al. (2008): S. 22.

75 Robert Kösling, Renate Sternatz (2009): Public-Private-Partnership (PPP/ÖPP) im kommunalen Hoch- und Tiefbau. Verfahrensabläufe – Hintergründe – Kritik – Praxisbeispiele, hrsg. von der Dienstleistungsgesellschaft ver.di, Berlin, S.17.

3.3 Eigenschaften öffentlich-privater Partnerschaften

Da ÖPPs sich einer eindeutigen Definition entziehen, ist es hilfreich, sie anhand von Eigenschaften zu umreißen. Die nachfolgend aufgeführten Eigenschaften sind unterteilt in grundlegende (notwendige) und typische Eigenschaften.

Tabelle 3: Eigenschaften öffentlich-privater Partnerschaften (ÖPP)

Grundlegendes	Typisches
▬ ÖPP-Projekte haben stets die Form langlaufender kreditähnlicher Rechtsverträge. ▬ ÖPP-Projektgesellschaften sind handelbar, d.h. der Vertragspartner der öffentlichen Hand kann durch Weiterverkauf wechseln. ▬ ÖPP-Verträge sind juristisch und technisch hochkomplex. ▬ Die Bewertung der Wirtschaftlichkeit von ÖPP-Projekten ist komplex, zudem existieren dafür bisher keine wissenschaftlich anerkannten Standards. ▬ ÖPP-Projektgesellschaften sind privat-rechtliche Gesellschaften, die für ihre Tätigkeit den Schutz von Betriebs- und Geschäftsgeheimnissen in Anspruch nehmen können. ▬ Bei ÖPP-Projekten in Deutschland gibt es keine Vorgabe, dass die Projektgesellschaften einen bestimmten Prozentsatz am Projekt als haftendes Eigenkapital einbringen müssen. ▬ ÖPP-Verbindlichkeiten fallen nach den seit 2004 geltenden Regeln von EUROSTAT nicht unter die Staatsverschuldung, wenn die privaten Partner sowohl das Baurisiko als auch entweder das Ausfallrisiko oder das Nachfragerisiko tragen. ▬ Im Zuge der Unterzeichnung eines ÖPP-Vertrags eingegangene Zahlungsverpflichtungen der öffentlichen Hand gehen nur für das betreffende Haushaltsjahr, nicht bezogen auf die gesamte Laufzeit in die Staatsverschuldung ein.	▬ Die Laufzeiten betragen typischerweise wenigstens 15 Jahre, meistens 30 Jahre und selten sogar 50 Jahre. Eine ordentliche Kündigung ist zumeist nicht vorgesehen. ▬ Weiterverkäufe sind häufig und finden an volatilen Märkten statt. ▬ ÖPP-Verträge sind zumeist extrem umfangreich, d.h. mehrere tausend Seiten umfassend. ▬ Wirtschaftlichkeitsuntersuchungen im Vorfeld von ÖPP-Projekten werden in nahezu allen Fällen von privaten Beratern erstellt. ▬ ÖPP-Verträge sind bis auf wenige Ausnahmen geheim, für den Streitfall sind zudem fast immer private Schiedsgerichte vereinbart. ▬ Viele Projektgesellschaften haben nur das für GmbHs gesetzlich vorgeschriebene Eigenkapital von 25.000 Euro, auch bei Auftragsvolumina von hunderten Millionen Euro. ▬ Bei zahlreichen ÖPP-Projekten wird vor Vertragsabschluss davon ausgegangen, dass die aufgenommenen Kredite der Projektgesellschaften nicht als Staatsverschuldung gelten. ▬ Bei zahlreichen ÖPP-Projekten wird vor Vertragsabschluss davon ausgegangen, dass bezogen auf die insgesamt zu leistenden Zahlungen die Schuldenbremse nicht wirksam ist.

Quelle: GiB; eigene Darstellung

3.4 Zusammenhang zwischen ÖPPs und Privatisierung

In der wissenschaftlichen Literatur werden öffentlich-private Partnerschaften regelmäßig als Teilprivatisierung bezeichnet. Das bedeutet eine teilweise Übertragung von Aufgaben der öffentlichen Hand an die Privaten. Befürworter/innen von ÖPPs bezeichnen diese als einen (goldenen) Mittelweg zwischen öffentlicher Auftragserfüllung und Privatisierung. Teilweise wird auch bestritten, dass ÖPP eine Form von Privatisierung sei. Andere kritisieren hingegen, dass bei ÖPPs die Nachteile von

Privatisierung mit den Nachteilen von staatlicher Planwirtschaft verbunden würden. Ausgehend von den in Tabelle 3 genannten Eigenschaften spricht Folgendes dafür, dass ÖPP eine Form von Privatisierung ist:

1. ÖPP greift im Zeitraum der Vertragslaufzeit tief in die Eigentums- und Besitzverhältnisse der öffentlichen Hand ein. Zwar behält die öffentliche Hand für weite Teile der Infrastrukturen oder Gebäude formell das Eigentum, gibt aber ihre Verfügungsmacht über die Nutzung und deren Gestaltungsfaktoren ab. Die demokratische Steuerung und die Gestaltung der öffentlichen Daseinsvorsorge werden damit entweder stark eingeschränkt oder sogar praktisch unmöglich.
2. Für jedes ÖPP-Projekt wird eine Zweckgesellschaft im Privatrecht gegründet oder eingebracht: eine GmbH, AG, KG oder GmbH & Co. KG. Hinsichtlich der Transparenz steht damit der Schutz der Betriebs- und Geschäftsgeheimnisse vor den Auskunftsansprüchen der Öffentlichkeit, die öffentliche Kontrolle wird eingeschränkt oder unmöglich.
3. Geht die öffentliche Hand einen ÖPP-Vertrag ein, verändert sie damit unweigerlich ihre eigene zuständige Bauverwaltung. Meist folgt ein Stellenabbau, denn zahlreiche Stellen werden infolge der Aufgabenauslagerung für die nächsten 30 Jahre nicht mehr benötigt. Das ist verbunden mit einem Verlust an Know-how, das durch einfache Neueinstellungen nach 15 oder 30 Jahren nicht wieder herstellbar ist. Die öffentliche Hand befindet sich damit auch nach Vertragsende zunächst in einer geschwächten Position und ist gegebenenfalls über längere Zeit personell und in puncto Know-how weiterhin vom bisherigen Vertragsnehmer abhängig.
4. Im Rahmen von ÖPP-Verträgen kann der Ausbau und Betrieb von Infrastrukturen der Daseinsvorsorge in handelbare Finanzprodukte eingebracht werden. Anteile daran können verkauft und weiterverkauft werden. In Großbritannien hat bereits eine Welle von Weiterverkäufen von ÖPP-Projektgesellschaften stattgefunden, der Anteilsverkauf setzt sich in Deutschland fort. Eine solche Handelbarkeit ist ein Kennzeichen von Privatisierung.
5. ÖPPs umfassen eine Privatisierung des politischen Gestaltungsprozesses. ÖPP-Verträge und -Ausschreibungen sind absichtsvoll derart komplex gestaltet, dass die meisten Kommunalpolitiker/innen selbst nicht einmal mehr die Rahmenbedingungen ihrer Entscheidungen ermitteln können. In diesem Zusammenhang kommen private Berater/innen ins Spiel und nehmen dem Stadt- oder Gemeinderat klassische parlamentarische Aufgaben ab. Sie ermitteln, was für die Kommune wirtschaftlich sein könnte – und was nicht. Zuweilen verfassen sie sogar die Vertragsentwürfe für die öffentliche Hand.
6. Streitfälle im Rahmen der ÖPP-Verträge werden derzeit vor privaten Schiedsgerichten verhandelt. Eine Erosion der öffentlichen Gerichtsbarkeit ist die Folge.

Gleichzeitig haben bisherige Verfahren vor privaten Schiedsgerichten gezeigt, dass die Rechtsposition der öffentlichen Hand dort geschwächt ist.[76]

7. Wie in diesem und dem folgenden Kapitel noch näher aufgezeigt wird, bewirkt das Interesse von Privatunternehmen an Renditemaximierung, dass sie öffentliche genutzte Infrastrukturen nicht dauerhaft in ihrem Eigentum behalten wollen oder können. Werden öffentliche Infrastrukturen über lange Zeiträume betrachtet, so folgen zuweilen Privatisierung, Wiederverstaatlichung und erneute Privatisierung aufeinander. Diese Entwicklungen verlaufen jedoch ungeregelt und sind von Krisen und Insolvenzen bestimmt. Ein prägnantes Beispiel ist das britische Schienennetz, das ab 1830 privat errichtet, 1915 unter staatliche Aufsicht genommen, 1945 komplett verstaatlicht, 1996 wieder privatisiert und schließlich 2002 nach schweren Zugunglücken und dem Bankrott des privaten Eigentümers Railtrack wieder verstaatlicht wurde.[77] Die dauerhafte Verantwortung für die Infrastruktur bleibt in solchen Privatisierungs-Verstaatlichungs-Zyklen faktisch beim Staat: Nach der Ausplünderung durch private Eigner kehrt die heruntergewirtschaftete Infrastruktur zum Staat zurück, der gegebenenfalls eine Grundsanierung vornimmt. Im Falle von ÖPPs wird aus dem ungeregelten Zyklus eine geregelte Abfolge: Im sogenannten Lebenszyklus wird die Verantwortung für die Infrastruktur nicht dauerhaft übernommen, Zeitpunkt und Konditionen der Rückübergabe werden definiert. Das Lebenszyklusprinzip bei ÖPP-Projekten ist allerdings faktisch ein Vertragszyklusprinzip, wie der Speyerer Wirtschaftswissenschaftler Prof. Dr. Holger Mühlenkamp deutlich macht: «Es wird behauptet, der Vorteil von ÖPPs ist das Lebenszykluskonzept. Aber ‹Lebenszykluskonzept› bedeutet, dass man das Projekt von der Planung bis zum Ende der Nutzungsdauer den Privaten überlässt, also, bis die Infrastruktur völlig abgeschrieben ist und Rückbau oder Neubau notwendig sind. Ich kenne keinen Fall in Deutschland, in dem das passiert ist.»[78]

Mit Ausnahme dieser beiden Unterschiede – Zeitpunkt und Konditionen der Rückübergabe sind bei öffentlich-privaten Partnerschaften definiert – sind ÖPP-Projekte und klassische Privatisierungen daher in ihren Eigenschaften und Auswirkungen weitgehend identisch. Die Unterschiede könnten dennoch beträchtlich sein, wenn tatsächlich zumindest das krisenhafte, zerstörerische Element von Privatisierungen entfiele. Dafür gibt es allerdings empirisch keine Anhaltspunkte. Die überwiegende Zahl an ÖPPs in Deutschland hat in den letzten zehn Jahren begonnen,

76 So zum Beispiel beim Mautprojekt «Toll Collect» in Deutschland: Der Projektstart verzögerte sich um fast drei Jahre. Der Bund erhebt seit 2005 vor einem privaten Schiedsgericht Forderungen gegenüber den privaten Partnern Deutsche Telekom, Daimler, Vinci-Gruppe wegen Einnahmeausfalls und Zinszahlungen in Höhe von sieben Milliarden Euro. Die Aussichten auch nur auf eine Teilsumme erscheinen gering.

77 Aktuell ist der neue Eigentümer Network Rail eine privatwirtschaftliche, nicht-gewinnorientierte Gesellschaft unter der Aufsicht von 116 zumeist öffentlich-rechtlichen Körperschaften, die als Bürgen fungieren.

78 Prof. Dr. Holger Mühlenkamp am 6. Juni 2016 im Interview mit den Autor/innen.

die Laufzeiten betragen jedoch zumeist 30 Jahre. Noch kein einziges ÖPP-Projekt wurde in Deutschland regulär rückübergeben. Dafür gab es schon zahlreiche krisenhafte, zerstörerische Projektabbrüche vor dem Ende der regulären Laufzeit.[79] In Großbritannien, wo öffentlich-private Partnerschaften schon seit 30 Jahren eingesetzt werden, wurden zuletzt 28 % aller ÖPP-Verträge vor Ende der Laufzeit zurückgekauft oder beendet oder bereiteten maßgebliche Probleme zwischen den Vertragspartnern («have been subject to buyout, termination or major problems»[80]).

Dennoch dauert die ÖPP-Welle in Deutschland bislang unvermindert an. 2015 wurden von der Bundesregierung elf ÖPP-Projekte im Autobahnausbau mit einem Gesamtvolumen von 15 Milliarden Euro angekündigt. Zudem gibt es Bestrebungen, öffentliche Infrastrukturen in sogenannte Infrastrukturgesellschaften zu überführen. Diese – im Weiteren als «Infrastrukturgesellschaften neuen Typs» bezeichnet – könnten die nächste Privatisierungswelle darstellen. Ihnen soll gestattet sein, sich der parlamentarischen Kontrolle zu entziehen. Gleichzeitig ermöglichen sie der öffentlichen Hand, sich durch die Einbeziehung von privatem Kapital – in den meisten Fällen über ÖPP-Projekte – jenseits der öffentlichen Haushalte zu verschulden und so die selbst verordnete Schuldenbremse faktisch zu umgehen.

Schon in der Vergangenheit stieg mit öffentlich-privaten Partnerschaften vor allem die (verdeckte) Verschuldung der öffentlichen Haushalte an. Das betraf sowohl die durch ÖPP gebildeten Schattenhaushalte als auch die hohen laufenden ÖPP-Mieten.

Dennoch sind öffentlich-private Partnerschaften in Deutschland wie international inzwischen das Privatisierungsinstrument schlechthin.

3.5 Infrastrukturgesellschaften

Eine neue Welle der Privatisierung droht nun mit Infrastrukturgesellschaften neuen Typs. Sie wurden in Deutschland von der sogenannten Fratzscher-Kommission in die Debatte eingebracht. Die Bundesminister Sigmar Gabriel, damals noch zuständig für das Wirtschaftsressort, Wolfgang Schäuble (Finanzen) und Alexander Dobrindt (Verkehr und digitale Infrastruktur) hatten seit Mitte 2014 verstärkt auf die Notwendigkeit von Investitionen in die deutsche Infrastruktur hingewiesen und ihre Aussagen mit dem Hinweis verbunden, dass für Investitionen wegen der begrenzten Haushaltsmittel privates Kapital eingeworben werden müsse. Bundeswirtschaftsminister Gabriel setzte daraufhin im August 2014 eine Expertenkommission ein, die unter dem Titel «Stärkung von Investitionen in Deutschland» Vorschläge liefern sollte. Mit dem Vorsitz der Kommission wurde Prof. Marcel Fratzscher, Leiter des Deutschen Instituts für Wirtschaftsforschung (DIW) in Berlin, betraut.

79 Dies gilt z.B. für das World Congress Center Bonn, das Daten-ÖPP-Projekt «Würzburg integriert», das Stadtbad Leimen und die Therme Keitum.

80 Dexter Whitfield (2017): PFI/PPP Buyouts, Bailouts, Terminations and Major Problem Contracts, ESSU Research Report No 9, S. 5, online: www.european-services-strategy.org.uk/publications/essu-research-reports/pfippp-buyouts-bailouts-terminations-and-major/pfi-ppp-buyouts-bailouts-and-terminations.pdf.

Die Zusammensetzung der Kommission wurde allerdings wegen der starken Dominanz von Vertreter/innen aus der Finanzwirtschaft und Industrie kritisiert.[81]

Gleich zu Beginn verdeutlichte Fratzscher seine Position, wie die «Welt» berichtete: «Autobahnabschnitte durch Privatinvestoren bauen zu lassen, dürfe kein Tabu sein, sagte DIW-Präsident Marcel Fratzscher der ‹Bild›. Es sei zwar prinzipiell Aufgabe des Staates, Autobahnen zu bauen und zu unterhalten. Angesichts knapper Kassen müsse aber über Alternativen nachgedacht werden.»[82]

Im Abschlussbericht der Kommission wurde die Beteiligung von Privatinvestor/innen sowohl im Bundesfernstraßenbau als auch auf kommunaler Ebene gefordert. Der Abschlussbericht der Fratzscher-Kommission erfolgte allerdings nicht im Konsens: Die beteiligten Gewerkschaften bestanden auf einer umfassenden Sonderposition im Bericht, in der sie sowohl die Verankerung von öffentlichen Infrastrukturen im öffentlichen Recht als auch die vorrangige Finanzierung aus Steuermitteln forderten.[83]

Der am weitesten ausformulierte Vorschlag des Abschlussberichts betraf die Umstrukturierung des Verkehrssektors durch die Neugründung einer privatrechtlichen Infrastrukturgesellschaft für Autobahnen. Über die Kombination von Zentralisierung und Nutzer/innenfinanzierung sollen Geldflüsse vorbereitet werden, aus denen die von Kapitalanlegern investierten Gelder später zurückbezahlt werden können. Dabei soll der Einbezug privaten Kapitals insbesondere auf Projektebene ermöglicht werden.

«Privatkapital auf Projektebene» ist eine euphemistische Umschreibung von öffentlich-privater Partnerschaft (ÖPP). Bisherige Schranken durch Parlamentsvorbehalte sowie eine Kontrolle durch den Bundesrechnungshof würden entfallen. Gleichzeitig fallen die Schulden der Gesellschaft voraussichtlich künftig weder unter die nationale noch unter die europäische Schuldenbremse. Als Vorbild gilt Österreich, das für seine Autobahnen eine solche Infrastrukturgesellschaft bereits hat.[84]

Die Schaffung einer vergleichbaren Infrastrukturgesellschaft in Deutschland bedarf einer Grundgesetzänderung, die die dort vorhandenen Privatisierungsverbote aufhebt. Eine solche Grundgesetzänderung befindet sich aktuell in der

---

81 Die Liste der Mitglieder der Kommission ist einzusehen unter www.gemeingut.org/wp-content/uploads/2016/02/Studie_Privatisierung_Fernstrassen_-2016_02_09.pdf, S. 26. Von den 21 regulären Mitgliedern (ohne Vertreter/innen) stammen acht aus dem Bereich Industrie und Finanzwirtschaft, vier aus der Wissenschaft, fünf aus den Gewerkschaften. Vier weitere vertreten die Kreditanstalt für Wiederaufbau, den Deutschen Städtetag, die nordrhein-westfälische Staatskanzlei und den Zentralverband Deutsches Baugewerbe.

82 Die Welt (2014): Wirtschaftsforscher fordern Autobahnprivatisierung, 30. August 2014, online: www.welt.de/newsticker/news1/article131746558/Wirtschaftsforscher-fordern-Autobahnprivatisierung.html.

83 Bericht der Expertenkommission im Auftrag des Bundesministers für Wirtschaft und Energie, Sigmar Gabriel (2015): Stärkung von Investitionen in Deutschland, online: www.bmwi.de/Redaktion/DE/Downloads/I/investitionskongress-report-gesamtbericht-deutsch-barrierefrei.pdf?__blob=publicationFile&v=1, S. 13–16.

84 Gemeingut in BürgerInnenhand (2016): Die ASFINAG – ein Vorbild für die deutsche Autobahnverwaltung?, 10. Mai 2016, online: www.gemeingut.org/die-asfinag-ein-vorbild-fuer-die-deutsche-autobahnverwaltung.

parlamentarischen Beratung und wird aller Voraussicht nach zum Ende der Legislaturperiode 2013/2017 von der Großen Koalition verabschiedet. Damit wird die Entscheidung über eine Privatisierung mit einem Volumen von bis zu 300 Milliarden Euro via ÖPP vom Parlament in die Hände der Regierung respektive sogar des künftigen Managements dieser Infrastrukturgesellschaft gelegt.[85]

Auch auf Ebene der Bundesländer werden Infrastrukturgesellschaften diskutiert oder geplant. Dabei stehen Schulgebäude besonders im Fokus. Im Hamburg gibt es bereits eine solche Gesellschaft, in Berlin liegt dazu ein Beschluss der neuen rot-rot-grünen Koalition vor.

Der Trend zu Infrastrukturgesellschaften wird von der Bundesregierung gefördert. Eine Präsentation des Finanzministeriums aus dem Jahr 2014[86] stellt die Beziehungen wie folgt dar:

Abb. 4: Private Investoren und Finanzierung öffentlicher Infrastruktur
(nach den Vorstellungen des Finanzministeriums)

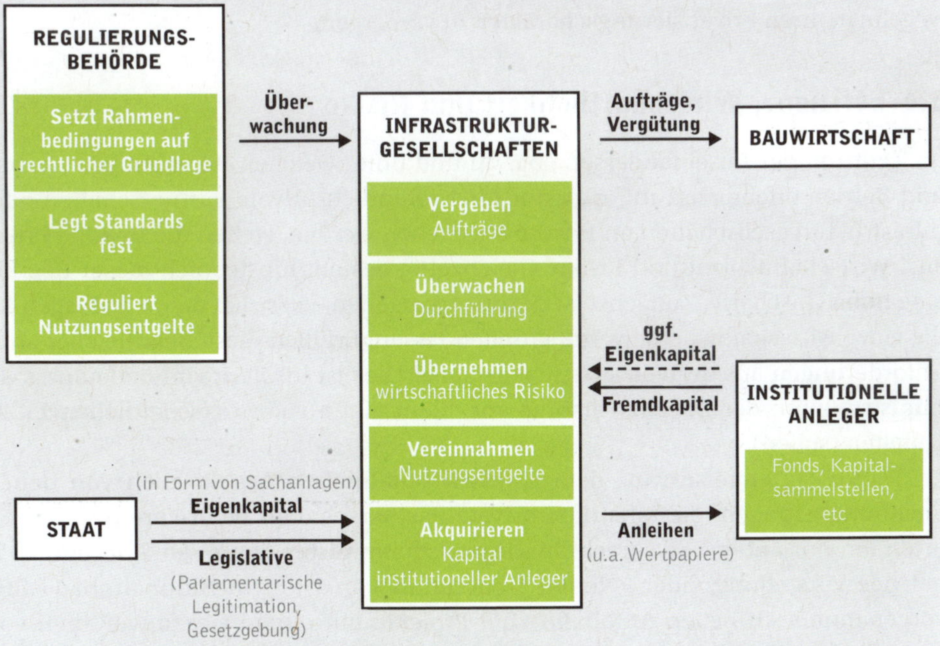

Quelle: Schuknecht 2014; eigene Darstellung

85 Siehe dazu auch Katja Thiele, Carl Waßmuth (2016): Aktuelle Entwicklungen bei der Privatisierung der Daseinsvorsorge in Deutschland mit besonderem Fokus auf Bundesfernstraßen, online: www.gemeingut.org/wp-content/uploads/2016/02/Studie_Privatisierung_Fernstrassen_-2016_02_09.pdf.

86 Ludger Schuknecht (2014): Private Investitionen im Bereich Infrastruktur aus nationaler Sicht und im Rahmen von G 20, Bundesministerium für Finanzen, Berlin, S. 16.

Die Grafik stellt die Zusammenhänge allerdings beschönigend dar. So ist auffällig, dass in der Grafik Finanzflüsse von Staat und Nutzer/innen hin zu den Infrastrukturgesellschaften gänzlich fehlen. Ebenso fehlen Zinszahlungen. Jede Finanzierung kann jedoch letzten Endes nur aus Steuern und Gebühren erfolgen, die institutionellen Anleger werden ihr eingelegtes Kapital zurückfordern oder ihre Anteile weiterverkaufen.

Bedenklich ist auch das «Eigenkapital in Form von Sachanlagen» des Staates. Wenn gleichzeitig, wie angedeutet, institutionelle Anleger Eigenkapital einbringen, erwerben sie mittelbar Anteile an den Sachanlagen. Solche Sachanlagen können Infrastrukturen der Daseinsvorsorge sein, die dann Staat und Anlegern gemeinsam gehören. Das ist eine Form von Privatisierung.

Es zeichnet sich ab, dass Infrastrukturgesellschaften neuen Typs eine neue Privatisierungswelle darstellen. Dabei ist auffällig, dass sowohl Privatisierungen als auch öffentlich-private Partnerschaften von der Politik in der öffentlichen Debatte kaum noch offensiv gefordert werden. Wesentlich häufiger wird – auch von vielen Regierungsvertreter/innen – gefordert, Privatisierung rechtssicher auszuschließen. Die Infrastrukturgesellschaften neuen Typs sind von daher nur durchsetzbar, wenn es gelingt, ihren Privatisierungscharakter zu verbergen.

3.6 Effizienz, Wirtschaftlichkeit und Risiko

Im Zentrum der Auseinandersetzung, ob und unter welchen Bedingungen Ausbau und Betrieb öffentlicher Infrastruktur über öffentlich-private Partnerschaften oder Infrastrukturgesellschaften an Private abgegeben werden, stehen die Begriffe Effizienz, Wirtschaftlichkeit und Risiko. Gleichzeitig besteht hinsichtlich dieser Begriffe eine hohe Unschärfe. Zunächst ist davon auszugehen, dass sich damit Aussagen für die einzelwirtschaftliche Bewertung treffen lassen. Erfüllen diese Begriffe aber auch Anforderungen aus der Volkswirtschaftslehre? Dies ist insofern von Bedeutung, als Infrastrukturen der Daseinsvorsorge vor allem einen volkswirtschaftlichen Effekt entfalten (sollen).

Interessanterweise wird dem volkswirtschaftlichen Aspekt auch von denen Rechnung getragen, die öffentlich-private Partnerschaften befürworten – sie verorten ihn nur anders. So sprach Bundesverkehrsminister Alexander Dobrindt 2015 bei der Vorstellung einer «Neuen Generation von ÖPP im Autobahnbau» (die vorgenannten elf neuen Autobahn-ÖPP-Projekte mit einem Gesamtvolumen von 15 Milliarden Euro) vom Ziel der Vermeidung «des größten volkswirtschaftlichen Schadens»[87] – und meinte damit Stau.

87 Bundesfinanzministerium (2015): Bund startet Neue Generation von ÖPP-Projekten, Pressemitteilung vom 30. April 2015, online: www.bundesfinanzministerium.de/Content/DE/Pressemitteilungen/Finanzpolitik/2015/04/2015-04-30-PM17.html.

3.6.1 Effizienz

Lange Jahre reichte es als Begründung von Privatisierung zu behaupten, damit würde die Leistungserbringung effizienter. Inzwischen ist allerdings Ernüchterung eingekehrt.[88] Die Effizienz muss daher mittlerweile zumindest belegt und soll dafür messbar gemacht werden. Dem sollen Wirtschaftlichkeitsuntersuchungen dienen, die in Prognosen darlegen sollen, wie die Effizienz auch für den Staat zum Kostenvorteil wird. Kommt die jeweilige Wirtschaftlichkeitsuntersuchung zum Ergebnis (und schenkt man dem Ergebnis Glauben), dass eine private Leistungserbringung kostengünstiger ist als eine öffentliche, ist der Staat politisch und unter bestimmten Bedingungen – nach der Haushaltsordnung – auch gesetzlich verpflichtet, dieser Empfehlung zu folgen.

Solche Wirtschaftlichkeitsgutachten werden zumeist von privaten Berater/innen erstellt. Sie betreffen die Politik, die über die vorgeschlagene Auslagerung der Daseinsvorsorge zu entscheiden hat. Zum Zeitpunkt der maßgeblichen Wirtschaftlichkeitsuntersuchung[89] gibt es noch keinen konkreten Bieter. Ist die Grundsatzentscheidung pro ÖPP gefallen, folgen Ausschreibung und Vertragsverhandlung sowie eine zweite Wirtschaftlichkeitsuntersuchung, die prüfen soll, ob der gefundene ÖPP-Bieter tatsächlich effizienter ist als eine ebenfalls vorgenommene Schätzung der Kosten, die bei öffentlicher Erbringung angefallen wären.[90] Kritisiert wird, dass sich Wirtschaftlichkeitsuntersuchungen einfach manipulieren lassen. Zu diesem Schluss kommen zum Beispiel Prof. Hans-Ulrich Küpper von der Ludwig-Maximilians-Universität und Dr. Lothar Semper von der Handwerkskammer München in einer vom Bundeswirtschaftsministerium mitfinanzierten Studie: «Zahlreiche Manipulationsmöglichkeiten, die es gestatten, bei einer Analyse der Vorteilhaftigkeit von ÖPP-Modellen diese als bessere Alternative erscheinen zu lassen, legen es nahe, im Zweifelsfall davon auszugehen, dass das traditionelle Modell einer gewerkeweisen Vergabe und einer Finanzierung über den Haushalt die bessere Alternative darstellt.»[91]

Auch die Landesrechnungshöfe und der Bundesrechnungshof stellten bereits 2011 in einem gemeinsamen Gutachten fest, dass der öffentlichen Hand von ÖPP-Beratungsunternehmen im Zusammenhang mit Wirtschaftlichkeitsuntersuchungen «günstige ‹Lockangebote› für Machbarkeitsstudien angeboten wurden,

88 Gleichwohl fehlt es staatlicherseits an einer strukturierten Datenerhebung zu Privatisierungsfolgen. Auch in der Wissenschaft ist die Privatisierungsfolgen-Forschung noch nicht annähernd so stark vertreten, wie es dem Finanzvolumen und der gesellschaftlichen Bedeutung entsprechend erforderlich wäre.

89 Diese erste Untersuchung wird zumeist «vorläufige Wirtschaftlichkeitsuntersuchung» genannt. Tatsächlich ist sie aber in der maßgeblichen Frage – wird ÖPP eingesetzt oder nicht? – ausschlaggebend.

90 Diese Schätzung wird mit dem Anglizismus «Public Sector Comparator» (PSC) bezeichnet, ins Deutsche übertragen etwa: «Vergleichsparameter für den öffentlichen Sektor».

91 Hans-Ulrich Küpper et al. (2012): S. 4.

um Folgeberatungsaufträge zu erlangen [...]. Zum Teil waren die Grenzen zwischen Beratung und Lobbying fließend.»[92]

Wirtschaftlichkeitsuntersuchungen werden nur in Einzelfällen von den Rechnungshöfen - und dann auch erst nach Vertragsabschluss - geprüft. Die bisherigen Prüfungsergebnisse sprechen allerdings dafür, dass die in den Wirtschaftlichkeitsuntersuchungen behaupteten Effizienzvorteile nicht haltbar sind. So wurden 2014 für fünf Autobahn-ÖPP-Projekte mit einem Gesamtvolumen von 5,1 Milliarden Euro voraussichtliche Mehrkosten von 1,9 Milliarden Euro festgestellt.[93] Das entspricht einem Kostennachteil von 38 %. Behauptet worden waren im Vorfeld Kosteneinsparungen von 10,4 % (532 Mio. Euro). Die Wirtschaftlichkeitsuntersuchungen zu den fünf untersuchten Autobahn-ÖPPs waren somit im Durchschnitt um 48 % zu niedrig zulasten der öffentlichen Hand.

Das zitierte gemeinsame Gutachten der Rechnungshöfe hatte ergeben, dass in neun von 18 untersuchten Projekten der Effizienzvorteil nicht schlüssig nachgewiesen wurde, in weiteren fünf Fällen wurde ein Effizienznachteil festgestellt. Nur bei vier der Projekte - also in gerade einmal 22 % der Fälle - konnte ein Effizienzvorteil erkannt werden, in drei davon lag dieser unter fünf Prozent.

3.6.2 Risiko

Die Rechnungshöfe identifizieren in Wirtschaftlichkeitsgutachten die Risikokosten als eine wesentliche Stellschraube: «Häufig wurden fehlerhafte oder überzogene Einschätzungen bei den Risikokosten für die konventionelle Beschaffungsvariante festgestellt. Dagegen wurden die beim Auftraggeber verbleibenden Risikokosten der ÖPP-Variante zu gering eingeschätzt. Über diese Stellschraube der Risikoübernahme ließen sich die geschätzten Kosten der konventionellen Beschaffungsvariante so zielorientiert festlegen, dass der wirtschaftliche Vorteil augenscheinlich aufseiten des ÖPP-Modells lag und dadurch die ÖPP-Variante rechnerische Effizienzgewinne auswies. Deshalb sind die Ergebnisse der Wirtschaftlichkeitsberechnungen dann besonders kritisch zu hinterfragen, wenn sich Effizienzvorteile zugunsten ÖPP maßgeblich aus einer günstigeren Risikoeinschätzung der ÖPP-Variante ergeben. Teilweise machten diese deutlich mehr als 50 % des gesamten Wirtschaftlichkeitsvorteils aus. [...] Die Rechnungshöfe empfehlen, die Ergebnisse der Wirtschaftlichkeitsuntersuchungen mit Hilfe von Sensitivitäts- und Szenarioanalysen zu überprüfen und insbesondere Risikokosten gesondert auszuweisen und bei der Wirtschaftlichkeitsuntersuchung getrennte Berechnungen mit und ohne Risikozuschläge durchzuführen, um einen sogenannten ‹bereinigten› Wirtschaftlichkeitsvergleich vorlegen

92 Präsidentinnen und Präsidenten der Rechnungshöfe des Bundes und der Länder (2011): Gemeinsamer Erfahrungsbericht zur Wirtschaftlichkeit von ÖPP-Projekten vom 14. November 2011, Wiesbaden, S. 44, online: http://docplayer.org/4906277-Gemeinsamer-erfahrungsbericht-zur-wirtschaftlichkeit-von-oepp-projekten.html.

93 Bundesrechnungshof (2014): Bericht an den Haushaltsausschuss des Bundestags über Öffentlich Private Partnerschaften im Bundesfernstraßenbau, S.4, online: www.gemeingut.org/wp-content/uploads/2014/06/2014-06-04_Bericht_BRH_zu_PPP_an_Haushaltsausschuss.pdf.

zu können. Stellt sich die ÖPP-Variante auch ohne Risikokosten als die wirtschaftlichere Variante heraus, erhöht dies die Aussagekraft und die Belastbarkeit des Ergebnisses erheblich.»[94]

Dass ausgerechnet die Risikokosten eine wesentliche Möglichkeit darstellen, die öffentliche Hand teuer und die Privaten günstig zu rechnen, ist pikant: Mit ÖPP wird der öffentlichen Hand ja gerade nahegelegt, sie solle eine Anzahl von Risiken den Privaten übertragen, weil diese sie besser steuern und damit einen Kostenvorteil generieren könnten, der dann mit der öffentlichen Hand geteilt werden könne.

Die behauptete Risikoübernahme durch Private ist auch ein wichtiges politisches Argument in der Phase, in der entschieden werden soll, ob überhaupt eine Realisierung über eine öffentlich-private Partnerschaft erfolgen soll. Privatanleger haben in den Vertragsverhandlungen ein Interesse, Risiken anzuführen. Prof. Holger Mühlenkamp im Interview mit den Autor/innen: «Bei langfristigen Projekten existieren schon allein deshalb Risiken bei Vertragsabschluss, weil es unvorhersehbare Entwicklungen gibt, die nicht in Verträge gefasst werden können. Man spricht deshalb von ‹unvollständigen Verträgen›. Es kann beispielsweise neue Umweltauflagen, neue Sicherheitsauflagen oder vollkommen neue Technologien geben. [...] In zwanzig, dreißig Jahren kann so viel passieren; das können Sie ja gar nicht im Vorhinein wissen! Und deswegen können Sie es nicht in Verträge fassen. Ein Vertrag kann höchstens regeln, wie Sie sich für den Fall einigen wollen, dass Nachverhandlungen notwendig sind. Zum Beispiel können schiedsgerichtliche Einigungen vorgesehen werden. [...] Damit kann das Kostensteigerungsrisiko jedoch nur reduziert und nicht beseitigt werden. Wenn einem Privaten Risiken übertragen werden, sollten diese vom Privaten beeinflussbar sein. Grundsätzlich dürfte der Private stärkere Anreize als die öffentliche Hand zur Minimierung derartiger Risiken haben. Nicht beeinflussbare Risiken sollte dagegen die öffentliche Hand tragen.»[95]

An einer tatsächlichen Risikoübernahme haben die Privaten wiederum wenig Interesse, es sei denn sie wird ihnen überproportional vergütet.

3.6.3 Einzelwirtschaftliche versus volkswirtschaftliche Betrachtung

Ein Großteil der Risiken, die bei Leistungen der Daseinsvorsorge behandelt, quantifiziert, (angeblich) angemessen verteilt und bepreist werden, kann nicht an Private übertragen werden – zumindest nicht, wenn man keinen Ausfall in Kauf nehmen möchte. All diese Leistungen sind aber «too big to fail»: Der Staat ist – auch über die Verfassung – verpflichtet, sie aufrechtzuerhalten. Das Ausfallrisiko kann deshalb lediglich formell übertragen oder ausgeklammert werden – faktisch bleibt es aber beim Staat.

Im Krisenfall ist es der Staat, der die Leistungen garantieren muss – zu welchem Preis dann auch immer. Es gibt im Bereich der Daseinsvorsorge demnach nicht

94 Präsidentinnen und Präsidenten der Rechnungshöfe des Bundes und der Länder (2011): S. 24 und 26.

95 Holger Mühlenkamp am 6. Juni 2016 im Interview mit den Autor/innen.

vom Staat übertragbare volkswirtschaftliche Risiken. In Wirtschaftlichkeitsuntersuchungen werden einzelwirtschaftliche und volkswirtschaftliche Betrachtungen oft miteinander kombiniert. Dazu Prof. Mühlenkamp: «Das passiert häufig bei diesen Wirtschaftlichkeitsuntersuchungen, aber das führt zu logisch inkonsistenten Ergebnissen. Also Sie können nicht, wie das häufig in der Praxis gemacht wird und wie Minister Dobrindt [in seinem Hinweis auf den Stau als volkswirtschaftlichem Schaden] das offenbar auch macht, eine einzelwirtschaftliche Betrachtung um ein paar volkswirtschaftliche Aspekte ergänzen. Das ist methodisch fehlerhaft. Es ist zu entscheiden, ob entweder eine einzelwirtschaftliche oder eine gesamtwirtschaftliche Betrachtung vorgenommen werden soll.»[96]

Es ist zu kritisieren, dass bei den Übertragungen der Daseinsvorsorge an Private bisher keine Kosten-Nutzen-Analyse durchgeführt wird, wie man sie zur Bewertung volkswirtschaftlicher Investitionen erwarten sollte. Des Weiteren gibt es zahlreiche Risiken und Kosten, die nur volkswirtschaftlich zu erfassen sind und die zumeist überhaupt erst auftreten, wenn der Staat Daseinsvorsorgeleistungen abgibt. Die folgenden volkswirtschaftlichen Parameter werden in den Wirtschaftlichkeitsuntersuchungen zu öffentlich-privaten Partnerschaften regelmäßig nicht erfasst:

- Risiken aus den vieltausendseitigen Verträgen, die zu prüfen aufseiten der öffentlichen Hand kaum jemand imstande ist;
- Risiken aus der Schädigung des lokalen Mittelstands, der für 30 Jahre von bedeutendem Auftragsvolumina ausgeschlossen wird;
- Risiken durch den Verlust des Know-hows der öffentlichen Hand, die ihre eigenen Kompetenzen im Vertragszeitraum abbauen muss und dann von den Aussagen interessengebundener Dritter abhängig wird;
- Risiken durch eine eventuelle Schädigung der Infrastruktur durch den privaten Auftragnehmer aufgrund von Unterinvestitionen, sodass nach der Rückgabe die Allgemeinheit teuer sanieren muss;
- Risiken hinsichtlich der Kreditwürdigkeit und Finanzmarktstabilität der öffentlichen Körperschaften, die sich daraus ergeben, dass ÖPP-Projekte Schattenhaushalte bilden;
- Effekte, die sich ergeben, weil die öffentliche Vergabeordnung für die Auftragnehmer nicht gilt oder nicht eingehalten wird, zum Beispiel Lohndumping oder das Unterlaufen von Umweltstandards;
- Effekte, die sich ergeben, weil die Vergabeform durch die extreme Intransparenz ungleich anfälliger für Korruption ist.

Zusammenfassend ist zu konstatieren: Bringt man die Begriffe Effizienz, Wirtschaftlichkeit und Risiko(bewertung) in Zusammenhang mit den Anliegen der öffentlichen Hand, so zeigt sich, dass bisher in erster Linie die Anlegerseite daraus Vorteile gezogen hat. Die öffentliche Hand hatte bislang Mühe, die Behauptung der höheren Wirtschaftlichkeit von ÖPPs in Einzelfällen oder allgemein zu widerlegen.

---

96 Ebd.

Gleichzeitig hat sie sich durch eigene Vorgaben daran gebunden, dem Votum eines Wirtschaftlichkeitsgutachtens zugunsten von ÖPP zu folgen, sofern keine oder keine zeitnahe Widerlegung erfolgt – Rechnungshöfe prüfen aber stets erst im Nachhinein.

Die Bürger/innen bleiben bei diesen Auseinandersetzungen ohnehin außen vor, da Geheimhaltung und die – möglicherweise auch künstlich überhöhte – Komplexität der Gutachten sie ausschließt. Die starke Fixierung auf Kosten führt zu einer Neigung, sich auf Kostenargumente einzulassen, selbst wenn diese nur in einzelwirtschaftlicher Betrachtung zutreffend sind. Damit gerät ins Hintertreffen, dass vor einer Entscheidung vor allem volkswirtschaftliche Überlegungen anzustellen wären. In der Folge bleiben zahlreiche Risiken unberücksichtigt, auch wenn diese offensichtlich in ÖPP-Projekten wirksam werden – wie Insolvenzen, Mittelstandsnachteile, Beschäftigungsabbau und Lohndumping.

Kapitel 4: Finanzmärkte versus Daseinsvorsorge

Der Rückgriff auf privates Kapital zur Erbringung von Leistungen der Daseinsvorsorge wird oft als eine Win-win-Situation für Kapitalanleger und öffentliche Haushalte beschrieben. Anleger erhalten mit den öffentlichen Infrastrukturen stabile und renditestarke Anlagen. Gleichzeitig sollen öffentliche Haushalte dadurch ihre prekäre Haushaltslage verbessern können. Auch wird das Argument vertreten, volatile Finanzmärkte könnten sich stabilisieren, wenn Kapitalanleger verstärkt in öffentliche Infrastrukturen und damit in Sachanlagen investieren. Dieses Kapitel beschreibt das Spannungsfeld zwischen Finanzmärkten und der Daseinsvorsorge.

4.1 Finanzmärkte und ihre Entwicklung

Finanzmärkte sind dazu da, Unternehmen Finanzmittel für Investitionen bereitzustellen – entweder über die Schöpfung von Kreditgeld (durch Banken)[97] oder über die Vermittlung von bereits vorhandenem Geld (auf Kapitalmärkten). Die Finanzmärkte waren nach dem Zweiten Weltkrieg stark national reguliert und fokussiert, vor allem über die Vereinbarungen des Bretton-Woods-Systems.[98]

Mit dem Zusammenbruch dieses Systems Anfang der 1970er-Jahre durch die Freigabe der bis dahin festen Wechselkurse und die Abschaffung von Kapitalverkehrskontrollen kam es zur Ausweitung und auch zu qualitativen Veränderung des Finanzsystems. Das bis dahin Handel und Produktion nachgeordnete, nationalstaatlich organisierte Finanzsystem zog aufgrund hoher Renditemöglichkeiten massiv Kapital an, auch international. So ist das von institutionellen Anlegern – das sind vor allem große Investment- und Rentenfonds – verwaltete Vermögen von 36,8 Billionen US-Dollar im Jahr 2001 auf 92,6 Billionen US-Dollar im Jahr 2013 angewachsen, eine Zunahme um 7,8 % jährlich.[99] Dazu schreibt der Publizist und Mitbegründer der

97 Vgl. dazu z. B. Deutsche Bundesbank (2017): Geldschöpfung, Schülerbuch Geld und Geldpolitik digital, online unter www.bundesbank.de/Redaktion/DE/Dossier/Service/schule_und_bildung_kapitel_3.html?notFirst=true&docId=147694#chap. Dort heißt es u. a.: «Wenn eine Bank einen Kredit gewährt, kann sie diesen in einem ersten Schritt dadurch finanzieren, dass sie – wie oben beschrieben – den entsprechenden Betrag an Buchgeld selbst schafft.» Diesen Vorgang nennt man auch «Geldschöpfung».

98 Zum Bretton-Woods-System siehe Fußnote 50.

99 Thorsten Beck, Christoph Kaserer, Marc Steffen Rapp (2015): Beteiligungs- und Kapitalmarktfinanzierung im deutschen Finanzsystem: Zustand und Entwicklungsperspektiven. Dienstleistungsprojekt I C 4 – 27/14 des Bundesministerium für Wirtschaft und Energie, Abschlussbericht, S. 53.

NGO Weltwirtschaft, Ökologie & Entwicklung (WEED), Peter Wahl: «Bis zum Crash galt die Faustregel, dass man mit Investitionen in Finanzgeschäfte im Durchschnitt doppelt so viel Rendite erzielt wie mit Realinvestitionen. [...] Dies ist nicht nur ein quantitatives Problem. Wichtiger ist vielmehr die Lenkungswirkung. Auch wenn nicht alle Spitzenprofite erzielten, so strebten doch alle danach.»[100]

Deregulierung und Liberalisierung des grenzüberschreitenden Kapitalverkehrs erlaubten, mit den verschiedensten Finanzprodukten zu handeln. Diese Verschiebung hin zu einer Dominanz der Finanzmärkte wird als «Finanzialisierung» beschrieben, das so entstandene System als «Finanzmarktkapitalismus». Noch einmal Wahl: «Nicht nur die Wirtschaft – Finanzsektor, Produktion, Handel und Dienstleistungen – wurde verändert, sondern die Dominanz der Finanzmärkte, ihre Shareholder-Orientierung, der Geist des Maximalprofits wirkten sich auch auf das politische System und die Gesellschaft insgesamt aus. Entstanden ist ein neuer Typus kapitalistischer Entwicklung. Er ist: finanzmarktgeneriert, finanzmarktzentriert und finanzmarktdominiert.»[101]

Als Ursachen der Entwicklung gelten unter anderem die immer stärkere Konzentration großer Geldvermögen sowie die fortgesetzte Deregulierung der Finanzmärkte und des Kapitalverkehrs. Ein weiterer Motor für die Zunahme von Kapital auf den Finanzmärkten ist die Privatisierung der Alterssicherung. Pensionsfonds machen einen nicht unerheblichen Teil des Kapitals institutioneller Anleger aus, 2013 lag der Anteil bei 27 %. Der Zusammenhang zwischen der Ausweitung der Finanzmärkte und bestehenden oder neu geschaffenen kapitalgedeckten Formen der Alterssicherung wird auch von Beck et al. herausgestellt: «Zugleich spielen jedoch – gemessen anhand der durch sie verwalteten Mittel – institutionelle Investoren in Deutschland [verglichen etwa mit den USA] eine nur untergeordnete Rolle. [Eine Darstellung der von institutionellen Anlegern in Deutschland verwalteten Vermögen] illustriert, dass dies insbesondere auf die in Deutschland nur geringe Vermögen verwaltenden Pensionsfonds zutrifft. [...] Der zentrale Grund hierfür ist sicherlich in dem mittels Umlagesystem finanzierten Altersvorsorgesystem Deutschlands zu sehen.»[102]

Die Ausweitung der Finanzmärkte umfasst auch private Investitionen in öffentliche Infrastrukturen, die ungefähr seit dem Jahr 2000 als profitable Anlageklasse an Bedeutung gewinnen. Unter Anlegern gelten sie aufgrund ihrer teils monopolartigen Position als risikoarme Anlageobjekte, die über längere Zeiträume stabile Zahlungsströme generieren. Das macht sie insbesondere für Pensionsfonds attraktiv.

100 Peter Wahl (2009): Entwaffnet die Märkte! Der Finanzcrash – Ursachen, Hintergründe, Alternativen, Attac-Basis-Texte 32, VSA-Verlag, Hamburg, S. 28.

101 Ebd., S. 62.

102 Thorsten Beck et al. (2015).

4.1.1 Volatilität an Finanzmärkten für Infrastruktur

Finanzmärkte für Infrastruktur stehen nicht so stark im Fokus öffentlicher Aufmerksamkeit wie die Börsenindizes DAX oder Dow Jones, über die täglich berichtet wird. In einem Investmentmagazin werden sie als «langweilig» beschrieben: «‹Infrastrukturprojekte sind ziemlich langweilig. Aber sie sind langlebig und normalerweise so strukturiert, dass sie Cash produzieren›, erklärt Roland Pfeuti bei Clariden Leu Investment Products – als Vermögensverwalter auf den Bereich Infrastruktur spezialisiert. ‹Infrastrukturinvestitionen dürfen auch als eine Alternative zum traditionellen Teil eines Portfolios betrachtet werden.›»[103]

Abb. 5: Infrastrukturunternehmen – Wertentwicklung S & P-Global-Infrastructure-Index

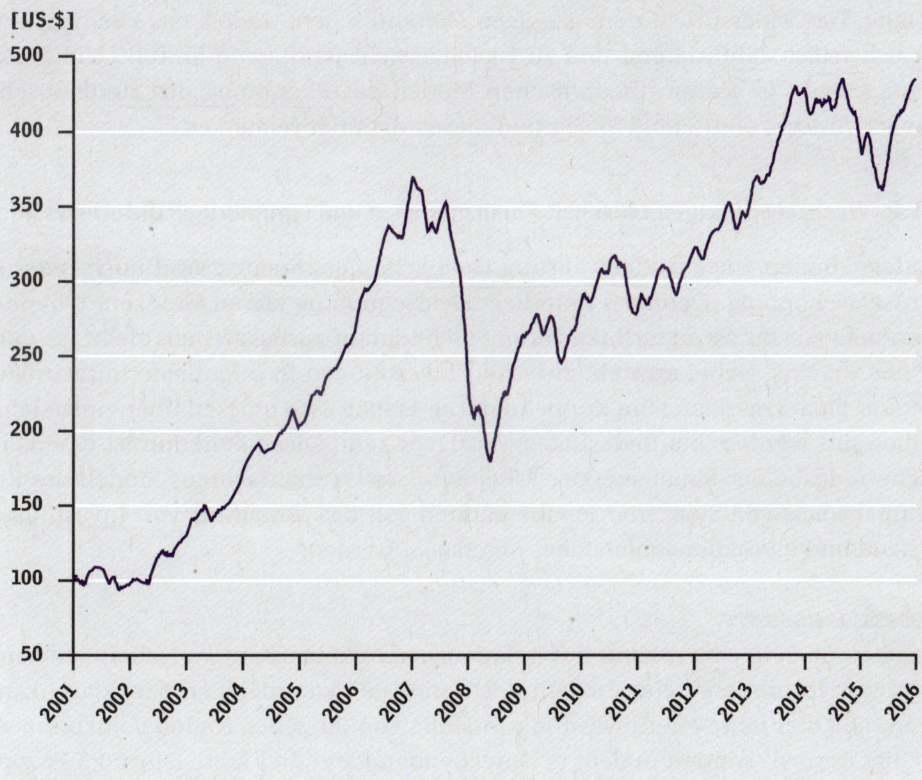

Quelle: Standard & Poor's, Dexter Whitfield (2010), GiB; eigene Darstellung

103 Alice Ratclife (2007): Zukunft bauen. Infrastruktur als Investition. In: Bauen für die Zukunft – Infrastruktur als Investition, ahead, Investment-Magazin, Ausgabe 2, April/Mai 2007, S. 5–8 und S. 26, dort S. 7, online: www.oecd.org/sti/futures/infrastructureto2030/38939784.pdf.

P.-E.-Fonds: meist nur 10 Jahre

Allerdings gibt es auch an Finanzmärkten für Infrastruktur starke Bewegungen, den Einstieg neuer Investorengruppen sowie hohe Renditen: «Der Sektor [Infrastrukturen] lockt auch neue Investoren an, so etwa Private-Equity-Firmen. Die Investitionen von Private-Equity-Gesellschaften sind im vergangen Jahr kräftig gestiegen und machen laut Standard & Poor's die Hälfte aller Transaktionen aus.»[104]

Der britische Wirtschaftswissenschaftler und Direktor der European Services Strategy Unit (ESSU) Dexter Whitfield gibt an, dass bis zur globalen Finanzkrise 2008 in diesem Bereich Renditen bis zu 12,7 % über einen Zehnjahreszeitraum möglich waren.[105]

An der Wertentwicklung des Standard & Poor's Global Infrastructure Index lässt sich sehen, dass auch Infrastrukturmärkte starken Schwankungen unterliegen. Der Index stieg von 100 % im Jahr 2001 auf 370 % in 2007 an, um dann im Zuge der Finanzkrise in nur einem Jahr auf 180 % abzufallen. Inzwischen liegt der Index bei 390 % seines Wertes von 2001.[106] Finanzmärkte zeigen sich in der Praxis äußerst instabil. Das widerspricht dem gängigen ökonomischen Modell, das Finanzmärkte als sich selbst stabilisierend und zu Gleichgewicht tendierend ansieht. Unberücksichtigt bleibt in diesem theoretischen Modell das Phänomen des Herdentriebs, wonach Anleger dem Trend folgen und diesen dadurch verstärken.

4.1.2 Wechselwirkungen zwischen Finanzmärkten und langjähriger Unterinvestition

Banken können zur Kreditgewährung Geld schöpfen. Staaten sind noch freier in der Geldschöpfung. Dennoch unterliegt Geldschöpfung klaren Grenzen. Will oder kann man zur Infrastrukturfinanzierung nicht darauf zurückgreifen, bleibt das Mittel des Sparens. Dabei entsteht zwischen Investitionen in öffentliche Infrastrukturen und Finanzmärkten eine Koppelung. Die Ersparnisse müssen über einige Jahre aufbewahrt werden, bei Bedarf aber verfügbar sein. Diese Funktion ist eine klassische Aufgabe der Finanzmärkte. An einem (stark vereinfachten) Modell des Zusammenspiels von Staat und Finanzmärkten soll das Verhältnis von Investitionsabstand und Investitionshöhe näher untersucht werden.

Investitionsmodell

Angenommen, in einem Land mit inflationsbereinigt konstantem Nationaleinkommen werden pro Jahr zehn Prozent des Nationaleinkommens gespart, dann kann damit alle drei Jahre eine Investition in Höhe von 30 % des Nationaleinkommens getätigt werden. Werden in dem entsprechenden Land drei Jahre lang 33,3 Prozent gespart, hätte man ein ganzes Nationaleinkommen (100 %) an Spielraum, zumindest wenn das angesparte Kapital schnell verflüssigt werden kann.

104 Ebd.

105 Dexter Whitfield (2010): Global Auction of Public Assets: Public sector alternatives to the infrastructure market & Public Private Partnerships, Spokesman, Nottingham.

106 Ebd., S.95 (Indexwerte 2001 bis 2008) sowie Indexwerte ab 2008 online: https://eu.spindices.com/indices/equity/sp-global-infrastructure-index

Abb. 6a: Investitionsintervalle – Sparen und investieren (Beispiel-Anteile am Sozialprodukt)

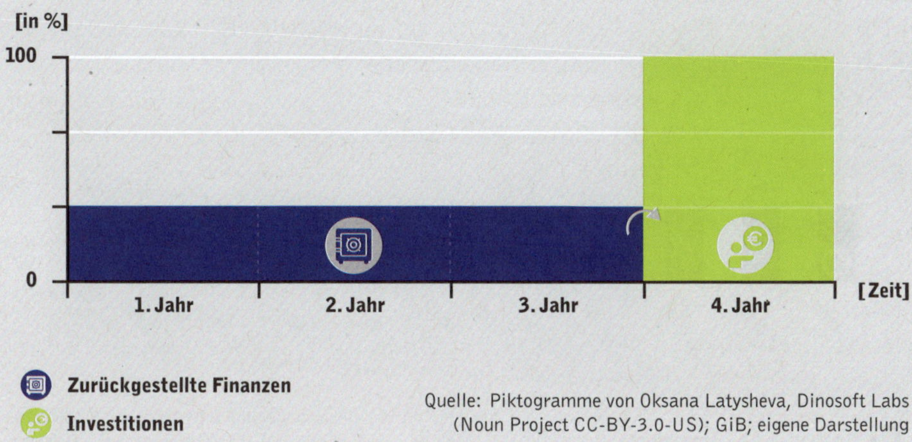

Quelle: Piktogramme von Oksana Latysheva, Dinosoft Labs (Noun Project CC-BY-3.0-US); GiB; eigene Darstellung

Erst lange ansparen und dann bauen ist allerdings für die öffentliche Hand ein eher untypisches Verhalten. Das Ganze funktioniert arbeitsteilig: Zumeist spart eine Gruppe (zum Beispiel die Privathaushalte), eine andere Gruppe (etwa die Unternehmen oder der Staat) leiht sich dort das Geld. In anderen Worten: Mit Krediten kann gleich losgebaut werden. Dennoch liegt dasselbe Modell zugrunde: Irgendjemand muss zuvor angespart haben, sonst könnte sich niemand etwas leihen.

Abb. 6b: Investitionsintervalle – Auf Kredit bauen und zurückbezahlen (Beispiel-Anteile am Sozialprodukt)

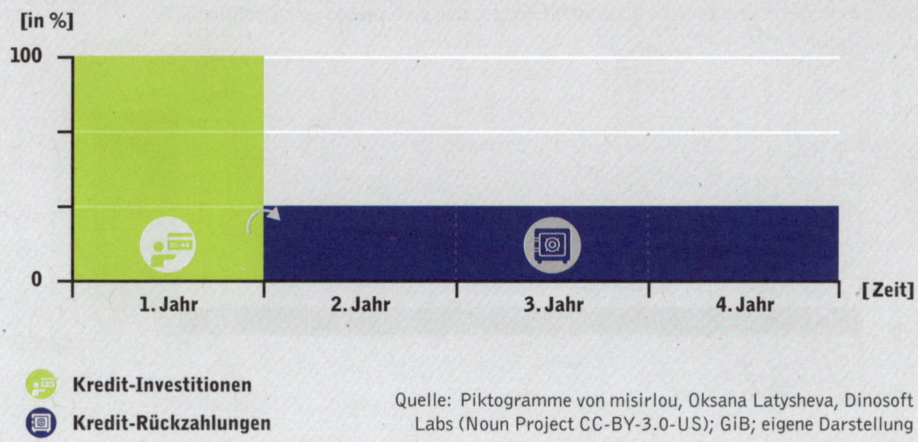

Quelle: Piktogramme von misirlou, Oksana Latysheva, Dinosoft Labs (Noun Project CC-BY-3.0-US); GiB; eigene Darstellung

Abb. 6c: Investitionsintervalle – Kontinuierliches Investieren (Beispiel-Anteile am Sozialprodukt)

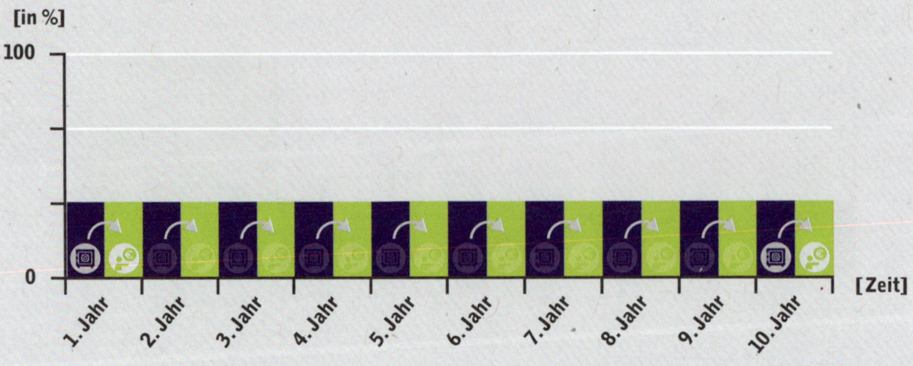

Sparen Investieren

Quelle: Piktogramme von Oksana Latysheva, Dinosoft Labs (Noun Project CC-BY-3.0-US); GiB; eigene Darstellung

Investitionszyklen

Wie viel gespartes Kapital ein Land sinnvollerweise für seine Investitionen benötigt, hängt davon ab, wie regelmäßig investiert wird. Ist das Land imstande, seine Investitionen über die verschiedenen Sektoren und Regionen gleichmäßig zu streuen und – beispielsweise – kontinuierlich zu bauen, wird überhaupt kein Kapital benötigt. Es kann investiert werden, was die Steuer- und Gebühreneinnahmen erlauben. Soll die angestrebte Investitionsquote bei zehn Prozent des Nationaleinkommens liegen, müssen zehn Prozent laufend abgeschöpft werden.

Abb. 6d: Investitionsintervalle – Investitionsstau (Beispiel-Anteile am Sozialprodukt)

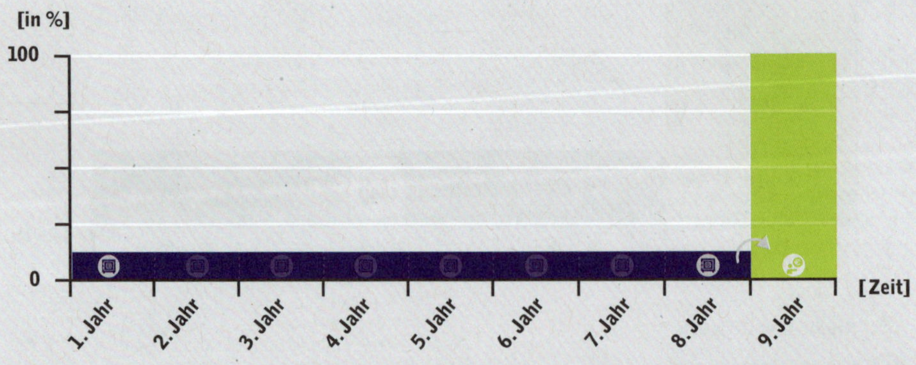

Sparen Investieren

Quelle: Piktogramme von Oksana Latysheva, Dinosoft Labs (Noun Project CC-BY-3.0-US); GiB; eigene Darstellung

Verzögert ein Land – wie Deutschland seit 2000 – die Ersatz- und Nachinvestitionen über 15 Jahre, entsteht ein massiver Investitionsstau. Um ihn aufzulösen, müssten auf einen Schlag 150 % des Nationaleinkommens abgerufen werden. Das geht nur, wenn Staat, Unternehmen, Privathaushalte oder das Ausland solche Ersparnisse zuvor angesammelt haben. Etwas verkürzt ausgedrückt, fordert ein Land, das extrem große Abstände zwischen seinen Investitionsphasen aufkommen lässt, die Anleger auf den Finanzmärkten zu großer Vermögensakkumulation heraus. Das mag nicht beabsichtigt sein, gleichwohl ist der langjährige Investitionsstillstand wohl zumeist mit dem Vertrauen verbunden, dass die unterlassenen Investitionen am Ende doch wieder zügig (und auf Kredit) nachgeholt werden können.

Kapitalanleger

Im Bereich der Daseinsvorsorge investiert klassischerweise der Staat. Er sollte auch dann als Investor betrachtet werden, wenn privates Kapital einbezogen wird.[107] Bei diesem Einbezug handelt es sich nämlich nur um eine bestimmte Form der staatlichen Kreditaufnahme: Das einbezogene Kapital wird vom Staat – außer im seltenen Fall einer Staatsinsolvenz – nach und nach wieder zurückbezahlt.

Wer zuvor Sparer/in war, wird für kreditfinanzierte Investitionen Gläubiger/in. In Deutschland haben aktuell die Privathaushalte und die Unternehmen gespart, der Staat hat hingegen wenig bis nichts zurückgelegt, und das Ausland hat massive Schulden gegenüber Deutschland (den Leistungsbilanzüberschuss).

Innerhalb der Privathaushalte kann noch zwischen den vermögenden zehn Prozent und den weniger reichen 90 % unterschieden werden. Die reichsten zehn Prozent besitzen bis zu 75 % des Vermögens, den folgenden 40 % gehört der Rest. Etwa die Hälfte der Bevölkerung besitzt kein relevantes Vermögen.

Je nach Gruppe werden sich die Konditionen, zu denen Geld verliehen wird, unterscheiden. Die weniger Vermögenden sind zumeist bereit, dem Staat zu geringeren Zinsen Geld zu leihen, der es im Gegenzug (tatsächlich oder vermeintlich) sicher für sie aufbewahrt und ihnen ihr Geld bei Bedarf auch wieder ausbezahlt. Die reicheren zehn Prozent – zu denen auch ein großer Anteil der Unternehmen gehört – können mehr Zeit und Aufwand betreiben, um renditestarke Anlageformen zu finden. Sie sind zudem bereit, höhere Risiken einzugehen, da sie diese über ihr insgesamt größeres Vermögen streuen können. Dafür verlangen sie höhere Zinsen auf ihre Guthaben.

107 Jürgen Schutte weist zu Recht darauf hin, dass die Ausdrucksweise «privates Kapital einbeziehen bzw. einbinden» nicht neutral ist. Mit gleicher Berechtigung kann man davon sprechen, dass die Daseinsvorsorge in den Prozess der Renditemaximierung einbezogen bzw. eingebunden wird. Vgl. Jürgen Schutte (2015): Was ist ÖPP und was haben ihre Befürworter vor?, Vortrag auf Einladung von Attac, DGB Dortmund und Nachdenktreff, Dortmund, 19. Oktober 2015, online unter www.gemeingut.org/wp-content/uploads/2015/10/Vortrag_Was_ist_OEPP.pdf.

Abb. 7: Vermögensverteilung in Deutschland

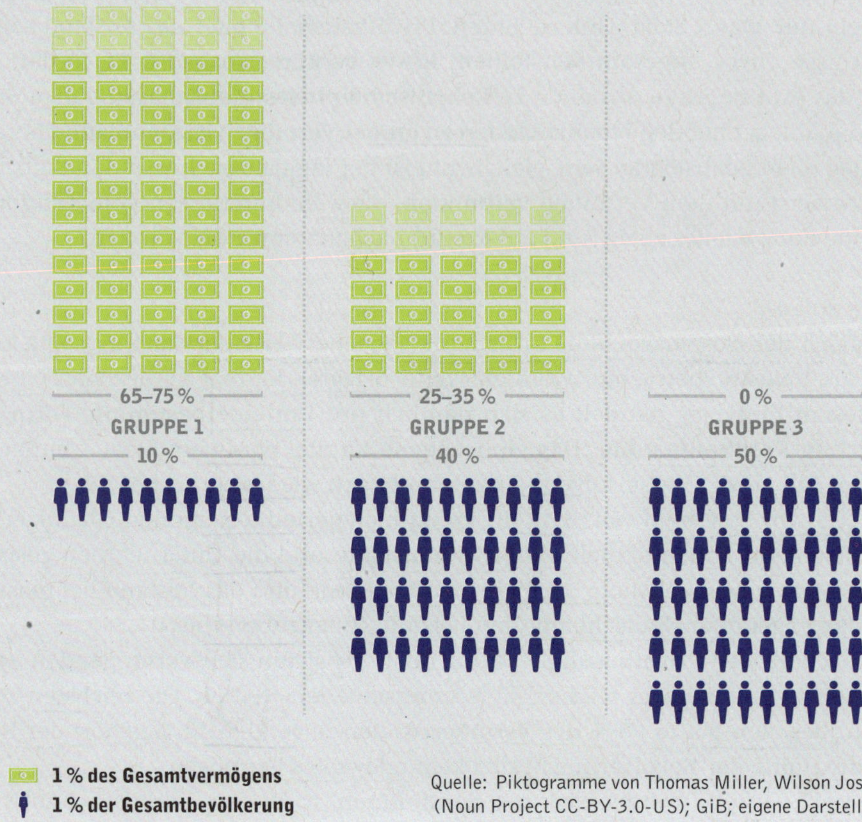

Quelle: Piktogramme von Thomas Miller, Wilson Joseph (Noun Project CC-BY-3.0-US); GiB; eigene Darstellung

Umverteilung und Wechselwirkungen

Vermögen kommen zunächst durch das Sparen vieler zustande, allerdings konzentrieren sie sich durch Umverteilungsprozesse bald auf wenige Personen und Unternehmen. Wie zuvor dargestellt, ist das die Gruppe, die Geld oder Kapital nur zu hohen Zinsen verleiht. Benötigt ein Land wegen langjähriger Unterinvestition in kurzer Zeit viel Kapital, wird es nicht umhinkommen, es sich bei denen zu leihen, die hohe Zinsen verlangen – weil nur diese so viel Kapital flüssigmachen können, wie benötigt wird. Steigt der Anteil der Zinsen an der zur Verfügung stehenden Summe, sinkt der Investitionsanteil. Wird unregelmäßig investiert, kann also insgesamt weniger investiert werden.

Nun unterwerfen sich Kapitalanleger nicht staatlichen Vorgaben, wie viel Kapital sie akkumulieren sollen. Sie folgen eigenen Anreizen, rationalen wie irrationalen. Vor diesem Hintergrund stellt die Beobachtung, dass eine relevante Anzahl von Staaten, die im Prinzip leistungsfähige Volkswirtschaften haben, lange Jahre zu wenig investieren, einen Anreiz dar. Als die OECD 2006 eine weltweite

Risiken sozialisiert
Gewinne privatisiert

Infrastrukturfinanzierungslücke bis 2030 von jährlich 41 Billionen US-Dollar feststellte (unter Berücksichtigung weiterer Sektoren sogar von 71 Billionen US-Dollar), stand daher mit Bezug auf die OECD-Zahlen in einem Finanzanlageprospekt: «Vor diesem Hintergrund gewinnen private Investitionen in Infrastruktur zunehmend an Bedeutung. Public-Private-Partnerships bis hin zu vollständigen Privatisierungen sollen zusätzliches Kapital aktivieren. Infrastruktur entwickelt sich in diesem Umfeld immer mehr zu einer eigenen Anlageklasse für langfristig orientierte Investoren. Ein attraktives Risiko-Rendite-Profil, geringe bis keine Korrelation zu herkömmlichen Anlageklassen, jährliche Ausschüttungen und sogar Schutz gegen Inflation gelten als Vorteile.»[108]

Abb. 8: Kredit-Investitionen unterschiedlicher Zinssätze im Vergleich (bei 30-jähriger-Laufzeit)

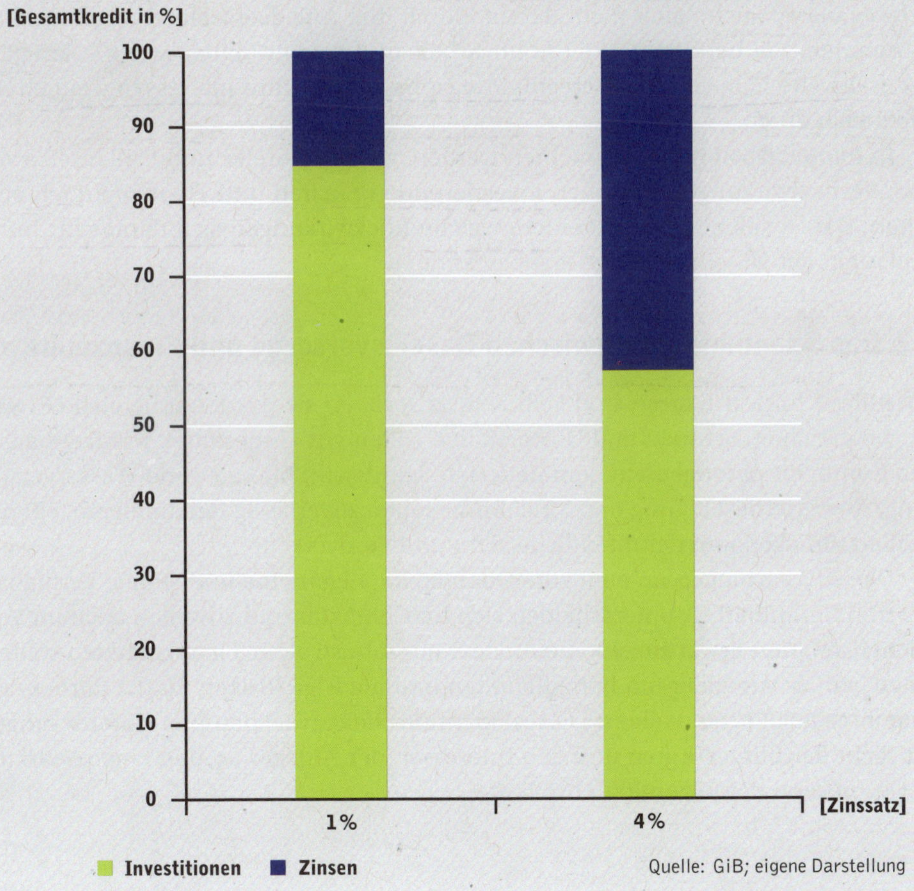

Quelle: GiB; eigene Darstellung

108 Fleischhauer, Hoyer & Partner (2009): S. 3.

Es wird an den Finanzmärkten das Signal aufgenommen, dass Kapital - zum Beispiel in Finanzkrisen - in Infrastrukturinvestitionen untergebracht werden kann, die noch im Planungsstadium sind. Tatsächlich reagierten Länder wie China und die USA mit Investitionsprogrammen auf die Finanzkrise von 2008. Allerdings kann das Wissen um einen solchen sicheren Hafen für unruhige Zeiten auch die Risikoneigung an den Finanzmärkten erhöhen.

Es gibt noch eine zweite Wechselwirkung zwischen Staat und Anlegern: In Deutschland wurden private Vermögen in der Größenordnung von 400 % des jährlichen Nationaleinkommens angehäuft, in Italien sogar von 680 %. In allen reichen Ländern der Welt sind zumeist Vermögen zwischen 400 und 600 % des jeweiligen Nationaleinkommens vorhanden.[109] Auch wenn ein großer Anteil davon langfristig gebunden ist, zum Beispiel in lang laufenden Anleihen oder in Sachwerten, bleibt ein relevanter Anteil an Kapital, für das Kapitalanleger nach Anlageformen «mit einem attraktiven Risiko-Rendite-Profil» suchen. Finanzmarktakteure beschränken sich bei dieser Suche aber nicht darauf, durch ihre Anlageentscheidungen Einfluss zu nehmen. Sie betreiben aktiv Lobbyarbeit und setzten dabei, wie die langjährige weltweite Finanzmarkt-Deregulierungsphase zeigt, ihre Interessen weitgehend erfolgreich durch.[110]

In Kapitel 6 soll näher betrachten werden, welche Anreize und Fehlanreize von den Wechselwirkungen zwischen investierenden Staaten und Finanzmärkten ausgehen. Davon soll abgeleitet werden, welche Rückwirkungen sich daraus für Infrastrukturen der Daseinsvorsorge ergeben können.

4.2 Das Spannungsfeld zwischen Daseinsvorsorge und Finanzmärkten

Öffentliche Infrastrukturen sind kein Selbstzweck, an sie werden erhebliche Erwartungen gerichtet. Schulen und Universitäten sollen gut ausgestattet, Krankenhäuser und Kultureinrichtungen auf dem neuesten Stand sein, Energie- und Wasserversorgung, Abwasserbeseitigung und Müllabfuhr sollen zuverlässig funktionieren, ebenso Straßen, Brücken und der öffentliche Nah- und Fernverkehr.

Diese Erwartungen an eine gute Qualität, an allgemeine und stabile Verfügbarkeit und Bezahlbarkeit unterscheiden sich im Charakter und zuweilen auch im Vorzeichen von den Erwartungen, die Anleger auf Infrastruktur-Finanzmärkten stellen: Ihnen geht es vor allem um hohe Renditen und niedrige Risiken für die Zurückzahlung ihres angelegten Geldes. Dieses Spannungsfeld zwischen den Anforderungen aus Sicht der Bürger/innen und den Interessen der Anleger an den Finanzmärkten ist Gegenstand der folgenden Abschnitte.

109 Alle Zahlen nach Thomas Piketty (2014): Das Kapital im 21. Jahrhundert, C.H. Beck, München.

110 Auch die OECD kann vor diesem Hintergrund nicht ohne Weiteres als neutraler Akteur gesehen werden. Die von der OECD genannte Summe an zu tätigenden Investitionen in Höhe von 41 Billionen US-Dollar sollte man mit kritischer Distanz betrachten.

4.2.1 Funktionen von und Erwartungen an Daseinsvorsorge

Allgemeiner Zugang

Daseinsvorsorge wird ihrem Anspruch gerecht, wenn sie einen Zugang für alle gewährleistet. Werden Nutzungsgebühren erhoben, so in einer Höhe, die bezahlt werden kann. Unabhängig von Gebühren soll der Zugang auch Gruppen mit einem besonderen Bedarf ermöglicht werden. So sollen öffentliche Verkehrsmittel zum Beispiel barrierefrei sein, um die Teilhabe von Menschen mit Behinderungen zu sichern. Auf der geografischen Ebene konkretisiert sich der Allgemeinheitsanspruch in der Forderung, die Leistungen gleichermaßen und in gleicher Qualität in den Städten und in der Fläche zu erbringen.

Qualität

Zur Qualität von Daseinsvorsorge gehören die Dauerhaftigkeit der Leistungen und Infrastrukturen ebenso wie ihre Zuverlässigkeit. Züge sollen nicht nur von A nach B fahren, es wird auch erwartet, dass sie in einem angemessenen Takt verkehren, pünktlich und sauber sind, dass es Toiletten gibt und eine angenehme Aufenthaltsqualität in den Wartebereichen. Wasser soll nicht nur sauber sein, sondern auch nicht nach Chlor schmecken. Der Strom darf nicht andauernd ausfallen, Internetverbindungen müssen hinreichend leistungsfähig sein. Dazu muss neben den rein materiellen Voraussetzungen auch das entsprechende Know-how vorgehalten und kontinuierlich erweitert werden.

Die Qualität soll sich auch auf die Arbeitsverhältnisse erstrecken; die Erfüllung des Sozialstaatprinzips im Bereich der Daseinsvorsorge darf nicht durch die Verletzung des Sozialstaatprinzips bei den Beschäftigten erbracht werden. Dabei geht es nicht nur um die Vermeidung von Dumpinglöhnen und prekären Arbeitsverhältnissen, sondern auch um die Aus- und Weiterbildung und um eine integrierte Wahrnehmung der Beschäftigten über alle Lebensalter hinweg. Renate Sternatz von der Gewerkschaft ver.di beschreibt die Folgen von Privatisierungen auf die Arbeitsbedingungen der Beschäftigten wie folgt: «Wir haben Privatisierungen erlebt, in denen es darum ging, [...] ohne Spezialkenntnisse große Flächen zu bewirtschaften (zum Beispiel Traktor-Rasenmähen). Die sind gerne von Privaten übernommen worden, aber zum Beispiel Blumenrabatten pflegen oder Bäume schneiden, das ist weniger gerne übernommen worden, weil dafür Fachkräfte und Fachgeräte benötigt werden. Gleichzeitig erleben wir im öffentlichen Bereich Diskussionen zum demografischen Wandel, die Beschäftigten werden älter. Zur Gesunderhaltung ist es notwendig, dass gerade in belasteten Arbeitsbereichen häufiger Belastungswechsel organisiert werden. Das heißt, der Wechsel von Aufgaben – also nicht den ganzen Tag in gebückter Haltung Blumen zu schneiden oder gestreckt über Kopf Hecke zu schneiden, sondern zwischendurch auch einmal Traktor-Rasenmähen oder andere gärtnerische Aufgaben zu machen, wenn man bei diesem Bild bleibt.»[111]

111 Renate Sternatz am 28. Juni 2016 im Interview mit den Autor/innen.

Gefordert werden neben einer guten Qualität der angebotenen Leistungen gute Arbeitsbedingungen im Bereich der Daseinsvorsorge. Dafür müssen die verschiedensten Fähigkeiten und Lebenssituationen der Beschäftigten berücksichtigt werden.

Demokratisch legitimierte Steuerung

Daseinsvorsorge erfordert eine demokratisch legitimierte Steuerung. Die ist jedoch nur gegeben, wenn die Entscheidungsträger/innen in Einrichtungen der Daseinsvorsorge von demokratisch legitimierten Gremien eingesetzt und kontrolliert werden. Eine weitere wichtige Anforderung ist umfassende Transparenz. Schon die Bedarfsermittlung sollte möglichst bürger/innennah erfolgen. Dazu müssen Voruntersuchungen durch vertrauenswürdige Treuhänder/innen der öffentlichen Hand erbracht werden, die in transparenten Verfahren ausgewählt wurden. Bürger/innen müssen bereits in der Planungsphase beteiligt werden, deswegen sollten die Verwaltungen vor größeren Entscheidungen alternative Lösungen erarbeiten. Rechtsstreitigkeiten zu den Infrastrukturen sollten ausschließlich vor öffentlichen Gerichten ausgetragen werden.

Effizienter Einsatz der Steuern und Gebühren

Es ist wichtig, dass Steuern und Gebühren für die Daseinsvorsorge effizient eingesetzt werden. Dazu müssen Infrastrukturen über ihren ganzen Lebenszyklus, also von der Erstellung über die Betriebsphase hinweg bis zum Abriss und der Wiederwertung, betrachtet werden. Über diesen Zeitraum sind die unvermeidlichen Risiken sinnvoll zu streuen und zu steuern. Externe Effekte wie Umweltschäden müssen angemessen berücksichtigt werden. Das Sozialstaatprinzip darf dabei weder durch den Bau noch durch den Betrieb der betreffenden Infrastruktur verletzt werden. So stehen zum Beispiel die Rheintalstrecke und die stadtnahen Flughäfen in Frankfurt am Main und Berlin seit Jahren wegen des Verkehrslärms in der Kritik. Die Anwohner/innen erwarten hier zu Recht schützende Maßnahmen wie Ruhezeiten, eine Verkehrsreduktion durch Verlagerung sowie Schallschutzmaßnahmen an den Verkehrsmitteln und in ihrem Wohnumfeld.

4.2.2 Interessen von Anlegern

Renditemaximierung

Vorrangiges Ziel jeder privatwirtschaftlichen Geldanlage im gegenwärtigen System ist die Maximierung der Rendite bei möglichst niedrigem Risiko. Hier unterscheidet sich die Zweckorientierung der Anleger in Infrastrukturen nicht von irgendeiner anderen Anlageform auf der Welt. Können die Anleger auf die Ausgestaltung und den Betrieb der Infrastrukturen Einfluss nehmen, so erfolgt dies im Sinne der Renditemaximierung.

Die Einflussnahme kann die Bedarfsermittlung, Voruntersuchungen oder die Planung vor der Ausschreibung, den Betrieb und die Verwertung betreffen. Dabei besteht das Interesse, sich für spätere Rechtsstreitigkeiten vertraglich eine möglichst starke Position zu sichern. Erfahrungen haben gezeigt, dass vor privaten Schiedsgerichten eher zugunsten privater Anleger entschieden wird, deshalb tendieren Anleger dazu, für den Fall von Rechtsstreitigkeiten die Zuständigkeit solcher privaten Schiedsgerichte vertraglich festzuschreiben.

Ein wichtiger Vorteil gegenüber Wettbewerbern ist ein Vorsprung an Wissen. Entsprechend erwarten Anleger, dass ihnen für die Rendite wichtige Informationen zuerst oder sogar exklusiv zugänglich gemacht werden.

Eine hohe Rendite kommt durch zwei Komponenten zustande: durch geringe Ausgaben und hohe Einnahmen. Hohe Einnahmen entstehen zum Beispiel durch hohe Gebühren und hohe Preise. Sie können auch durch die Konzentration auf Teilgruppen generiert werden: Nutzer/innen mit hoher Kaufkraft oder besonders große Gruppen. Der Wunsch nach hohen Renditen führt auch zu einer Ausweitung lukrativer Bereiche über den aktuell bestehenden Bedarf hinaus. Sondereinnahmen können durch die Veräußerung von Teilbereichen und Immobilien entstehen.

Ein Interesse besteht zudem an Kosteneinsparungen. In den Städten lassen sich Infrastrukturen einfacher ausbauen und kostengünstiger betreiben. Die großräumige Bedienung ländlicher Räume ist hingegen teuer und wird deswegen zur Einsparung von Kosten oft vernachlässigt. Gespart werden kann auch bei den Investitionen in den Erhalt und bei der Leistungserbringung, etwa beim Personal und Subunternehmer/innen.

Geringe Risikoübernahme

Das zweite wichtige Ziel von Anlegern ist, das eingesetzte Kapital möglichst sicher zurückzuerhalten. Ein Weg zur Risikoreduktion ist der Einsatz von möglichst wenig Eigenkapital der jeweiligen Projektgesellschaft. Infrastrukturen oder die zugehörigen Anlageportfolios sollen demnach aus Sicht der Anleger so strukturiert sein, dass einerseits eine möglichst umfassende Steuerung im Sinne der Renditemaximierung gegeben, andererseits aber die finanzielle Haftung im Verlustfall begrenzt ist.

Daher besteht zumeist kein Interesse daran, Netze und Betriebsmittel dauerhaft und vollverantwortlich zu übernehmen. Die genannten Maßnahmen zur Kosteneinsparung bewirken, dass sich der Anlagewert der Infrastrukturen über die Betriebslaufzeit reduziert. Dieser Verlust soll jedoch nach Möglichkeit nicht auf das eingesetzte Kapital angerechnet werden. Ebenso wollen Anleger eine möglichst geringe Verantwortung für Ausbildung, Pensionen und Renten des Personals übernehmen, da diese Kosten weder den Wert der Kapitalanlage erhöhen noch die Rendite steigern. Entsprechendes gilt für Umweltaspekte: Diese Kosten sollen im Interesse der Anleger möglichst externalisiert werden.

4.2.3 Bewertung der Interessen

Die Interessen von Nutzer/innen und Anlegern an Infrastrukturen der Daseinsvorsorge weichen also deutlich voneinander ab. In vielen Bereichen sind sie sogar gegensätzlich: erschwingliche versus hohe Gebühren, Flächenabdeckung versus Konzentration auf die Zentren, Qualität und Dauerhaftigkeit versus

Abb. 9: Öffentliche Infrastrukturen im Spannungsfeld der Interessen

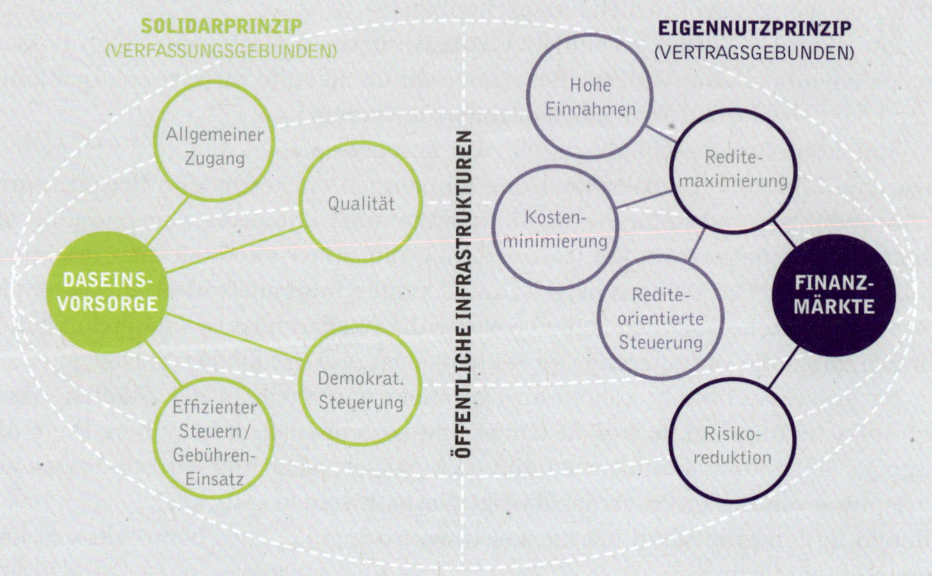

Quelle: GiB; eigene Darstellung

Kosteneinsparungen beim Erhalt, Transparenz versus Geschäftsgeheimnisse, öffentliche Gerichte versus private Schiedsgerichte, sinnvolles Risikomanagement versus niedrige Eigenkapitalquote – und vieles mehr. Gleichzeitig decken sich nur wenige Interessen. Auf der Ebene der Daseinsvorsorge geht es für die beteiligten Menschen nicht selten um elementare Dinge: um ein Leben in Würde oder – wie im Fall von Wasserversorgung – sogar um das Überleben vieler Menschen.[112]

4.2.4 Der Staat als Mittler

Bis auf den Bereich der Gebührenerhebung und -bezahlung stehen die genannten Interessengruppen in keiner direkten Beziehung. Die Bürger/innen als Nutzer/innen von Daseinsvorsorge richten ihren Anspruch darauf an den Staat. Mit ihm haben sie ein Vertragsverhältnis, das in Deutschland aus dem Grundgesetz, den Landesverfassungen, den Gemeinde-, Landkreis- bzw. Kreisordnungen hervorgeht.[113]

112 Es ist daher nicht sonderlich erstaunlich, wenn es in Einzelfällen zur Eskalation kommt – wie in Indien beim Widerstand gegen die extensive Wasserentnahme von Coca-Cola in Dürreregionen oder beim sogenannten Wasserkrieg (Guerra del Agua) in Cochabamba, Bolivien.

113 Siehe dazu auch Kapitel 1.1.10.

Soweit die betroffenen öffentlichen Infrastrukturen aus Steuern und Gebühren finanziert werden, kommt eine besondere Form des Eigentumsanspruchs hinzu: Die öffentlichen Infrastrukturen gehören den Menschen, sie haben sie bezahlt, der Staat ist ihr Treuhänder. Die Nutzer/innen von Daseinsvorsorge benötigen also keine Finanzanleger, alle ihre Ansprüche und Fragen können vom Staat erfüllt und mit ihm verhandelt werden.

Finanzanleger in öffentliche Infrastrukturen haben ihrerseits ebenfalls den Staat als Vertragspartner. Auch sie brauchen ihn notwendig, im Bereich der Daseinsvorsorge dürfen sie auf eigene Initiative – so lange ein Staat noch existiert – nicht aktiv werden. Der Staat wird demnach der Kunde und Schuldner der Finanzmärkte, dafür verpflichten sich die privaten Vertragspartner ihm gegenüber zu vertraglich vereinbarten Leistungen. Sie bekommen von ihm gewisse Rechte übertragen, zumeist gehört dazu das Recht, Gebühren zu erheben oder für die Leistungen der Daseinsvorsorge Preise zu verlangen.

Für den Betrieb der Infrastrukturen wird das zugehörige Know-how vom Staat an die privaten Infrastrukturunternehmen transferiert. Das ist meist notwendig, damit der Betrieb überhaupt kontinuierlich gewährleistet werden kann. Oft werden gleichzeitig größere Anteile des bisherigen Personals überlassen. Zudem unterstehen die privaten Betreiber neben der rein zivilrechtlichen Beziehung zumeist einer gesonderten staatlichen Aufsicht, zum Beispiel einer Netz- oder Preisregulierungsbehörde.

Im Staat kreuzen sich also die Interessen zur Daseinsvorsorge, der Staat muss die jeweiligen Ansprüche ausgleichen. Nun sind Staaten und ihre öffentlichen Körperschaften mehr als nüchterne Schaltstellen. Wie sich das jeweilige Staats(selbst)verständnis auf die Rolle als Erbringer von Leistungen der Daseinsvorsorge auswirkt, soll in Kapitel 6 dargestellt werden. Staaten kämpfen zudem oft mit eigenen Problemen. Das häufigste ist eine hohe Verschuldung. Ob und inwieweit sich Staaten anders verhalten, wenn sie verschuldet sind, ist Gegenstand des folgenden Kapitels «Öffentliche Haushalte».

Kapitel 5: Öffentliche Haushalte

Die Situation der öffentlichen Haushalte spielt für politische Entscheidungen eine große Rolle. Schulden, Unterinvestitionen und Schuldenregeln führen zu Sachzwängen, die ihre eigene Dynamik entfalten. Nachfolgend soll zunächst dargestellt werden, wie Verschuldung sich in Deutschland zwischen den öffentlichen Körperschaften Bund, Ländern und Gemeinden verteilt. Anschließend sollen ihre Folgen näher untersucht werden: Welche Wechselwirkungen bestehen zur Investitionsneigung, wie wurde in der Verfassung damit umgegangen, welche Verlagerungstendenzen zeigen sich, und welche Anreizbildung entsteht?

5.1 Verschuldung

Die Verschuldung der öffentlichen Hand stieg nach 2008 weltweit stark an. Hintergrund war die Finanz- und Weltwirtschaftskrise, die zu großen Teilen von den öffentlichen Haushalten aufgefangen wurde. Spanien erreichte 2016 eine Verschuldungsquote (Schulden im Verhältnis zum BIP) von fast 100 %. Noch höhere Schuldenquoten mit über 100 % des BIP verzeichneten Italien, Portugal, Irland und die USA. Deutschland erreichte auf dem Höhepunkt 2010 eine Schuldenquote von 80 %. Mittlerweile wurde dieser Stand wieder auf 68 % reduziert.[114]

Deutschland hat somit trotz des zeitweisen Anstiegs der Staatsverschuldung im internationalen Vergleich kein gravierendes Schuldenproblem. Allerdings gibt es eine starke Spreizung innerhalb der Bundesländer. Betrachtet man die öffentliche Pro-Kopf-Verschuldung, werden die Unterschiede besonders deutlich: Bremen liegt mit über 30.000 Euro pro Einwohner/in an der Spitze und ist damit 17-mal höher verschuldet als Sachsen-Anhalt. Dieser Abstand hat sich seit 2008 zudem mehr als verdoppelt. Auch das Saarland, Berlin, Hessen und Hamburg haben mit rund 15.000 Euro Schulden pro Einwohner/in dreimal höhere Verschuldungswerte als Bayern, Baden-Württemberg oder Mecklenburg-Vorpommern.

Wie in Kapitel 1 dargestellt, wird die Daseinsvorsorge zu einem großen Anteil von den Kommunen getragen. Dort aber ist von der «schwarzen Null», die für den Bund propagiert wird, wenig zu spüren. Die Fachbereichsleiterin Gemeinden bei ver.di, Renate Sternatz, schildert die Situation in vielen Kommunen: «In den Töpfen der Länder [zu Entschuldungsprogrammen für die Kommunen] ist viel zu wenig Geld, um für eine echte und dauerhafte Entschuldung der Kommunen zu sorgen. [...] Und wir haben nicht nur reiche und arme Kommunen, wir haben auch reiche und

114 Alle Angaben nach: Internationaler Währungsfonds (2016): World Economic Outlook Database.

arme Länder! Und mitunter verstärkt sich eine Situation in den armen Ländern mit vielen armen Kommunalverwaltungen.»[115]

Abb. 10: Pro-Kopf-Verschuldung der Bundesländer (2008–2014)

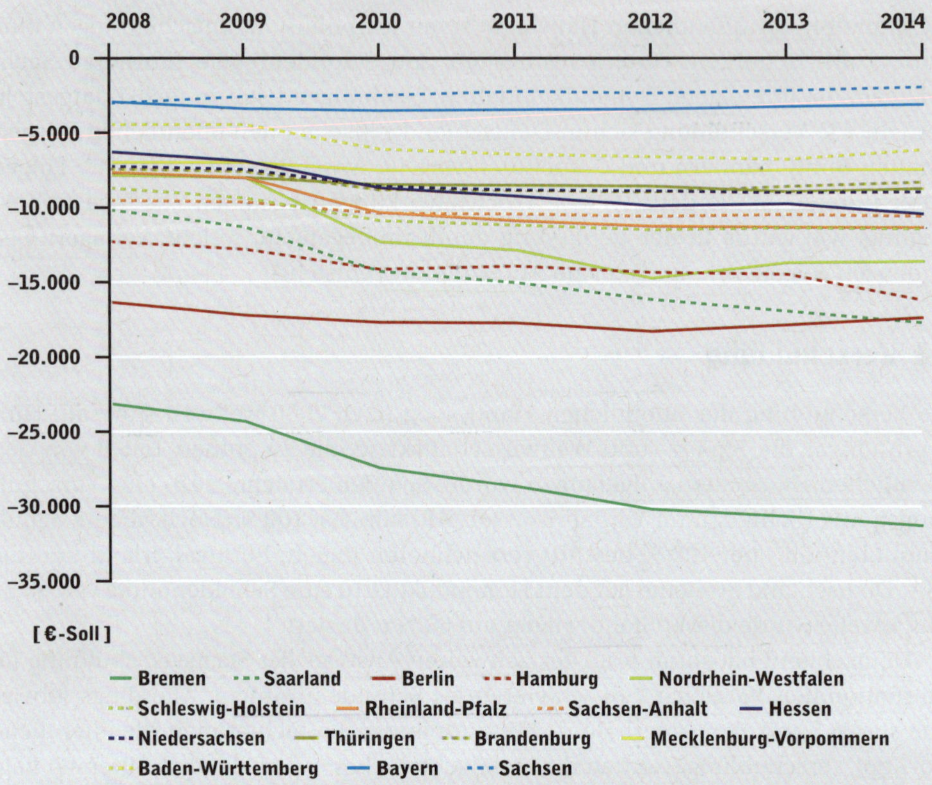

Quelle: Statistisches Bundesamt 2016, GiB; eigene Darstellung

Die Verschuldung der Kommunen streut statistisch im Durchschnitt der Bundesländer stark: Laut Kommunalem Finanzreport 2015 der Bertelsmann-Stiftung liegt die öffentliche Pro-Kopf-Verschuldung allein aus der Verschuldung der Kommunen in Rheinland-Pfalz bei 3.193 Euro, im Saarland sogar bei 3.275 Euro. Auch die Kommunen in Hessen und Nordrhein-Westfalen haben mit 3.078 bzw. 2.720 Euro/Einwohner/in eine hohe öffentliche Pro-Kopf-Verschuldung. Dem stehen sächsische Gemeinden gegenüber, in denen die durchschnittliche Verschuldung nur ein Drittel bis ein Fünftel dessen beträgt. Auch in Bayern (1.053), Thüringen (1.080), Brandenburg (910) und Baden-Württemberg (621) liegt die Pro-Kopf-Verschuldung deutlich

115 Renate Sternatz am 28. Juni 2016 im Interview mit den Autor/innen.

niedriger (alle Angaben in Euro/Einwohner/in).[116] Noch extremere Unterschiede lassen sich zwischen einzelnen Kommunen feststellen:

Abb. 11 a: Pro-Kopf-Verschuldung in Kommunen – Beispiele geringer Schuldenlast

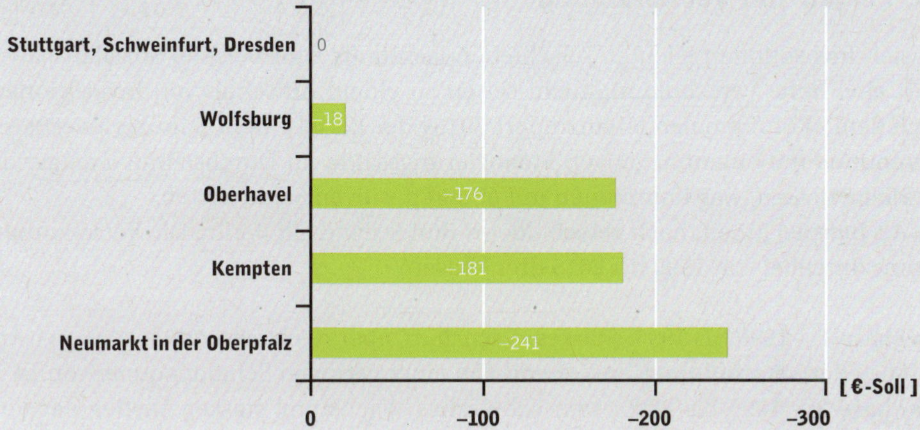

Abb. 11 b: Beispiele hoher Schuldenlast

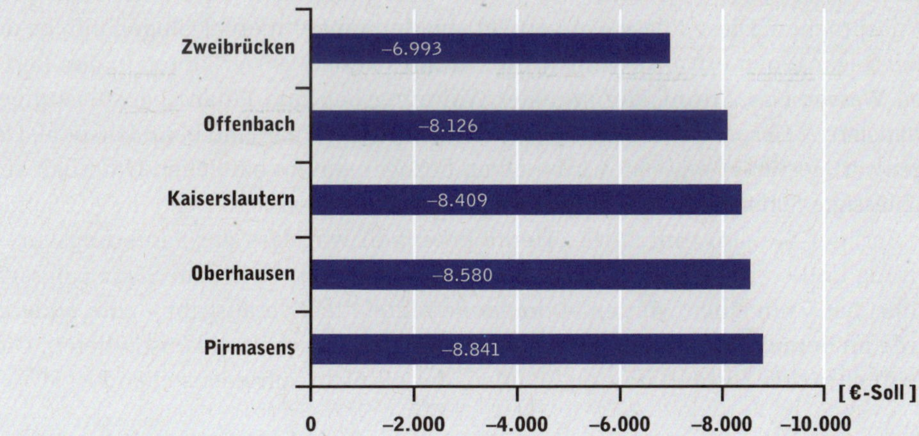

Quelle: Bertelsmann, Kommunaler Finanzreport 2015, GiB; eigene Darstellung

116 Felix Arnold, Florian Boettcher, Ronny Freier, René Geißler, Benjamin Holler (2015): Kommunaler Finanzreport, hrsg. von der Bertelsmann-Stiftung, Gütersloh, Abbildung 65, S. 103, online: www.bertelsmann-stiftung.de/fileadmin/files/BSt/Publikationen/GrauePublikationen/Studie_LK_Kommunaler-Finanzreport-2015.pdf.

Durch die ungleiche Verteilung der Schulden zwischen sowie innerhalb der Bundesländer liegen viele hochgradig verschuldete Kommunen in stark verschuldeten Bundesländern und können somit vom Land wenig Hilfe erhoffen. Das Schuldenproblem dieser Kommunen muss aus unserer Sicht für die jeweiligen Verwaltungen als maßgeblich politikbestimmend angesehen werden.

5.2 Folgen von Verschuldung

Da sich Investitionen leichter aufschieben lassen als zum Beispiel Sozialausgaben führt eine hohe Verschuldung nicht selten zu einem Aufschub von Investitionen. Nach dem «Kommunalen Finanzreport 2015» der Bertelsmann-Stiftung investieren Kommunen mit einem negativen Finanzierungssaldo im Durchschnitt weniger als die Hälfte dessen, was Kommunen mit einem positiven Saldo leisten.

Als Beispiel für ein hoch verschuldetes Bundesland gilt Berlin. Die Verschuldung Berlins durchlief von 1990 bis 2015 drei Phasen:

- Phase 1 – 1990 bis 1995: Starkes Wachstum, aber noch wesentlich stärkerer Anstieg der Verschuldung, ausgehend von einer geringen Schuldenquote von 14 %
- Phase 2 – 1995 bis 2005: sehr schwaches Wachstum, starker Anstieg der Verschuldung, ausgehend von einer nun höheren Schuldenquote von 27 %
- Phase 3 – 2005 bis 2015: gutes Wachstum, konstant gehaltene Verschuldung und damit Reduktion der Schuldenquote von 66 auf 48 %

Für die dritte Phase wird auch von einem «Sanierungskurs» oder einer «Sparpolitik» gesprochen. Diese Phase war geprägt von den Einnahmerückgängen infolge der vorausgegangenen Privatisierungen. So wurden seit den 1990er-Jahren in den Bereichen Wasser, Gas, Strom, kommunaler Wohnungsbau und Finanzdienstleistungen privatisiert.[117] Gespart wurde zudem beim Infrastrukturerhalt und beim Personal. Der gegenwärtige Sanierungsstau wird – allein bezogen auf im baulichen Unterhalt vernachlässigte Schulgebäude – auf 1,2 Milliarden Euro geschätzt. Dazu die AG Schule der Berliner SPD im Juni 2016: «Heute erkennen wir, dass der Sanierungskurs – so nötig und so richtig er war – in manchen Bereichen zu einem Sanierungsstau geführt hat. Zum einen wurden vorhandene Mittel nicht verausgabt – zum anderen wurde im Bereich der Investitionen gespart, um den Haushalt zu konsolidieren. Dies betrifft etwa den Zustand unserer Schulen, der oft nicht zufriedenstellend ist.»[118]

---

117 Die Erlöse für diese Verkäufe betrugen über 15 Milliarden Euro und flossen dem Landeshaushalt zu, der damit Schulden abbauen und seine Zinslast reduzieren konnte. Die erlöste Summe lag allerdings deutlich unter dem Wert der verkauften Unternehmen und Liegenschaften. Allein für die 65.700 verkauften Wohnungen müsste man heute vermutlich über zehn Milliarden Euro bezahlen. Gleichzeitig entfielen die Einnahmen der profitablen Unternehmen, die jährlich weit mehr Geld eingebracht hatten, als nun an Zinslast gespart wurde. Die Verkäufe vergrößerten somit das strukturelle Defizit des Landes Berlin.

118 Torsten Schneider, Björn Böhning et al. (2016): Abschlussbericht der AG Schule der Berliner SPD, S. 5, online: www.spd.berlin/w/files/spd-positionen/abschlussbericht_ag-schule.pdf.

Abb. 12: BIP und Verschuldung des Landes Berlin

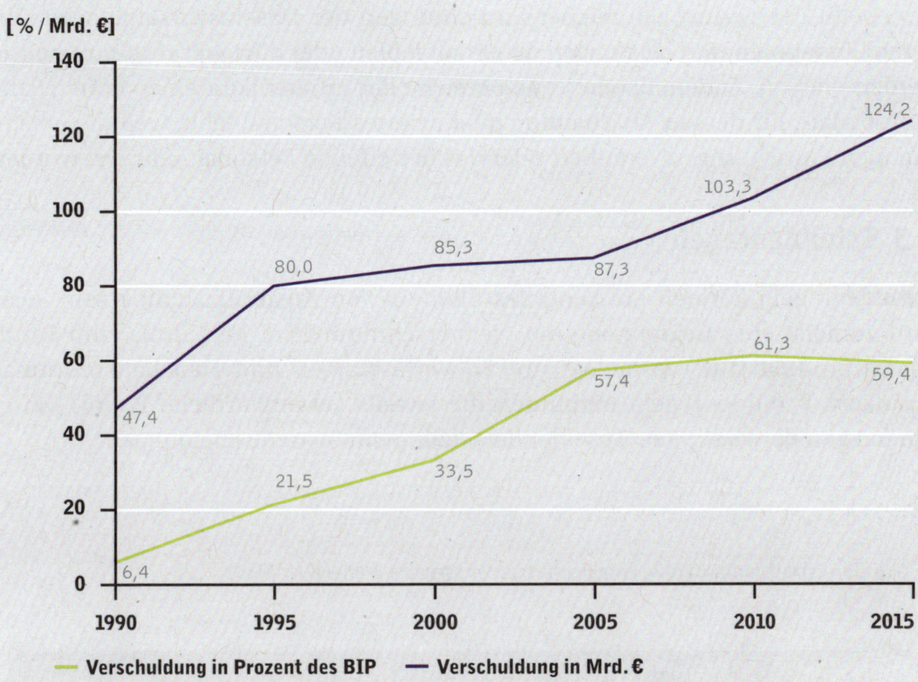

Quelle: Senatsverwaltung für Finanzen Berlin, Statistisches Bundesamt, Statistisches Landesamt Berlin u. Brandenburg, GiB; eigene Darstellung

Insgesamt schränkte das Land Berlin seinen Handlungsspielraum über Jahrzehnte erheblich ein. Die Pro-Kopf-Investitionen sanken im Jahr 2000 unter 100 Euro pro Kopf. Zum Vergleich: Hamburg investierte im Jahr 2000 über dreimal so viel pro Jahr und Einwohner/in und 2010 immer noch mehr als zweieinhalbmal so viel (260 Euro pro Kopf). Mit einer Investitionsquote von 7,4 % war Berlin 2015 Schlusslicht unter den Bundesländern. Sachsen kam mit 16,5 %, Bayern mit 15,7 % und Baden-Württemberg mit 14,6 % auf deutlich höhere Anteile. Der durchschnittliche Anteil der öffentlichen Investitionen an allen Ausgaben der Bundesländer und Gemeinden lag bei 11,9 % (2014 waren es noch 12,6 % gewesen).[119]

119 Zahlen nach Institut der deutschen Wirtschaft Köln (2016): Nur jeder zehnte Euro fließt in die Infrastruktur, online: www.iwd.de/artikel/nur-jeder-zehnte-euro-fliesst-in-die-infrastruktur-285975/ und Tobias Hentze (2016): Stellungnahme zum Mittelfristigen Finanzplan für die Jahre 2016 bis 2020 für den Freistaat Thüringen, Anhörungsverfahren des Haushalts- und Finanzausschusses zur Drucksache 6/2655, IW-Report 38/2016, hrsg. vom Institut der deutschen Wirtschaft Köln, online: www.iwkoeln.de/_storage/asset/317976/storage/master/file/11589023/download/IW-Report_38_2016_Mittelfristiger_Finanzplan_Thueringen.pdf.

Berlin stabilisierte sich zuletzt bei einer Schuldenquote von knapp 50 % und einer fraglos hohen Pro-Kopf-Verschuldung von 31.300 Euro pro Einwohner/in. Dem steht der Verlust zahlreicher Einrichtungen der Daseinsvorsorge gegenüber, deren Einnahmen und Leistungen dauerhaft fehlen oder die teuer rekommunalisiert werden müssen. Zudem haben weite Bereiche der Infrastruktur einen hohen Sanierungsbedarf, für dessen Abarbeitung qualifiziertes Personal fehlt, weil die entsprechenden Einrichtungen veräußert oder das betreffende Personal reduziert wurden.

5.3 Schuldenregeln

Schuldenregeln können ein zentrales Element von Austeritätspolitik sein. Dabei wird zumeist eine Begrenzung der Neuverschuldung im Verhältnis zum Bruttoinlandsprodukt (BIP) festgelegt und in Verfassungen und Haushaltsordnungen verankert. Schuldenregeln entbinden die jeweils verantwortliche Politik weitestgehend von der konkreten Auseinandersetzung um Sparentscheidungen.

↳ Technokratie statt Demokratie

Abb. 13: Privatisierungsargumente der Daseinsvorsorge im Wandel (ab 1960)

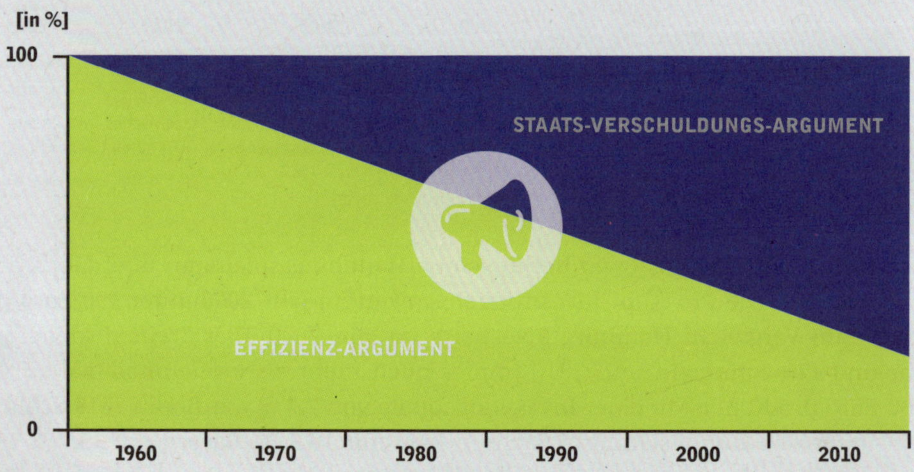

Quelle: Piktogramm von icon 54 (Noun Project CC-BY-3.0-US)GiB; eigene Darstellung

Nachfolgend wird zunächst dargestellt, wo Schuldenregeln festgelegt sind. Dann wird mit dem sogenannten Schalenkonzept ein zuletzt häufig verwendetes Modell der Darstellung von öffentlichen Haushalten vorgestellt. Im Weiteren zeichnen wir die jüngere Entwicklung von Schuldenregeln nach: von der goldenen Regel zur sogenannten Schuldenbremse.[120]

120 Es ist fraglich, ob die «Schuldenbremse» genannten Regelungen tatsächlich die staatliche Verschuldung begrenzen. Teilweise führt Austeritätspolitik zum gegenteiligen Effekt.

Abschließend wird skizziert, welche Entwicklungen Investitionspolitik unter den Bedingungen der Schuldenregeln nehmen kann.[121]

5.3.1 Verankerung von Schuldenregeln

Schuldenregeln sind auf zahlreichen Ebenen verankert. Sowohl die Europäische Union als auch der Bund, die Länder und die Gemeinden haben jeweils eigene Regeln, die eine Neuverschuldung begrenzen oder sogar verbieten. Als Institutionen kommt dem statistischen Bundesamt Destatis sowie der Statistikbehörde der Europäischen Kommission Eurostat große Bedeutung zu. Für zahlreiche Zwischen- und Grenzfälle nehmen diese Einrichtungen Interpretationen der bestehenden Regeln vor und legen dazu eigene Auslegungsregeln fest. Nachfolgend eine Übersicht:

Tabelle 4: Die unterschiedlichen Ebenen der Schuldenregeln für Deutschland

Ebene	Schuldenregeln
Europäische Union	■ Europäischer Stabilitäts- und Wachstumspakt des Maastricht-Vertrags ■ Europäischer Fiskalpakt ■ ESVG 2010, Auslegungsregeln von Eurostat
Bund	■ Grundgesetz Artikel 109 und 115 ■ Ausführungsgesetz zu Artikel 115 Grundgesetz (Artikel 115-Gesetz-G 115) ■ Haushaltsgrundsätzegesetz (HGrG) ■ Auslegungsregeln von destatis
Länder	■ Regelungen in den Landesverfassungen von Bayern, Bremen, Hamburg, Hessen, Mecklenburg-Vorpommern, Rheinland-Pfalz, Sachsen und Schleswig-Holstein
Kommunen	■ Pflichtzuführung, d.h. Rechtsaufsichtsbehörde der Gemeinde darf weitere Kredite nur genehmigen, wenn nachhaltiges Wirtschaften gesichert ist ■ In kommunalen Rettungsschirmen und Konsolidierungsvereinbarungen mit den jeweiligen Ländern (soweit vorhanden) ■ «Kommunalschuldenbremsen» in den Hauptsatzungen oder eigenständigen Satzungen (vereinzelt)

Quelle: GiB; eigene Darstellung

121 Der europäische Stabilitäts- und Wachstumspakt des Maastricht-Vertrags und der europäische Fiskalpakt haben erhebliche Auswirkungen auf die Politik in Europa und somit auch in Deutschland. Eine ausführliche Behandlung dieser europäischen Schuldenregeln ist jedoch im Rahmen der vorliegenden Studie nicht leistbar.

5.3.2 Verlagerung von öffentlichen Aufgaben aus den Kernhaushalten

Die Art der Verbuchung öffentlicher Schulden spielt im Zusammenhang mit Schuldenregeln eine wichtige Rolle für Infrastrukturen der Daseinsvorsorge. Ein hierbei häufig verwendetes Modell ist das «Schalenkonzept». Es unterscheidet die drei Bereiche Kernhaushalt, Extrahaushalte sowie öffentliche Beteiligungsunternehmen, die «am Markt» tätig sind.

Abb. 14a: Schalenkonzept – öffentliche Haushalte

Quelle: Kommunalpolitisches Wiki der Heinrich-Böll-Stiftung; eigene Darstellung

Im Inneren des Schalenkonzepts stehen die Kernhaushalte des Bundes, der Länder, der Gemeinden und Gemeindeverbände und der Sozialversicherungen. Extrahaushalte oder Sondervermögen des Bundes und der Länder sind rechtlich unselbstständige, abgesonderte Teile des Bundes- oder Landesvermögens, die getrennt vom übrigen Vermögen verwaltet werden. Sie bilden die mittlere Schale. Kern- und Extrahaushalte bilden zusammen den öffentlichen Gesamthaushalt. In der äußeren Schale befinden sich die sonstigen öffentlichen Fonds, Einrichtungen und Unternehmen. Diese gehören zwar zum öffentlichen Bereich, werden aber nicht zum staatlichen

Sektor und damit auch nicht zum öffentlichen Gesamthaushalt gerechnet. Hierzu zählen typischerweise öffentliche Beteiligungsunternehmen wie Stadtwerke, Wohnungsbaugesellschaften, Verkehrsbetriebe. Eine wichtige Unterscheidung besteht darin, dass sie ihre Leistungen für Verbraucher/innen und Unternehmen am Markt anbieten, also sogenannte Marktproduzenten sind und ihre Leistungen zu wirtschaftlich signifikanten Preisen zur Verfügung stellen. Die Abgrenzung folgt dabei dem folgenden «50 % am Markt»-Kriterium: «Werden mehr als 50 % der Produktionskosten durch Umsätze gedeckt, dann gilt die Einheit als Marktproduzent (sie finanziert sich überwiegend ‹am Markt›). Werden 50 % oder weniger durch Umsätze gedeckt, dann gilt die Einheit als Nichtmarktproduzent und wird dem Sektor Staat zugerechnet. (Das verbleibende Defizit wird durch den Staat gedeckt.)»[122]

Es ist eine langjährige Entwicklung zu beobachten, nach der öffentliche Kredite – und öffentliche Einrichtungen oder Unternehmen, die Kredite aufnehmen – von den Kernhaushalten weg in die äußeren Schalen verlagert werden. Renate Schulze-Steikow vom Statistischen Bundesamt kommentiert dies im Datenreport 2016: «In den 1980er-Jahren begann der Staat in größerem Umfang, bestimmte Aufgaben auf Einheiten außerhalb der öffentlichen Haushalte (Kernhaushalte) auszulagern. Eine wesentliche Rolle spielte dabei das Streben nach einer effizienteren Aufgabenerfüllung. Zum anderen wurde die Forderung nach einem ‹schlanken Staat›, der sich auf seine Kernaufgaben beschränkt, immer stärker. Parallel dazu erfolgte eine Reihe von Neugründungen von öffentlichen Fonds, Einrichtungen und Unternehmen sowie der Einstieg der öffentlichen Haushalte in bestehende Unternehmen.»[123]

Es gibt also einen Trend zur Auslagerung von Aufgaben und Schulden. Zusätzlich bestehen starke regionale Unterschiede – wie schon bei der deutlich unterschiedlich hohen Pro-Kopf-Verschuldung zwischen den Bundesländern. Für Brandenburg schätzt die Bertelsmann-Stiftung den Auslagerungsgrad in den Kommunen auf 72 %, für Rheinland-Pfalz auf 32 %.[124] Die Verlagerung aus den Kern- und Extrahaushalten heraus in die sonstigen öffentlichen Fonds, zu öffentlichen Einrichtungen und Unternehmen gewinnt im Zusammenhang mit den Schuldenbremsen zusätzlich an Bedeutung.

5.3.3 Die goldene Regel bis 2009

Im deutschen Grundgesetz war bis 2009 in Artikel 115 Abs. 2 geregelt, dass die jährliche staatliche Neuverschuldung durch die Höhe der öffentlichen Investitionen

122 Christine Rückner (2011): Integration in den Finanz- und Personalstatistiken. Auf dem Weg zum finanzstatistischen Gesamtbild, Statistisches Bundesamt; Wirtschaft und Statistik, S. 1104 ff, online: www.destatis.de/DE/Publikationen/ WirtschaftStatistik/FinanzenSteuern/Personalstatistiken122011.pdf?__blob=publicationFile.

123 Renate Schulze-Steikow (2016): Wirtschaft und öffentlicher Sektor. Auszug aus dem Datenreport 2016, Abschnitt 4.2. Öffentliche Finanzen, öffentlicher Dienst, Statistisches Bundesamt, S. 112–123, dort S. 118f, online: www.destatis.de/DE/Publikationen/Datenreport/Downloads/Datenreport2016Kap4.pdf?__blob=publicationFile.

124 Felix Arnold et al. (2015): S. 25.

begrenzt ist: «Die Einnahmen aus Krediten dürfen die Summe der im Haushaltsplan veranschlagten Ausgaben für Investitionen nicht überschreiten; Ausnahmen sind nur zulässig zur Abwehr einer Störung des gesamtwirtschaftlichen Gleichgewichts.»[125]

Die Regelung hätte einer Reform bedurft. Der Begriff «Störung des gesamtwirtschaftlichen Gleichgewichts» war nicht spezifiziert, auch war nicht angegeben, ob, wann und inwieweit die infolge der Ausnahme aufgenommenen Kredite später ausgeglichen werden mussten. Zudem vernachlässigte die Regelung, in welchem Zeitraum die Kredite zurückbezahlt werden sollten. Für eine ausgeglichene Vermögensbilanz hätten außerdem die Kreditzinsen und die voraussichtlichen Abschreibungskosten berücksichtigt werden müssen. Im späteren Übergang zur sogenannten Schuldenbremse wurde die goldene Regel dann jedoch nicht reformiert, sondern abgeschafft – übrigens gegen den zeitweisen Widerstand des Sachverständigenrats zur Begutachtung der gesamtwirtschaftlichen Entwicklung.

5.3.4 Die deutsche Schuldenbremse

Seit 2016 gilt im Bund die sogenannte Schuldenbremse, nach der nur eine Neuverschuldung von 0,35 % des Bruttoinlandprodukts (BIP) gestattet ist. Die aktuelle Politik der «schwarzen Null» verschärft diese Regel auf freiwilliger Basis auf null Prozent, die erlaubte Verschuldung von 0,35 % des BIP wird also nicht mehr ausgeschöpft. Auf der Ebene der Bundesländer gilt die Schuldenbremse ab dem Jahr 2020. Hier ist von vorneherein jegliche Neuverschuldung verboten, es gilt die «schwarze Null» per Verfassung.

Vor dem Hintergrund der sogenannten Schuldenbremsen – die ja Verfassungsregeln sind – steht nun zur Diskussion, wie künftig überhaupt noch notwendige Investitionen vorgenommen werden können. Bezogen auf das zuvor genannte Schalenkonzept fallen Kern- und Extrahaushalte unter die Schuldenbremse, öffentliche Beteiligungsunternehmen, die ihre Leistungen am Markt anbieten, werden dagegen nicht eingerechnet. Damit kann das Schalenkonzept, bezogen auf die Schuldenregeln, vereinfacht wie in Abbildung 14b dargestellt werden.

Dass Unternehmen in der äußeren Schale nicht unter die Schuldenbremse fallen, wird im Zusammenhang mit Investitionen von der Politik zunehmend hervorgehoben. Ein Beispiel ist ein Vorschlag der rot-rot-grünen Koalition in Berlin, im Schulbereich eine Infrastrukturgesellschaft neuen Typs einzuführen. In dem bereits zitierten Papier der Arbeitsgruppe Schule der Berliner SPD heißt es: «Finanzierungsmodelle über Institutionen, die zwar außerhalb des Kernhaushaltes liegen, aber ihren Umsatz nicht überwiegend am Markt erzielen, fallen somit als Extrahaushalt in die mittlere Schale und werden mit ihren Schulden und mit ihrer Schuldenaufnahme in voller Höhe dem Land Berlin zugerechnet. Es gilt – vermutlich auch nach 2020: Wenn diese Schulden(aufnahme) nicht durch korrespondierende Überschüsse

125 Grundgesetz für die Bundesrepublik Deutschland, Art. 115 (2) a. F., Online: www.buzer.de/gesetz/5041/al19632-0.htm.

im Kernhaushalt kompensiert wird, verschlechtern sich die entsprechenden Kennziffern des Landes, und es droht ein Verletzen der Regeln der Schuldenbremse.»[126]

Abb. 14 b: Schalenkonzept – Schuldenregeln

Quelle: GiB; eigene Darstellung

Die nachholende Schulsanierung und der Schulneubau sollen in Berlin zunächst zentralisiert und ins Privatrecht auslagert werden. Ein Firmengeflecht unter dem Dach einer Finanzholding, so der Vorschlag der SPD Berlin, soll dann Teile der Sanierung und des Neubaus von Schulen über Kredite kofinanzieren. Die Gesellschaftskonstruktion ist mit Bedacht so gewählt, dass sie formal der von der Schuldenbremse und den Maastricht-Kriterien nicht erfassten äußeren Schale des Schalenkonzepts entspricht: «Die Kreditfähigkeit dieser Gesellschaften wird sichergestellt, ohne die Schuldenbremse zu verletzen. Dazu brauchen sie aber das Dach einer gemeinsamen Finanzholding auch mit mindestens einer größeren Wohnungsbaugesellschaft. Das EU-Verschuldungskriterium muss hier eingehalten sein.»[127]

126 Torsten Schneider et al. (2016): S. 29.
127 Ebd., S. 44.

Abb. 14 c: Schalenkonzept – Zinsen, öffentliche Kontrolle und Transparenz

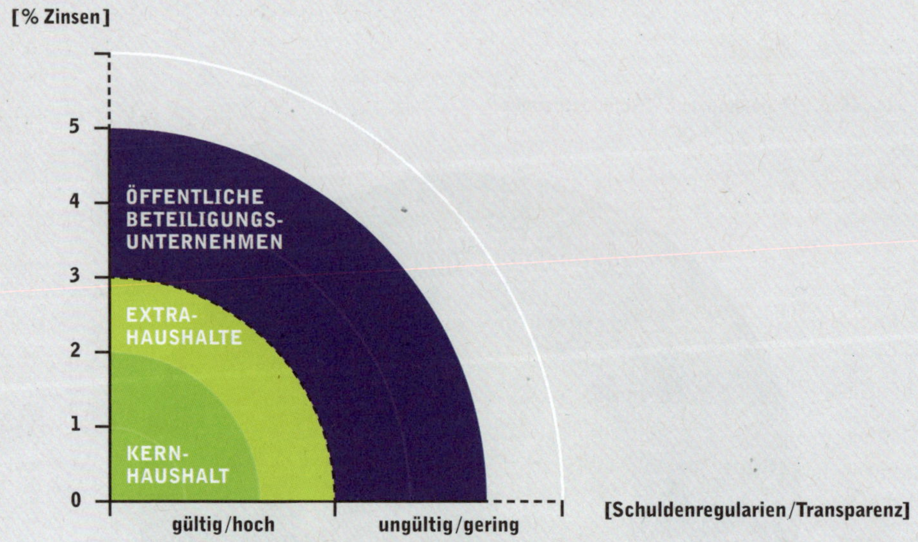

Quelle: GiB; eigene Darstellung

Zu bedenken ist, dass diese Strategie zur Umgehung der Schuldenbremse Auswirkungen auf den zu bezahlenden Zinssatz sowie auf die Möglichkeiten der öffentlichen Kontrolle hat. Ein schematisches Modell ist nachfolgend dargestellt: Je weiter «außen» die Schulden gemacht werden, desto höher wird der Zinssatz sein und desto geringer fallen öffentliche Steuerungseinflüsse und Kontrollmöglichkeiten aus. Die im Bild angegebenen Zinsen sind nur grob abgeschätzt. Hier besteht weiterer Forschungsbedarf. Der Rückgang der Steuerungsmöglichkeiten hat unter anderem folgende Gründe:

- Die Unternehmen in der äußeren Schale stehen in aller Regel nur noch unter der Aufsicht der Regierung, nicht mehr des Parlaments.
- Komplexe Firmenstrukturen behindern Transparenz und öffentliche Kontrolle.
- Unternehmen können die Herausgabe interner Unterlagen mit Hinweis auf das Betriebs- und Geschäftsgeheimnis verweigern. So durfte selbst die vollständig in Bundesbesitz befindliche Deutsche Bahn AG in parlamentarischen Anhörungen zu bestimmten betrieblichen Fragen die Antwort verweigern. Die Deutsche Bahn AG hat zudem mehrfach die Herausgabe interner Unterlagen abgelehnt oder entscheidende Stellen geschwärzt.
- Auch parlamentarische Anfragen stoßen bei ins Privatrecht ausgelagerten Firmen an ihre Grenzen. Beispiel Deutsche Bahn AG: Hier wurden zahlreiche Auskünfte von der Bundesregierung mit Hinweis auf das Aktienrecht verweigert.

5.4 Reaktionen auf Schuldenregeln

Schuldenregeln oder andere selbst auferlegte Regeln zur Ausgabenbeschränkung können zu folgendem Dilemma führen: Entweder muss sich die verantwortliche Politik Untätigkeit vorwerfen lassen angesichts sich verschlechternder Leistungen der Daseinsvorsorge und eines Kostenanstiegs infolge zu lange aufgeschobener Sanierungen - oder es werden Private zu hohen Kosten und mit weitreichenden Folgen in die (Vor-)Finanzierung und das operative Geschäft der Daseinsvorsorge einbezogen. Die Alternative - Kreditaufnahme und eigene Erbringung der Investitionen und Daseinsvorsorgeleistungen - wird von den Schuldenregeln versperrt.

Auf diesem Wege bremsen bestehende nationale und europäische Schuldenregeln Investitionen und befördern formelle, materielle und funktionale Privatisierungen. Tatsächlich ist das Dilemma in Teilen konstruiert, d.h. die Voraussetzungen sind menschengemacht und somit politisch veränderbar. Damit ist das Dilemma nicht so undurchlässig für andere Möglichkeiten, wie es der erste Anschein vorgibt. Es ergeben sich im Zusammenhang mit den Schuldenregeln fünf Möglichkeiten:

1. Die Schuldenregeln werden ignoriert.
2. Die Schuldenregeln werden umgangen.
3. Die Investitionen werden durch Einsparungen in anderen Bereichen kompensiert.
4. Die Einnahmen werden erhöht.
5. Die Schuldenregeln werden reformiert.

In allen Fällen erfolgt die Investition aus dem Haushalt. Der Unterschied besteht allein in der Ausgestaltung, ob und wie eine zusätzliche Verschuldung vorgenommen wird, wie transparent die Verschuldung ist, wie teuer die Zinslast ausfällt und wie gut oder schlecht eine demokratisch legitimierte Steuerung und Kontrolle umgesetzt werden können. Die ersten beiden Möglichkeiten stellen keine echten Alternativen dar, wie nachfolgend dargelegt wird. Die übrigen drei Lösungsstrategien werden im Kapitel 7 «Alternativen» näher ausgeführt.

5.4.1 Schuldenregeln werden ignoriert

Werden Schuldenregeln bewusst ignoriert, bedeutet das, dass die betreffende Körperschaft in «Schuldenbremsen-Streik» tritt. Diese Variante hat zunächst Vorteile: Die Zinskosten sind gering, die Transparenz hinsichtlich der Verschuldung ist hoch. Wenn Schuldenregeln ignoriert werden, führt das allerdings voraussichtlich zur Auseinandersetzung mit denjenigen Institutionen, deren Aufgabe es ist, solche Verstöße zu sanktionieren. Die demokratische Legitimation des Vorgehens ist obendrein fragwürdig. Die sogenannte Schuldenbremse ist ja in der Verfassung verankert, wenn auch ohne konkrete Sanktionsmaßnahmen. Ein Schuldenbremsen-Streik wäre also auch ein «Verfassungsstreik». Das Ignorieren von Verfassungsvorgaben kann nicht als echte Alternative angesehen werden: Das käme einer Aufforderung an andere gesellschaftliche Gruppen gleich, ebenfalls in «Verfassungsstreik» zu treten.

Auf europäischer Ebene basieren die Schuldenregeln auf den Verträgen von Maastricht, auf dem Fiskalpakt sowie auf dem Europäischen System Volkswirtschaftlicher Gesamtrechnungen (ESVG). Diese Regeln haben keine dem Grundgesetz von Deutschland (und den Verfassungen anderer europäischer Länder) gleichwertige demokratische Legitimation. Verstöße gegen das ESVG und gegen die europäischen Verträge waren bisher, insbesondere nach der Finanz- und Weltwirtschaftskrise von 2008, häufiger als deren Einhaltung[128], der europäische Schuldenbremsen-Streik ist also weit verbreitet. Dennoch sollte mindestens gut begründet werden, warum ausgerechnet die europäischen Schuldenregeln verletzt werden dürfen, andere europäische Regeln hingegen nicht.

5.4.2 Schuldenregeln werden umgangen

Sollen Schuldenregeln umgangen werden, müssen für die zu tätigenden Investitionen Schattenhaushalte gebildet werden. Dazu lagert man Einrichtungen der Daseinsvorsorge in Unternehmen aus und vergibt Daseinsvorsorgeleistungen über öffentlich-private Partnerschaften (ÖPPs). Die Abbezahlung erfolgt aus Steuern und/oder Gebühren, die Zinskosten sind hoch, die Transparenz hinsichtlich der Verschuldung gering. Die Steuerung der formell privatisierten Unternehmen respektive der ÖPP-Verträge unterliegt nicht mehr oder nur noch indirekt dem Parlament und ist somit demokratisch nur noch schwach legitimiert. Die demokratische Legitimation des Vorgehens leidet ebenfalls unter dem Umstand, dass Bereiche der öffentlichen Haushalte mit der Lizenz zur Umgehung der Schuldenregeln über Jahrzehnte bevorzugt werden, ohne dass hierzu künftige Parlamente noch Entscheidungen treffen dürfen. Die schon in Kapitel 3 beschriebenen Instrumente ÖPP sowie die Infrastrukturgesellschaften neuen Typs werden daher noch einmal unter diesem Aspekt betrachtet.

Öffentlich-private Partnerschaften

Verschuldung und Haushaltsrestriktionen wie die sogenannte Schuldenbremse haben mit dazu beigetragen, dass für Sanierung und Neubau von Anlagen der Daseinsvorsorge oft auf öffentlich-private Partnerschaften (ÖPPs) ausgewichen wurde. Bei ÖPP-Verträgen entsteht die Zahlungsverpflichtung aus dem Vertrag. Sie ist damit eine Verschuldung, die nicht als solche im Haushalt sichtbar wird. Gemäß den Regeln der Finanzstatistik wird zum Beispiel von dreißig Jahreszahlungen jeweils nur die aktuelle jährliche Zahlung im Haushalt dargestellt. Die Zahlungsverpflichtung besteht aus im Voraus festgelegten Zahlungen an den Vertragspartner über die gesamte Laufzeit. Verabreden die Vertragspartner die sogenannte Forfaitierung mit

128 In den vergangenen drei Jahren (2014 bis 2016) wurden die Haushaltsdefizitgrenze von drei Prozent und die Schuldenstandsregel von 60 % nur von neun der 28 Länder in der EU eingehalten: von Dänemark, Estland, Lettland, Litauen, Luxemburg, Rumänien, Schweden, Slowakei und Tschechien. Angaben nach Eurostat (2017): Bereitstellung der Daten zu Defizit und Schuldenstand 2016, Pressemitteilung vom 24. April 2017, http://ec.europa.eu/eurostat/documents/2995521/7997689/2-24042017-AP-DE.pdf/f7e33ad8-0bdc-4780-b6e0-56f997a7f0ef.

Einredeverzicht[129], besteht die Zahlungsverpflichtung, zum Beispiel bei Mängeln, gegenüber der Bank weiter. Die Rechnungshöfe sahen sich angesichts des zunehmenden Ausweichens auf ÖPP zu folgender Klarstellung genötigt: «Angesichts der mit dem Gesetz zur Änderung des Grundgesetzes und dem Begleitgesetz zur zweiten Föderalismusreform eingeführten Begrenzung der Neuverschuldung für die Haushalte von Bund und Ländern besteht das Risiko, dass ÖPP-Projekte verstärkt als alternative Finanzierungsmodelle eingesetzt werden, wenn eine kreditfinanzierte konventionelle Umsetzung der geplanten Maßnahme eine gegen das Grundgesetz bzw. entsprechendes Landesrecht verstoßende Neuverschuldung zur Folge hätte. Da künftige Haushalte bei ÖPP-Projekten durch die Verpflichtung der öffentlichen Hand zur Zahlung von Nutzungsentgelten in gleicher oder ähnlicher Art wie durch Zins- und Tilgungszahlungsverpflichtungen gebunden bzw. belastet werden, können derartige ÖPP-Projekte zu einer Umgehung des Neuverschuldungsverbots führen, die es unbedingt zu vermeiden gilt.»[130]

Die Auffassung der Rechnungshöfe, dass ÖPP-Verträge eine Verschuldungsform seien, konnte nicht verhindern, dass in Bund, Ländern und Kommunen weiterhin ÖPP-Verträge zur Umgehung des Neuverschuldungsverbots abgeschlossen wurden. Der Bund setzte sogar einen eigenen Anreiz im Fernstraßenbau: Die Anschubfinanzierungen bei ÖPP-Projekten werden danach nur noch hälftig auf die Quote der betroffenen Länder angerechnet.[131] Damit wurde den Ländern gestattet, auf Kosten des Bundes ÖPP-Projekte auf den Weg zu bringen.

Infrastrukturgesellschaften

Im Zusammenhang mit der Umgehung von Schuldenregeln gewinnen die Infrastrukturgesellschaften an Bedeutung. Auch damit können Schuldenregeln umgangen werden. Dazu Prof. Holger Mühlenkamp: «Die bisher häufig zur Umgehung der Schuldenbremse gewählte Alternative ‹Öffentlich Private Partnerschaften› (ÖPP) steht in der Kritik und droht eventuell unattraktiv zu werden. Die Fratzscher-Kommission ‹entdeckt› eine weitere Möglichkeit: bezüglich der Staatsverschuldung dem Staat nicht zuzurechnende Infrastrukturgesellschaften. Diese Alternative bietet

129 «Forfaitierung mit Einredeverzicht ist neben der Projektfinanzierung die häufigste Finanzierungsform, da sie dem privaten Partner Finanzierungskonditionen ähnlich denen der öffentlichen Hand ermöglicht. [...] Im Gegensatz zur Projektfinanzierung kommt es bei dem Finanzierungsmodell der Forfaitierung mit Einredeverzicht zu einer eindeutigen Verschiebung der Risiken in Richtung öffentlicher Hand. [...] Bei einer Insolvenz der Projektgesellschaft muss der öffentliche Auftraggeber nicht nur seine Verpflichtungen gegenüber der finanzierenden Bank erfüllen, sondern ggf. auch forfaitierte Leistungen in der Betriebsphase übernehmen bzw. neu ausschreiben. Das bedeutet unter Umständen, dass zumindest streckenweise die Entgeltzahlung für Leistungen fortdauert, die von der Projektgesellschaft nicht mehr erbracht werden.» In: Präsidentinnen und Präsidenten der Rechnungshöfe des Bundes und der Länder (2011): S. 6.

X **130** Ebd., S. 3.

131 Bundesrechnungshof (2014), S. 37.

zugleich die Möglichkeit, Kosten der Eurokrise von den Kapitalanlegern zu den Verbrauchern und Steuerzahlern zu verlagern.»[132]

Infrastrukturgesellschaften dieses Typs müssen neu gegründet werden. Mit der Neugründung verbunden ist oft Zentralisierung: Die Infrastrukturgesellschaften übernehmen als zentrale Akteure (zumeist im Privatrecht) Leistungen, die bis dato von öffentlichen Verwaltungen dezentral erbracht wurden. Ein wichtiges Kriterium bei der Neugründung ist dabei mit Blick auf die Schuldenregeln die Einhaltung des oben genannten «50 % am Markt»-Kriteriums. Im Abschlussbericht der Fratzscher-Kommission wird die Bildung mehrerer großer Infrastrukturgesellschaften vorgeschlagen, für kommunale Investitionen ebenso wie für Neubau, Erhalt, Ausbau und Betrieb von Bundesfernstraßen: «Eine erste Möglichkeit zur Umsetzung einer Verkehrsinfrastrukturgesellschaft ist die Schaffung einer Gesellschaft in einhundertprozentigem Bundesbesitz. Ihre Organisation gliche damit dem österreichischen Modell der ASFINAG, einem privatrechtlichen Unternehmen in Bundesbesitz.»[133]

Dass Österreich mit den ASFINAG-Schulden die Maastricht-Kriterien umgehen darf, wird im Fratzscher-Bericht eigens hervorgehoben: «Zur Kapitalaufnahme gibt die ASFINAG Anleihen aus, die mit einer Garantie der Republik Österreich ausgestattet sind. Die ASFINAG wird nicht dem österreichischen Staatssektor zugeordnet. Ihre Verschuldung wird somit bei der Prüfung zur Einhaltung der Maastricht-Kriterien nicht berücksichtigt.»[134]

Die österreichische ASFINAG ist faktisch der Prototyp für Infrastrukturgesellschaften neuen Typs, mit der Schuldenregeln umgangen werden können. Es lohnt sich daher, an dieser Stelle einen Blick auf die Schulden dieser Gesellschaft zu werfen.

Die ASFINAG hat Schulden von 11,6 Milliarden Euro akkumuliert[135], für deren Rückzahlung die Mauteinnahmen nicht ausreichen.[136] Für die ASFINAG-Schulden wurden 2015 durch die Gebührenzahlenden durchschnittlich drei Prozent Zinsen gezahlt, 2014 waren es noch 3,17 % (bei Zinsen auf 30 Jahre laufende österreichische

132 Holger Mühlenkamp (2016): Vortragsfolien «Empfehlungen der Fratzscher-Kommission – Wirkungen und Alternativen. Der Staat – in Zukunft eine Gesellschaft mit beschränkter Haftung?» beim ver.di-Fachdialog am 14. Januar 2016 in Berlin, S. 3, online: https://gemeinden.verdi.de/++file++56c61cd2ba949b0680000994/download/Vortrag%20Prof.%20Dr.%20M%C3%BChlenkamp.pdf.

133 Bericht der Expertenkommission im Auftrag des Bundesministers für Wirtschaft und Energie, Sigmar Gabriel (2015): S. 41.

134 Ebd., S. 42.

135 Die Presse (2015): ASFINAG muss dem Staat doppelt so viel abliefern, Printausgabe vom 25. April 2015, online: http://diepresse.com/home/wirtschaft/economist/4716787/Asfinag-muss-dem-Staat-doppelt-so-viel-abliefern?from=simarchiv.

136 Gabriela Moser (2015): Beantwortung des Fragenkatalogs zum Thema ÖPP/PPP für die Öffentliche Anhörung des Ausschusses für Bauen, Wohnen, Stadtentwicklung und Verkehr im Landtag NRW, Düsseldorf, 22. September 2015, online: www.landtag.nrw.de/Dokumentenservice/portal/WWW/dokumentenarchiv/Dokument/MMST16-3024.pdf;jsessionid=BDCE66D5C7026476F4925AC9F7C07532.ifxworker.

Staatsanleihen von rund zwei Prozent[137]). 2015 hat Österreich also 136 Millionen Euro dafür bezahlt, dass die Schulden ausgelagert wurden.

Betreibt Deutschland etwa proportional zum Verhältnis der Autobahnkilometer eine Auslagerung von Schulden in Höhe von 68 Milliarden Euro und sind die zu bezahlenden Zinsen für Fremdkapital ebenfalls 1,17 % höher als die Rendite von Staatsanleihen, würde das jährlich rund 800 Millionen Euro kosten.

Tabelle 5: Volkswirtschaftliche Kennzahlen Österreichs und Deutschlands im Vergleich[138]

Volkswirtschaftliche Kennzahlen	Deutschland/ Österreich	Verhältnis	Äquivalente Verschuldung Deutschlands[139]
Bundeseinnahmen	301,3 / 71,5 Mrd. €	4,2 : 1	49 Mrd. €
Bruttoinlandsprodukt	3.059 / 339 Mrd. €	9,0 : 1	105 Mrd. €
Autobahn-Kilometer	12.949 / 2.200 km	5,9 : 1	68 Mrd. €
Fernstraßen-Kilometer[140]	33.000 / 2.200 km	15 : 1	174 Mrd. €

Quelle: GiB; eigene Darstellung

Nach der bis 2009 gültigen goldenen Regel war die Frage der Neuverschuldung unmittelbar an Investitionen gekoppelt. In den neuen Schuldenregeln gibt es diese Koppelung nicht mehr. Infrastrukturverfall einerseits sowie Privatisierungen unterschiedlichen Grades zur Umgehung der Schuldenregeln sind mittelbare Folgen. Das Selbstverständnis eines Staates, der sich Regeln mit diesen Folgen auferlegt hatte, bedarf einer näheren Betrachtung.

137 Die Presse (2014): Staatsanleihen als Verkaufsschlager, Printausgabe vom 21. Juli 2014, online: http://diepresse.com/home/meingeld/3841532/Staatsanleihen-als-Verkaufsschlager.

138 Bezugsjahr: 2015, Schulden ASFINAG 2015: 11,6 Mrd. €.

139 Aus Verhältnis extrapoliert.

140 Ermittlung nach folgendem Schlüssel: Autobahnen zu 100 %, Bundesstraßen zu 50 % angesetzt. Dieser Schlüssel entspricht etwa dem Verhältnis der Erhaltungsaufwendungen.

Kapitel 6: Die Rolle des Staates im Interessenausgleich

Inwieweit ist ein Ausgleich der unterschiedlichen Interessen der verschiedenen Akteure möglich? Welche Rolle hat der Staat dabei, wie wird Staat in diesem Zusammenhang verstanden? Ein Phänomen in den Debatten um Privatisierung – materiell oder funktional – besteht darin, dass sie in ganz unterschiedlichen Argumentationszusammenhängen als optimale Lösung vorgebracht wird. Das wirft folgende Frage auf: Inwieweit stehen hier Probleme und Lösungsvorschläge in einem kausalen Zusammenhang? Oder, anders gefragt: Führen umgekehrt nicht vielmehr Interessen und Machtkonstellationen zu Privatisierungen und öffentlich-privaten Partnerschaften (ÖPPs), ganz unabhängig von den eigentlichen Ursachen der jeweiligen Probleme?

In diesem Kapitel soll es daher um Argumentationszusammenhänge und Machtasymmetrien gehen. Ausgehend von der theoretischen Debatte um verschiedene Staatsmodelle beschreibt das Kapitel mit Rückgriff auf Erfahrungen zu ÖPP den Aushandlungsprozess um die Daseinsvorsorge, Anreize und Fehlanreize sowie bestehende Machtasymmetrien.

6.1 Staatsmodelle

Wie soll der Staat Leistungen erbringen oder gewährleisten? Im traditionellen Verständnis erbringt nur der Staat seinen Bürger/innen die Leistungen der Daseinsvorsorge (Leistungsstaat). In den nachfolgenden Abschnitten soll dargelegt werden, welche Auswirkung ein unterschiedliches Verständnis von der Rolle des Staates auf staatliches Handeln haben kann.

6.1.1 Der Leistungsstaat

Im Leistungsstaat erbringt der Staat die Dienstleistungen der Daseinsvorsorge selbst. Er errichtet und etabliert je nach Sektor und Aufgabengebiet eine Verwaltung. Das eingestellte Personal besteht aus Beamt/innen oder Angestellten, die entsprechend ihrer besonderen Verantwortung gegebenenfalls eigens vereidigt werden. Diese Beschäftigten ermitteln den Bedarf. Ist dieser hinreichend genau festgestellt, beginnen sie, den erforderlichen Neubau respektive Ausbau oder die betreffende Sanierung zu planen. Es wird eine Kostenschätzung erstellt, und die demokratisch gewählten Gremien werden angefragt, das Vorhaben und seine Finanzierung zu genehmigen.

Abb. 15a: Daseinsvorsorge – Der Leistungsstaat

Quelle: GiB; eigene Darstellung

Die Finanzierung erfolgt aus Steuermitteln und Gebühren. Sind höhere Einmalkosten zu tragen, werden dazu Kredite aufgenommen oder öffentliche Anleihen ausgegeben. Solche Anleihen gibt es auf allen Ebenen: vom Bund, von Bund und Ländern sowie von Ländern und Kommunen.

Die Kreditwürdigkeit der entsprechenden Körperschaft bestimmt die Zinshöhe und damit die Kosten für den Kredit. Ist das nötige Geld bewilligt, werden Bauleistungen ausgeschrieben und vergeben, die öffentliche Hand überwacht das Baugeschehen. Nach der Abnahme und Übergabe des Neubaus oder der Sanierung übernimmt die öffentliche Hand den (Wieder-)Betrieb und erbringt damit die Daseinsvorsorgeleistung.

Sofern diese Leistung mit Gebühren verbunden ist, werden sie staatlich erhoben. Parallel zum Betrieb beginnt die Rückzahlungsphase für den Kredit oder die Anleihe: Aus Gebühren und/oder Steuern wird die Schuld getilgt.

6.1.2 Der «schlanke Staat»

«Schlanker Staat» war ab Beginn der 1990er-Jahre zunächst ein Begriff, mit Hilfe dessen offensiv wirtschaftsliberale Politikrezepte propagiert wurden. Angelehnt an das Konzept des «schlanken Managements» bezeichnete er das Ideal einer möglichst kleinen, gleichwohl effizient arbeitenden öffentlichen Verwaltung. Das Konzept geht von der Prämisse aus, dass der Staat im Vergleich zu den Privaten ineffizient handle. Er ermittle, etwa beim Neubau von Straßen und Gebäuden, den Bedarf ungenau oder fehlerhaft, begehe Fehler in der Planung und benötige für seine Tätigkeiten insgesamt viel Zeit. Entsprechend seien die Kosten für die Bauten höher, als sie sein müssten, die Fertigstellung verzögere sich, die Dienstleistungen im Betrieb seien unvollständig oder anderweitig nicht zufriedenstellend. Diese Ineffizienz schlage sich auch auf die Einnahmen nieder, die deswegen – gemessen an den Ausgaben – nicht oder kaum für die Rückzahlung der aufgenommenen Schulden ausreichen würden.

An dieser Stelle ergänzen Private den Staat: Unter der Annahme, dass diese wesentlich effizienter arbeiten würden, sollen sie dem Staat Leistungen abnehmen, den Staat und seine Bürger/innen von ihrer Effizienz und den daraus resultierenden Wettbewerbsvorteilen profitieren lassen und dabei immer noch genügend Spielraum herausarbeiten, um ihren Anlegern eine Rendite auszuzahlen.

In der Praxis übernehmen die Privaten im «schlanken Staat» in den einzelnen Wertschöpfungsphasen meist nicht nur bestimmte Teilgebiete, zum Beispiel solche,

Abb. 15 b: Daseinsvorsorge – Der «Schlanke Staat»

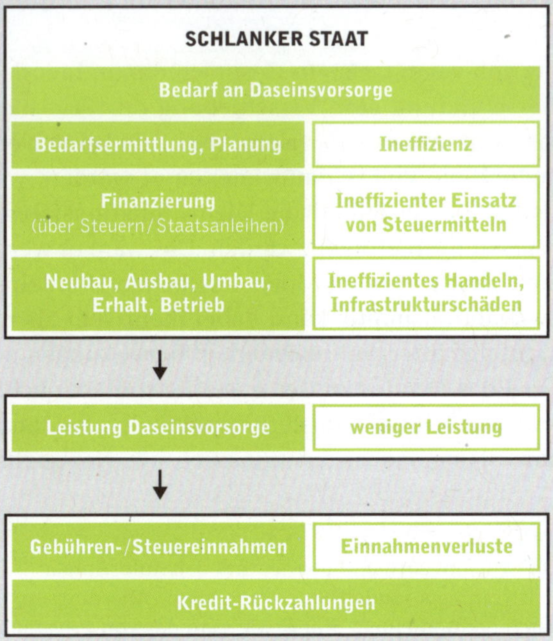

Quelle: GiB; eigene Darstellung

in denen der Staat als besonders ineffizient angesehen wurde. Mit Ausnahme der Bedarfsermittlung und der Planung bekommen sie oft den ganzen Bau und den kompletten Betrieb übertragen und vereinnahmen häufig selbst die Nutzungsentgelte. Der Staat vergütet die Privaten für ihre Dienstleistungen. Um keine doppelten Kosten zu verursachen, baut er sein eigenes Personal in den betroffenen Bereichen weitgehend ab und behält nur noch, was er für die Bedarfsermittlung, die Ausschreibung und Vergabe sowie die Überprüfung und Abnahme der privat erbrachten Leistungen benötigt. Die Finanzierung für Investitionen streckt der Staat weiter vor. Teilweise (und insbesondere in ÖPP-Projekten) nimmt dabei auch die Finanzierung den Weg über die Privaten: Diese bringen in das Vorhaben Eigenkapital ein, nehmen für den weit überwiegenden Anteil der Kosten jedoch selbst einen Kredit am Kapitalmarkt auf. Die Rückzahlung erfolgt aus Miet- oder Leasingraten, die ihnen die öffentliche Hand für die Leistungen bezahlt.

6.1.3 Staatsmodell «Austeritätspolitik»

Die Diskussion um staatliche Leistungserbringung wird häufig von Fragen der Haushaltsdisziplin überschattet. Das Bundesfinanzministerium in Deutschland sieht diese Beschränkung der Handlungsfähigkeit auch gegeben, wenn die Schulden nicht mehr steigen: «Die Neuverschuldung ist gestoppt. Zum ersten Mal seit 1969 wird der Bundeshaushalt 2015 ohne Neuverschuldung ausgeglichen (‹Schwarze Null›). Aber: Der Schuldenstand ist weiterhin sehr hoch. Somit sind die Spielräume für eine Erhöhung der öffentlich finanzierten Investitionen auf Priorisierung/Umschichtung begrenzt.»[141]

Renate Sternatz von ver.di weist im Gespräch darauf hin, dass in dieser Fokussierung auf die Verschuldung eine Verschiebung der Prioritäten liegt: «Mittlerweile lässt sich Politik mitunter auch feiern, wenn sie keine Neuverschuldung hat. Eigentlich muss jedoch die Politik dafür anerkannt werden, wenn die öffentliche Infrastruktur gut ist, wenn der öffentliche Dienst funktionsfähig ist und qualitative hochwertige Dienstleistungen erbracht werden. Das wäre es wert anzuerkennen!»[142]

Wird das Sparen zum zentralen Motiv staatlichen Handelns, spricht man von Austeritätspolitik. Austeritätspolitik kann dabei mehr sein als nur eine bestimmte Wirtschaftspolitik. Infolge ihrer weitreichenden Auswirkungen auf zahlreiche staatliche Strukturen wird das Resultat dieser Austeritätspolitik nachfolgend als eigenes Staatsmodell verstanden.[143] In der Austeritätspolitik ist die Abgabe der Erbringung von Leistungen an Private sozusagen nur noch ein Nebeneffekt. Hauptsächlich

141 Schuknecht (2014): S. 3.

142 Renate Sternatz am 28. Juni 2016 im Interview mit den Autor/innen.

143 Man könnte auch vom «sparenden Staat» sprechen. Allerdings sparen Austeritätspolitik betreibende Staaten nicht in einem Sinne, wie man das von Privathaushalten kennt. Austeritätspolitik hat zudem die Tendenz, Verschuldung zu erhöhen, weil sie direkt oder indirekt die Staatseinnahmen reduziert. Ein Anstieg der Verschuldung widerspricht dem Gedanken vom Sparen, insofern scheint der Begriff «sparender Staat» tendenziell beschönigend und wird nachfolgend vermieden.

verhindern nun die Begrenzung der Ausgaben und die Rückzahlung alter Schulden, dass für neue Investitionen in die Daseinsvorsorge neue Schulden aufgenommen werden.

Abb. 15 c: Daseinsvorsorge – Die Austeritätspolitik

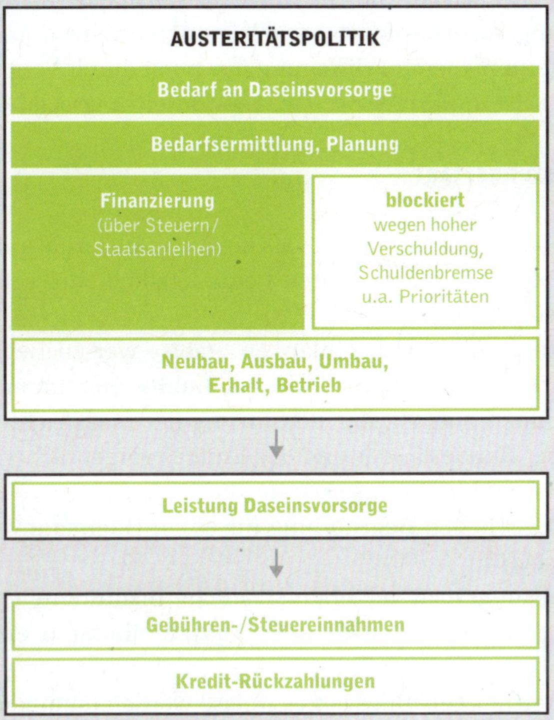

Quelle: GiB; eigene Darstellung

Eventuell wird noch der Bedarf ermittelt, und es werden Vorhaben geplant. Im Falle starker Personaleinsparungen findet jedoch auch dieser Schritt nur noch eingeschränkt statt. Ob mit oder ohne ausreichende Planung – Investitionen scheitern an den Haushaltsvorgaben. Entsprechend wird nicht gebaut und nicht saniert, die Infrastrukturen verfallen. Bestehende Infrastrukturen werden weiter betrieben, so gut oder schlecht es eben noch geht. Bezogen auf – durch die Bürger/innen oder die Verwaltung festgestellte – neue Bedarfe gibt es aber keinen neuen Betrieb: Das geht nicht ohne vorherigen Ausbau der Infrastruktur, der jedoch am Geld scheitert.

Anders als im «schlanken Staat» werden also nicht nur über alle Bereiche die Leistungen lediglich zum Teil erbracht, sondern keinerlei neu aufkommenden

Anforderungen mehr abgedeckt. Gleichzeitig verschlechtern sich die Leistungen wegen der verfallenden Infrastrukturen zunehmend.

Auch in dieser Situation bieten Private an, den Staat zu kompensieren: Sie bringen Geld für die erforderlichen Investitionen mit und übernehmen wieder, wie im «schlanken Staat», möglichst alle Wertschöpfungsstufen. Die Rückzahlung dieser privat eingebrachten Gelder erfolgt wie in den beiden vorausgegangenen Modellen aus Steuern und Gebühren. In beiden Fällen, in denen die Privaten einbezogen werden, ist der erreichte (Staats-)Zustand derselbe: Staatliche Institutionen haben sich aus der Erbringung von Daseinsvorsorgeleistungen nahezu gänzlich zurückgezogen, sie «gewährleisten» deren Erbringung nur noch durch Vergabe und Bezahlung. An die Stelle des Leistungsstaates ist der «Gewährleistungsstaat» getreten.

6.1.4 Gewährleistungsstaat

Die Vorstellung vom «schlanken Staat» als auch die Austeritätspolitik unterscheiden sich nur in der Begründung, sie führen beide letztlich zum selben Ergebnis: zum Gewährleistungsstaat.

Das Effizienzargument des «schlanken Staats» war zu Beginn von Privatisierungen in Deutschland dominant. Das Verschuldungsargument kam zunächst in einzelnen Kommunen auf. Mit der Einführung der Maastricht-Kriterien wurde es auch auf Ebene der Bundesländer und des Bundes vorgebracht. Mit der Einführung der sogenannten Schuldenbremse wurde die Einhaltung der zugrundeliegenden Kriterien zur maßgeblichen Begründung für einen Übergang vom Leistungs- zum Gewährleistungsstaat.

Im Gewährleistungsstaat vergeben staatliche Institutionen praktisch alle Leistungen der Daseinsvorsorge an Private. Ausschreibungen erfolgen weitgehend funktional.

Statt umfangreicher Leistungsverzeichnisse werden (sinngemäß) nur noch «ein Schulneubau» oder «70 km Autobahnausbau von vier auf sechs Spuren» ausgeschrieben. Selbst die Bedarfsermittlung wird teilweise abgegeben, es ist dann dem Privaten überlassen, zu ermitteln, ob er mit seinen Maßnahmen Infrastrukturkapazitäten und Daseinsvorsorgeleistungen in ausreichendem Umfang bereitstellt.

Der Staat reguliert nur noch über den Ausschreibungswettbewerb und über finanzielle Bonus-Malus-Anreizsysteme. Neubau, Ausbau, Umbau, Erhalt und Betrieb, das alles kann und soll im Gewährleistungsstaat von Privaten erbracht werden. Auch die Gebührenerhebung kann übertragen werden.[144] Staatlich sollen nur noch rein hoheitliche Aufgaben wie Polizei und Justiz bleiben. In der Praxis sind jedoch selbst dort Bereiche auszumachen, in denen Private bereits aktiv sind und aus denen sich der Staat teilweise zurückzieht. Dazu zählen zum Beispiel die Verantwortung über die Versorgungssicherheit in der Wasser- und Energieversorgung,

144 Als Begründung wird häufig von «Nutzerfinanzierung» und «Finanzierungskreisläufen» gesprochen.

der Betrieb von Gefängnissen oder die Betreuung von psychisch kranken Menschen, bei der physische Zwangsmaßnahmen erforderlich werden können.

Abb. 15d: Daseinsvorsorge – Der Gewährleistungsstaat

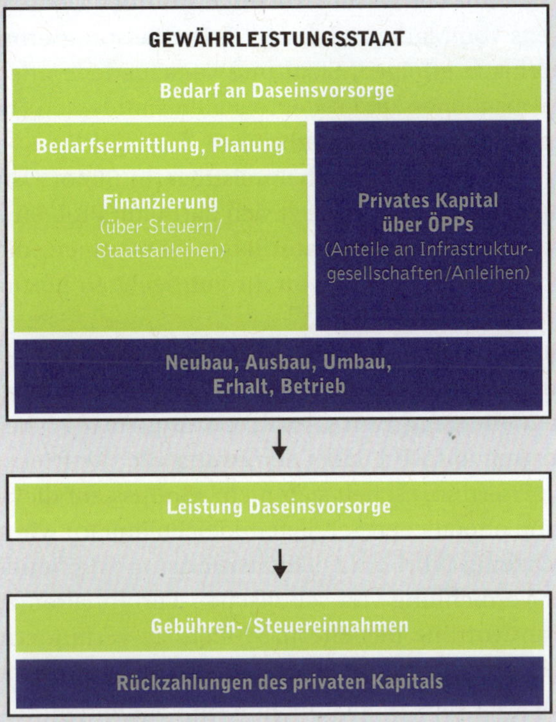

Quelle: GiB; eigene Darstellung

Nicht in jedem Fall werden Regierungsmaßnahmen für einen Übergang zum Gewährleistungsstaat umfangreich begründet. Bekanntheit hat in diesem Zusammenhang die Aussage von Margaret Thatcher erlangt: «There is no alternative.»[145] Der Verzicht auf eine inhaltliche Begründung wird seither als «TINA-Prinzip» bezeichnet.[146] Parallel dazu gibt es jedoch durchaus inhaltliche Begründungen, teilweise als Weiterentwicklungen der Modelle vom schlanken Staat, wie zum Beispiel

145 Siehe z.B. die Thatcher-Biografie von Claire Berlinski (2010): There Is No Alternative: Why Margaret Thatcher Matters, Basic Books, New York.

146 Als Akronym von «There Is No Alternative».

das sogenannte New Public Management (NPM)[147]. Die Diskussion nimmt dabei auch Anleihen beim Begriff der «Governance»[148].

Neben der Debatte um Ineffizienz und Bürokratieversagen ist der Wohlfahrtsstaat nämlich auch von anderer Seite in die Kritik geraten. Die etablierten Strukturen der Leistungserbringung werden, zum Beispiel von der Genossenschaftsbewegung, als bevormundend und ausgrenzend kritisiert. Eingefordert werden emanzipativere und inklusivere Modelle der Daseinsvorsorge und des Umgangs mit natürlichen Ressourcen «jenseits von Markt und Staat»[149]. Die Leistungserbringung soll danach nicht mehr hierarchisch erfolgen, Staat und verschiedene öffentliche und private Institutionen, Organisationen und Akteure sollen stattdessen (bestimmte) Leistungen der Daseinsvorsorge gemeinsam erbringen.

Ein Hauptwerk der Wirtschaftsnobelpreisträgerin Elinor Ostrom trägt den Titel «Governing the Commons». Ostrom setzt sich darin mit Problemen kollektiven Handelns auseinander – bei knappen natürlichen Ressourcen, die gemeinschaftlich genutzt werden. In den zahlreichen von ihr aufgezeigten Lösungsbeispielen spielt Selbstorganisation eine zentrale Rolle.[150]

Im Begriff «Governance» setzte sich dieser partizipative Gedanke fort. Etwa an dieser Stelle wurde Governance in der politischen Umsetzung allerdings auch vereinnahmt, um den Übergang zum Gewährleistungsstaat zu begründen. Aus dem Wunsch nach Partizipation wird dabei der Zwang zur «Aktivierung» der Selbsthilfe. Ein Beispiel: Viele Eltern wünschen sich mehr Einfluss auf die Schule ihrer Kinder, die Organisation von öffentlichen Schulen und Schulämtern wird oft als hierarchisch empfunden. Gleichzeitig führt ein Qualitätsrückgang an öffentlichen Schulen verbunden mit einer Verdichtung von schulischen Lerninhalten zu einer steigenden Hausaufgabenverantwortung der Eltern. Wollen sie verhindern, dass ihre Kinder im Notenvergleich zurückfallen, müssen sie sich in der Hausaufgabenbetreuung «aktivieren» lassen. Wer dies zeitlich nicht leisten kann, hat noch die Möglichkeit, auf private Lernhilfeanbieter zurückzugreifen, die in Deutschland einen schnell

147 New Public Management (NPM), im Deutschen auch «Öffentliche Reformverwaltung» genannt, bezeichnet eine Richtung innerhalb der Verwaltungsreform und Staatsmodernisierung, die auf Übernahme privatwirtschaftlicher Managementtechniken in der öffentlichen Verwaltung setzt. In Großbritannien fand im Thatcherismus eine besonders radikale Variante des NPM Anwendung.

148 Nachfolgend wird nur ein Aspekt aus der Diskussion um den Begriff «Governance» angesprochen. Eine umfassende Diskussion des sehr breit verwendeten, sowohl normativ als auch deskriptiv eingesetzten Begriffs kann im Rahmen der vorliegenden Studie nicht geleistet werden.

149 Vgl. dazu die umfangreiche Diskussion in Silke Helfrich/Heinrich-Böll-Stiftung (Hg.): Commons. Für eine neue Politik jenseits von Markt und Staat. transcript, Bielefeld 2012, online: www.boell.de/sites/default/files/2012-04-buch-2012-04-buch-commons.pdf.

150 Elinor Ostrom (1990): Governing the Commons: The Evolution of Institutions for Collective Action, Cambridge University Press.

wachsenden Markt bilden.[151] In diesem Zusammenhang wird der Gewährleistungsstaat auch als aktivierender Staat charakterisiert. Privatisierungen bleiben in dieser Interpretation von Governance als wesentliches Element erhalten. ÖPPs werden als Positivbeispiel benannt: als ein Modell, in dem staatliche Institutionen und private Akteure auf Augenhöhe zusammenarbeiten. Die Verwaltungsexperten Prof. Werner Jann und Prof. Kai Wegerich stellen dazu fest: «Eine wesentliche Gemeinsamkeit zwischen Governance und New Public Management (NPM) besteht in der Skepsis gegenüber hierarchischen Steuerungsformen. [...] Ansätze des Outsourcing – die Auslagerung öffentlicher Dienstleistungen aus dem Kernbereich der Verwaltung bis hin zur materiellen Privatisierung – entsprechen sogar einem wesentlichen Element des ‹aktivierenden Staates›, der sich stärker auf die Steuerung der Leistungserstellung konzentrieren und weniger selbst produzieren will.»[152]

Böhnke et al. weisen darauf hin, dass mit dem Aktivierungszwang ein Paradigmenwechsel hinsichtlich des verfassungsrechtlichen Postulats gleichwertiger Lebensbedingungen in ganz Deutschland vorliegt: Territoriale Ungleichheiten werden zunehmend in Kauf genommen. Schnelles Internet oder eine angemessene Anbindung an öffentliche Verkehrsnetze gibt es in vielen ländlichen Regionen nicht (mehr). Lücken, die bei Daseinsvorsorge durch die verminderte Bereitstellung öffentlicher Infrastrukturen entstehen, soll das Individuum füllen. Dies wiederum führt zu einer verschärften sozialen Ungleichheit, weil die Fähigkeit zur Selbsthilfe und die Möglichkeit für einen Rückgriff auf private Netzwerke in den unterschiedlichen sozialen und räumlichen Lagen unterschiedlich verteilt sind.[153] Zwei Beispiele: Wird eine regionale Zugstrecke stillgelegt, müssen Arbeitnehmer/innen, die auf den öffentlichen Verkehr angewiesen sind, längere Fahrzeiten oder einen Umzug in Kauf nehmen. Geht die Qualität öffentlicher Schulen zurück und müssen Eltern oder private Nachhilfeinstitute deshalb einspringen, verschlechtern sich die Chancen von Kindern aus bildungsfernen und/oder einkommensschwachen Familien auf einen guten Schulabschluss.

Außen vor bleibt, dass es in politischen Verhandlungssituationen nicht allein um optimale Problemlösungen geht, sondern dort eine Arena für Macht- und Interessenskonflikte eröffnet wird. Ähnlich der Ideologie der «unsichtbaren Hand auf Märkten» geht der Ansatz fälschlicherweise davon aus, dass in solchen Konstellationen notwendig die beste Lösung entsteht. Herrschende Machtasymmetrien werden dabei nicht bedacht. Die Politikwissenschaftler/innen Alex Demirović und Heike Walk schreiben: «Es gibt aber durchaus Anzeichen dafür, dass solche nicht-hierarchischen Formen des Regierens, die auch nicht-staatliche Akteure einbeziehen,

151 Gleichzeitig wird der Partizipationsanspruch gerade nicht erfüllt: Lerninhalte und die Methoden der Vermittlung in der Schule bleiben hierarchisch organisiert. Die Aktivierung ist zudem trennend, jede Familie muss für sich den ausgelagerten Teil der schulischen Probleme und Aufgaben lösen, sie führt nicht zu einem als gemeinschaftlich verstandenen «commoning».

152 Werner Jann, Kai Wegrich (2004): Governance und Verwaltungspolitik. In: Arthur Benz (Hg.): Governance – Regieren in komplexen Regelsystemen. Eine Einführung. Governance, Bd. 1, VS Verlag für Sozialwissenschaften, Wiesbaden, S. 193–214, dort S. 204 ff.

153 Petra Böhnke, Jens Kersten, Berthold Vogel (Hg.) (2015).

keineswegs immer effektiv sind – wie im Fall der Klima- oder der Finanzmarktregulierung. Zudem zeigen staatliche Akteure bei zentralen Entscheidungen oftmals wenig Bereitschaft, mit kritischen und ressourcenschwachen nicht-staatlichen Akteuren zu kooperieren».[154]

Zusammengefasst lässt sich sagen, dass in der Governance-Begründung des Gewährleistungsstaats das Anliegen der Bürger/innen, die paternalistische Organisation von Daseinsvorsorge zu überwinden, als Versprechen aufgenommen wird. Dieses Versprechen wird aber nicht durch neue Politikansätze erfüllt, stattdessen führt der Rückzug der öffentlichen Hand zur Leistungsreduktion und zu einer Vergrößerung von Ungleichheit.

6.2 Vertragliche Aushandlung

Die Menschen erwarten, dass die öffentlichen Infrastrukturen Leistungen der Daseinsvorsorge bereitstellen. Kapitalanleger/innen wünschen sich, dass Infrastrukturen als Anlageprodukt eine Rendite abwerfen. Innerhalb dieses Spannungsfelds nehmen unterschiedliche Infrastrukturen teilweise deutlich unterschiedliche Positionen ein. Trotz der in Kapitel 2 dargestellten Privatisierungswellen befinden sich weiterhin viele Infrastrukturen in öffentlichem Eigentum und stehen unter öffentlicher Verwaltung.

Eine wachsende Gruppe wurde allerdings ins Privatrecht überführt, eine weitere Gruppe verblieb zwar in öffentlichem Eigentum, wird aber mittlerweile privat betrieben. Öffentlich-private Partnerschaften (ÖPPs) machen eine dritte Gruppe aus. Hier ist allerdings die Besonderheit zu verzeichnen, dass bei Autobahnnetzen, die insgesamt in öffentlichem Eigentum stehen und öffentlich betrieben werden, eine wachsende Anzahl von Teilstücken in ÖPPs überführt wurden, was sie zusätzlich einer Art «Binnenspannung» aussetzt. Vollständig privatisierte Infrastrukturen bilden eine vierte Gruppe, die sich in Infrastrukturen mit integriertem Betrieb und solche aufteilt, auf deren Netzen verschiedene private Betreiber miteinander im Wettbewerb stehen.

Grundsätzlich stehen dem Staat verschiedene Handlungsoptionen bei der Erbringung der Daseinsvorsorge offen. Über die öffentlichen Verwaltungen kann er die Leistungen selbst erbringen. Alternativ kann er versuchen, Teile dieser Daseinsvorsorgetätigkeit durch Private erbringen zu lassen. Und nicht zuletzt kann er durch die Gesetzgebung einen Rahmen setzen, dessen Einhaltung dann über Ordnungsämter, Polizei und Gerichte durchzusetzen wäre.

Ist die Entscheidung gefällt, einen Bereich der Infrastruktur für Bau, Sanierung oder Betrieb oder eine Kombination dieser Phasen zu übertragen, bekommt der zugehörige Vertrag eine große Bedeutung. Er ist das zentrale Element, über den der Staat Anforderungen im Sinne der Bürger/innen formulieren kann, und neben den gesetzlichen Rahmenbedingungen die Basis für spätere Forderungen.

154 Alex Demirović, Heike Walk (Hg.) (2011): Demokratie und Governance. Kritische Perspektiven auf neue Formen politischer Herrschaft. Westfälisches Dampfboot, Münster, S. 9.

Die Bürger/innen formulieren vor dem Bau bestimmte Anforderungen, zum Beispiel für den Ausbau eines verkehrlichen Engpasses auf einer Autobahn, und adressieren hinterher Beschwerden, etwa über zu hohe Gebühren oder unzureichende Leistungen, an die Aufsichtsbehörden oder die Politik. Die Finanzanleger formulieren im Vorfeld der Vertragsunterzeichnung die von ihnen gewünschten Rahmenbedingungen. Im Verlauf der Bau- oder Betriebszeit entsteht zuweilen Nachregelungsbedarf, insbesondere wenn der jeweiligen Projektgesellschaft die Insolvenz droht. Sofern ein Interessenausgleich möglich ist, erfolgt er über den Staat respektive die öffentliche Hand. Der Interessensausgleich muss zwischen den Akteuren ausgehandelt und vertraglich geregelt werden. Das kann gelingen, muss aber nicht.

6.2.1 Ausschreibung

Private waren schon immer in die Leistungserbringung der Daseinsvorsorge einbezogen. Ingenieurbüros unterstützten die öffentliche Hand bei der Planung, Baufirmen und Baugewerbe bauten die ausgeschriebenen Gebäude und Gewerke. Einen qualitativen Unterschied macht es jedoch, ob innerhalb einer Wertschöpfungsstufe für einzelne Leistungen Verträge mit unterschiedlichen Anbietern geschlossen werden oder ob mehrere Wertschöpfungsstufen, zum Beispiel Errichtung und Betrieb, von einem Anbieter und für eine lange Laufzeit übernommen werden sollen. Im zweiten Fall werden zahlreiche öffentliche Aufträge, die sonst über einen langen Zeitraum an verschiedene Private vergeben worden wären, mit einem Schlag einem einzigen Bieter zugeschlagen. Bei der Vergabe mehrerer Wertschöpfungsstufen wird argumentiert, dass Verbundvorteile entstehen können, die eine effizientere Leistungserbringung möglich machen.

Damit steigt aber auch die Komplexität der Verträge erheblich. In sie aufzunehmen sind nun zahlreiche Querbezüge und Wechselwirkungen, die in der konventionellen Vergabe über das Verfahren gesteuert werden können. Dort besteht auch die Möglichkeit, auf Ereignisse, deren Folgen schlicht (wirtschaftlich) nicht zu antizipieren waren, zu reagieren – zum Beispiel im Verfahren der kleinen Schritte auszugleichen. Ein Beispiel: Die Umstellung auf die Ganztagsschule hat die Notwendigkeit ergeben, den Schüler/innen ein Mittagessen anzubieten. Aber sind Gebäudebetreiber auch gute Caterer? Darf man den Umbau der Schule und den Einbau einer Mensa allein der privaten Firma überlassen?

Zumeist ergeben sich durch neue Notwendigkeiten – wie das zusätzliche Essensangebot – neue räumliche Anforderungen und damit auch neue Preise, die neu ausgehandelt werden müssten. In ÖPP-Projekten ist die Verhandlungsposition dann schlecht. Man kann bei Missfallen an den Leistungen oder den Preisen nicht einfach einen neuen Anbieter nehmen.

Volumen und Komplexität großer Ausschreibungen beschränken die Zahl möglicher Anbieter auf einige wenige, meist multinational agierende Konzerne. Der Bundesrechnungshof monierte zum Beispiel bereits 2008 in einem Gutachten zum Ausbau der A1 per ÖPP, dass der Mittelstand kaum eine Chance hatte mitzubieten. Nur in einem der fünf Bieterkonsortien war ein mittelständisches Unternehmen beteiligt. Dessen Vertreter erklärte nach Erhalt der insgesamt 155 Aktenordner mit Ausschreibungsunterlagen, man werde doch nicht anbieten.[155]

Das lässt nicht nur regionale mittelständische Unternehmen ins Hintertreffen geraten. In einem derart eingeschränkten Wettbewerb reduzieren sich auch die Auswahlmöglichkeiten der öffentlichen Hand. Im Falle der Vergabe des ÖPP-Vertrags für das Lkw-Mautsystem verhandelte der Bund zuletzt mit einem einzigen verbliebenen Bieter, dem Betreiberkonsortium aus Deutscher Telekom und Daimler Chrysler «Toll Collect». Vorteile, die man sich aus einem möglichen Wettbewerb versprochen hatte, mussten zwangsläufig entfallen. Zudem muss die öffentliche Hand für ÖPP-Ausschreibungen höhere Kosten und eine längere Dauer einplanen. Streitfälle vor Schiedsgerichten können zu Verfahren von unvorhersehbarer Dauer und nicht planbaren Kosten werden. Das Verfahren um Kompensationszahlungen gegen Toll Collect wegen der um 16 Monate verzögerten Inbetriebnahme dauert schon 13 Jahre, ein Ende ist nicht in Sicht. Die Kosten der Bundesrepublik für Anwälte sollen 168 Millionen Euro betragen.[156] Es wurde auch berichtet, Toll Collect habe für die erhobenen Forderungen des Bundes - mittlerweile 7,5 Milliarden Euro[157] - keine Rückstellungen gebildet.[158]

6.2.2 Keine Partnerschaft auf Augenhöhe

Der Toll-Collect-Vertrag umfasst 17.000 Seiten in englischer Sprache mit Rechtsstand in der Schweiz. Der nicht öffentliche Vertrag zum ÖPP-Projekt auf der A1 umfasst nach einem Bericht des NDR 36.000 Seiten.[159] Die Unterlagen zum ÖPP-Projekt Berliner Wasserbetriebe von 1999 standen in insgesamt 180 Aktenordnern auf 90.000 Blatt.[160] Abgeordnete und öffentliche Verwaltungen sind mit der Aushandlung derart hochkomplexer Vertragswerke fast immer juristisch und fachlich überfordert. Dies gilt umso mehr angesichts eines lange Jahre verfolgten Personal- und Kompetenzabbaus in den öffentlichen Verwaltungen.

---

155 Bundesrechnungshof (2008): Prüfung ÖPP im Straßenbau, Anwendung des A-Modells beim Ausbau der BAB A 1 zwischen dem Bremer Kreuz und dem Autobahndreieck Buchholz, Gz.: V 3-2006-1242, Bonn.

156 Sven Becker (2016): Kosten für Dauerstreit um Lkw-Maut explodieren in: Spiegel, online: www.spiegel.de/politik/deutschland/lkw-maut-kosten-fuer-schiedsverfahren-explodieren-a-1087972.html.

157 Malte Kreutzfeldt (2016): Schon der Prozess kostet Millionen, in: taz vom 18.Oktober 2016, online: www.taz.de/!5346027.

158 Detlef Borchers (2012): Maut jenseits von Toll Collect, in: heise online, Online: www.heise.de/newsticker/meldung/Maut-jenseits-von-Toll-Collect-LKW-Maut-auf-allen-Strassen-gefordert-1765141.html.

159 NDR (2009): Todesfalle Autobahnbaustelle, NDR Markt vom 9. November 2009, 20.15 Uhr.

160 Sabine Deckwerth (2010): Berliner Verfassungsrichter: Senat muss Akten über Verkauf der Wasserbetriebe öffnen. Parlamentarier dürfen in alle Ordner gucken, in: Berliner Zeitung vom 15. Juli 2010, online: www.berliner-zeitung.de/berliner-verfassungsrichter--senat-muss-akten-ueber-verkauf-der-wasserbetriebe-oeffnen-parlamentarier-duerfen-in-alle-ordner-gucken-14716730.

Zudem kommen große Ausschreibungen in den einzelnen Verwaltungen nicht so häufig vor, dadurch kann kaum Erfahrungswissen angesammelt werden. Und da in Deutschland alle jemals abgeschlossenen ÖPP-Verträge noch laufen, fehlt auch das Wissen um mögliche Klippen am oder nach Vertragsende. Die international tätigen potenziellen Vertragspartner können ihr Vertragswissen hingegen aus anderen Projekten akkumulieren. Damit treten die öffentlichen Verwaltungen Konzernen gegenüber, deren Rechtsabteilungen sich auf solche Verträge spezialisiert haben.

Folglich werden von den öffentlichen Verwaltungen private Beratungsfirmen zur Unterstützung eingeschaltet. Deren Interessen decken sich jedoch nicht zwingend mit den Interessen der öffentlichen Hand, zudem treibt ihre Beauftragung die Kosten in die Höhe.

6.2.3 Keine öffentliche Kontrolle

Eine Kontrolle oder eine öffentliche Debatte ist aufgrund der Geheimhaltungspflicht der Verantwortlichen aufseiten der öffentlichen Hand gegenüber Abgeordneten und Öffentlichkeit nicht gegeben. Begründet wird diese Geheimhaltungspflicht mit dem Betriebsgeheimnis. Für Informationen, die unter das Betriebsgeheimnis fallen, hilft auch das Informationsfreiheitsgesetz nicht weiter. Betriebs- und Geschäftsgeheimnisse werden ohne Interessensabwägung (z.B. gegenüber Bürger/innenanliegen) geschützt.

Der Ökonom Prof. Thorsten Beckers und die Juristen Prof. Georg Hermes und Dr. Holger Weiß haben im Rahmen der 2016/2017 vorgeschlagenen Autobahnreform und zu der damit ermöglichten Privatisierung zahlreiche Gutachten und Stellungnahmen verfasst. Sie fordern ein verfassungsrechtlich garantiertes Informationsgebot für Unternehmen, die im Bundesfernstraßenbau und -betrieb tätig werden sollen: «Erfahrungen zum Beispiel mit der Deutschen Bahn AG und den bisherigen ÖPP-Projekten nach dem so genannten A- und dem so genannten V-Modell bei den BAB lassen es angeraten erscheinen, nicht nur einzelne Abgeordnete des Deutschen Bundestages, sondern auch die allgemeine Öffentlichkeit über den wesentlichen Inhalt der Verträge zu informieren, mit denen private Unternehmen in großem Umfang in die Bereitstellung und Verwaltung von Bundesfernstraßen eingeschaltet werden. Dies sollte verfassungsrechtlich gewährleistet sein.»[161]

Die Gutachter geben auch an, wo genau sie die Asymmetrie sehen, die eine so weitreichende Forderung wie Transparenzvorgaben in der Verfassung rechtfertigt: «Da das Informationsfreiheitgesetz des Bundes (IFG) lediglich eine reaktive

---

161 Georg Hermes, Holger Weiß, Thorsten Beckers (2016): Verhindert der Vorschlag der Bundesregierung vom 24.11.2016 zur Neufassung des Art. 90 GG eine Privatisierung der Bundesautobahnen? Eine rechtliche und ökonomische Bewertung der Privatisierungsschranken in dem Entwurf der Bundesregierung zur Neufassung des Art. 90 GG vom 24.11.2016 unter Berücksichtigung der geplanten einfachgesetzlichen Anpassungen, Kurzgutachten im Auftrag des Zentralverbandes des Deutschen Baugewerbes (ZDB), S. 21, online: www.wip.tu-berlin.de/fileadmin/fg280/forschung/publikationen/2016/Kurzgutachten_Beurteiltung_Art-90-GG-Entwurf_der_Bundesregierung_hinsichtlich_Privatisierungsschranken-v90.pdf.

Informationsbereitstellung vorsieht und sowohl die Betriebs- und Geschäftsgeheimnisse der privaten ÖPP-Auftragnehmer als auch das fiskalische Interesse des Bundes unter absoluten Schutz stellt (also keine Abwägung mit dem Informationsinteresse der Öffentlichkeit vorsieht), sollten die im Rahmen des Formulierungsvorschlags angedachten Transparenzvorgaben über die des IFG hinausgehen.»[162]

Institutionalisiert wird die herrschende Verfestigung dieser Ungleichheit im Informationszugang, indem die öffentliche Hand bei öffentlich-privaten Partnerschaften (ÖPPs) für den Streitfall regelmäßig nicht ordentliche Gerichte, sondern private Schiedsgerichte vereinbart. Diese tagen nicht-öffentlich und sind wesentlich schwächer an öffentliche Kontrolle angebunden.

Ein weiteres Problem kommt hinzu: ÖPPs werden in Deutschland nicht evaluiert. Dabei sind entsprechende Daten grundsätzlich bei den betreffenden Verwaltungen sowie in den ÖPP-Projektgesellschaften vorhanden. Sie betreffen unmittelbar die öffentlichen Haushalte, es bestünde somit ein legitimes Interesse, sie allgemein verfügbar zu machen und auszuwerten.[163] Die fehlende Empirie, die Geheimhaltung der Verträge und der Wirtschaftlichkeitsuntersuchungen sowie der Umstand, dass die meisten ÖPP-Verträge noch laufen, erschweren eine unvoreingenommene Evaluierung sehr. Jede Kritik beschränkt sich weitgehend auf Fallstudien, Rechnungshofgutachten sowie Zeitungsberichte.

Die Exekutive, die zumeist an ÖPP interessiert ist, führt die Kosteneffizienz als Hauptargument an, gleichzeitig verweigert sie jedoch die Überprüfung dieser Effizienz. Dazu kommt, dass institutionelle Anleger die Mittel und die erforderlichen dauerhaften Organisationsstrukturen haben, um Informationen über längere Zeit zu sammeln, zu speichern und auszuwerten. Bürger/inneninitiativen und parlamentarische Opposition verfügen dagegen zumeist nur über einen kürzeren Zusammenhalt und über deutlich weniger Geld und Fachexpertise für diese Aufgabe. In einer Situation, in der Teilen der Exekutive sowie den privaten Unternehmen und Anlegern nahezu alle Informationen vorliegen, der Zivilgesellschaft aber nahezu nichts, muss jeder Interessensausgleich auf lange Sicht scheitern.

162 Ebd. Natürlich wäre auch eine Reform des IFG denkbar. Da Hermes et al. aber an dieser Stelle zu einer vorgeschlagenen Verfassungsänderung Stellung nehmen, ist nachvollziehbar, dass sie eine aus ihrer Sicht durch diese Änderung entstehende Lücke im gleichen Zuge und auf gleicher Eben zu schließen vorschlagen.

163 Diese Auffassung stützte auch das Berliner Landesverfassungsgericht in seinem Urteil vom 6. Oktober 2009, in dem es das Volksbegehren zur Offenlegung der Verträge zum Berliner Wasser mit Hinweis auf den Daseinsvorsorgecharakter der Wasserver- und -entsorgung explizit zuließ und damit das öffentliche Informationsinteresse höher wertete als eventuell in den Verträgen enthaltene Betriebs- und Geschäftsgeheimnisse. Wasserversorgung und Abwasserbeseitigung seien «seit jeher Bestandteile staatlicher Daseinsvorsorge», heißt es in dem Urteil. Verträge darüber seien deshalb «nicht dem öffentlichen Recht entzogen». Der Senat hätte deshalb das Volksbegehren nicht als unzulässig zurückweisen dürfen. BerlVerfGH vom 6. Oktober 2009 (VerfGH 63/08), S. 15f.

6.2.4 Vertragslaufzeit

Aufgrund der langen Laufzeit bei öffentlich-privaten Partnerschaften (ÖPPs) kann man zwangsläufig von unvollständigen Verträgen ausgehen, da zahlreiche Entwicklungen nicht antizipiert werden können, die für den Vertragszeitraum und für die übertragenen Leistungen relevant werden können. Nachverhandlungen sind also wahrscheinlich. In diesen Nachverhandlungen ist die öffentliche Hand in einer schwierigen Situation, weil sie an den Vertragspartner gebunden ist. Langfristige Verträge mit Externen bergen die Gefahr, dass das entsprechende Personal innerhalb der öffentlichen Verwaltungen abgebaut wird – mit der Folge, dass der öffentlichen Hand das entsprechende Know-how verloren geht und sie auf Beratung und Unterstützung Externer angewiesen ist (siehe dazu auch Kapitel 3.4).

Während der Vertragslaufzeit muss eine Überwachung der Vertragseinhaltung, ein sogenanntes Controlling, seitens der öffentlichen Hand etabliert werden, um sicherzustellen, dass die vereinbarten Leistungen erbracht werden. Wird auch dieses Controlling privatisiert, entstehen weitere Risiken. Ein Gutachten zu 88 ÖPP-Schulbauten im Landkreis Offenbach kommt zum Beispiel zu dem Schluss, dass die Vergabe des Controllings an Externe dem Kreis schadete: «Das Vertragscontrolling wurde im Kreis Offenbach bis zum Jahr 2010 überwiegend von Externen vorgenommen. [...] Die Verträge mit den Externen konnten uns nicht vorgelegt werden. Ihr Aufgabespektrum ist nicht klar. Es lässt sich nicht aus Tätigkeitsberichten ableiten. [...] Es ist uns nicht bekannt, ob die externen Berater während ihrer Tätigkeit Ansprüche gegen die Projektgesellschaften geltend machten. Gutschriften wurden jedenfalls nach unserem Kenntnisstand nicht erteilt.»[164]

Die lange Dauer von ÖPP-Verträgen macht also nicht nur ein Controlling erforderlich, das ansonsten entbehrlich wäre, sie schafft damit auch neue und gefährliche Schnittstellen. ÖPP-Projekte laufen zumeist ohne die Möglichkeit einer regulären Kündigung. Kommt die öffentliche Hand zu der Ansicht, dass die Leistungen nicht wie vereinbart erbracht wurden, kann sie nicht auf einen anderen Bieter ausweichen. Sie muss in einer erpressbaren Lage und damit zu zusätzlichen Kosten nachverhandeln.

6.2.5 Haftung

Die zuvor beschriebenen Situationen verschärfen sich bei einer Vertragsabwicklung am Ende der Laufzeit. Besonders prekär wird die Lage der öffentlichen Hand, wenn dem privaten Vertragspartner durch Forderungen der öffentlichen Hand die Insolvenz droht. Eine Haftung der Mutterkonzerne für Verpflichtungen von ÖPP-Projektgesellschaften wird bisher weder gesetzlich noch in der ÖPP-Vergabepraxis eingefordert. An dieser Stelle kommt zum Tragen, dass für Insolvenzen

164 P&P Treuhand GmbH (2015): 182. Prüfung «Nachschau PPP Kreis Offenbach» nach dem Gesetz zur Regelung der überörtlichen Prüfung kommunaler Körperschaften in Hessen (ÜPKKG) im Auftrag des Präsidenten des Hessischen Rechnungshofs, S. 48, Wiesbaden, 26. März 2015.

keine ausreichenden Sicherheiten vorliegen. Beim Autobahn-ÖPP-Projekt auf der A1 zwischen Hamburg und Bremen beträgt das haftende Eigenkapital der ausführenden «A1 mobil GmbH» 35.000 Euro[165]. Das Projektvolumen liegt allerdings im oberen dreistelligen Millionenbereich, der Wert des übergebenen Autobahnabschnitts sogar bei etwa einer Milliarde Euro. Das Risiko für nicht geleistete Investitionen fällt im Insolvenzfall an die Gemeinschaft der Steuerzahlenden zurück.

6.3 Machtasymmetrien

Im Gewährleistungsstaat wird davon ausgegangen, dass sich verschiedene gesellschaftliche Akteure die Verantwortung bei der Erbringung von Daseinsvorsorgeleistungen kooperativ teilen. Dazu zählen die Zivilgesellschaft, staatliche Institutionen, private Unternehmen und auch Anleger auf den Finanzmärkten. Tatsächlich haben diese Akteure nicht nur – wie in Abschnitt 3.2 dargelegt – unterschiedliche Interessen, sie sind auch bei Weitem nicht gleich stark.

In den Kapiteln 1 und 2 wurde angesprochen, dass bestehende regionale Macht- und Ressourcenungleichgewichte vom mächtigeren Part dazu genutzt werden können, Privatisierungen im Bereich der Daseinsvorsorge durchzusetzen. In Kapitel 5 wurde hinzugefügt, dass öffntliche Haushalte weltweit Probleme mit Verschuldung haben, dabei jedoch gravierende regionale Unterschiede bestehen. Ungleichheit und die an die überschuldeten öffentlichen Körperschaften gerichteten Forderungen folgen auch innerhalb Deutschlands dem Muster, das aus den Strukturanpassungsprogrammen der 1970er-Jahre im globalen Süden bekannt ist. Reiche Bundesländer können armen Bundesländern Bedingungen stellen, Bund und Länder können die Kommunen über sogenannte Rettungsschirme gängeln und öffentlich-private Partnerschaften und Privatisierungserlöse zur Bedingung für Finanzhilfen machen, besonders arme Kommunen können gegen reiche Kommunen ausgespielt werden.

Die Privatisierungsmaßnahmen der 1980er- und 90er-Jahre in Europa hatten einen Jo-Jo-Effekt: Die Einmaleinnahmen füllten die Haushalte nur für kurze Zeit, bald darauf war die Verschuldung in fast allen betroffenen Ländern wieder gewachsen. Sie explodierte dann im Zuge der Finanzkrise von 2008.[166] Auf Initiative der «Troika» aus Europäischer Zentralbank, Internationalem Währungsfonds und Europäischer Kommission wurde zwischen 2009 und 2014 nach dem Muster der Treuhandanstalt in den europäischen Krisenländern quer durch alle Wirtschaftszweige privatisiert.

Ähnliche Effekte können bei den ÖPP-Projekten in Deutschland auftreten: Verschuldete Kommunen gehen heute aus Finanznot ÖPP-Verträge ein. Bald beginnen die laufenden Raten, sie finanziell zu überfordern, sie müssen zur Begleichung

165 NDR (2009): ebd.

166 Eurostat (2016): General government deficit/surplus, online: http://ec.europa.eu/eurostat/tgm/table.do?tab=table&init=1&language=en&pcode=tec00127&plugin=1.

Abb. 15 e: Daseinsvorsorge – Die Erosion des Systems

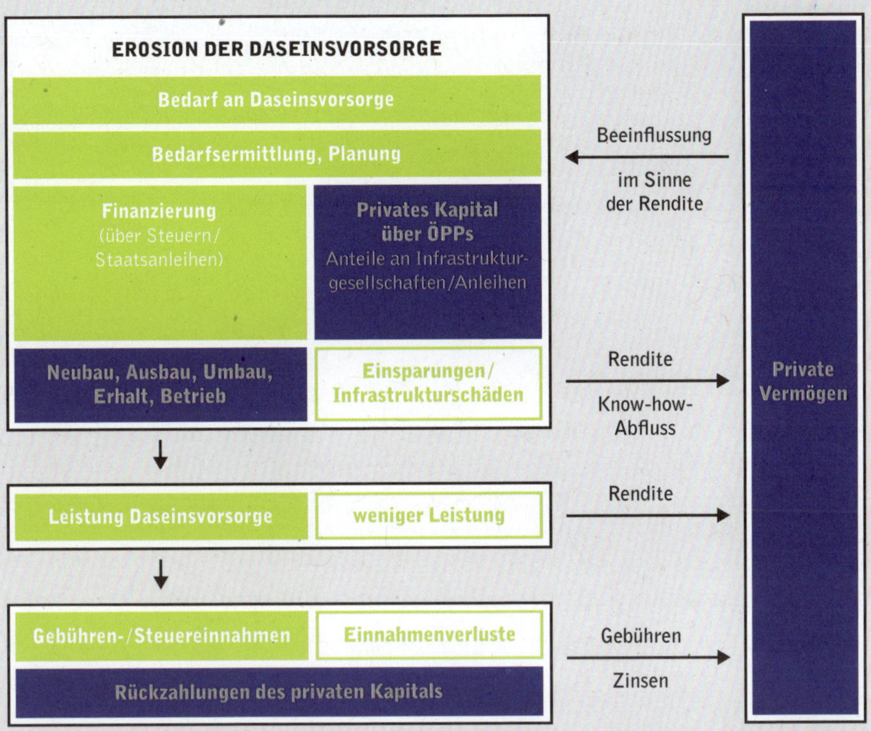

Quelle: GiB; eigene Darstellung

Kassenkredite[167] aufnehmen. Diese Entwicklung trat zum Beispiel im Landkreis Offenbach ein: Die unerwartet stark angestiegenen Ratenzahlungen für 89 ÖPP-Schulen zwangen zur Aufnahme von Kassenkrediten. In Großbritannien ist dergleichen ebenfalls bereits an vielen Stellen zu beobachten. Damit sind die finanziellen Spielräume für weitere Daseinsvorsorgemaßnahmen noch stärker eingeschränkt, betroffene Kommunen müssen weitere ÖPP-Verträge abschließen, gegebenenfalls wegen der noch stärker geschwächten Position zu schlechteren Bedingungen – ein Teufelskreislauf entsteht.

167 Kassenkredite sind vergleichbar mit Dispositionskrediten für Privathaushalte. Eigentlich sind beide Kreditformen dazu da, kurzfristige Liquiditätsengpässe zu überbrücken, die Zinskosten sind vergleichsweise hoch. In Deutschland werden aber von immer mehr Kommunen Kassenkredite dazu genutzt, um eine von der Kommunalaufsicht vorgegebene Verschuldungsbegrenzung zu umgehen. Die Kassenkredite werden so zum «teuren Dispo».

Kapitel 7: Alternative Infrastrukturpolitik

In den vorausgegangenen Kapiteln wurde dargelegt, dass und wie sich der Staat über Infrastrukturpolitik verwandelt. Der Anteil der Infrastrukturen der Daseinsvorsorge, die teils oder vollständig über Finanzmärkte (vor-)finanziert werden, wächst. Damit vergrößert und verstärkt sich das dargestellte Spannungsfeld zwischen Daseinsvorsorge und Finanzmärkten. Bei den aktuellen Kräfteverhältnissen werden Zinsen und Renditen aus Steuern und Gebühren an die Kapitalmärkte abgeführt, die eigentlich für die Daseinsvorsorge bestimmt sind – und dafür dann nicht mehr zur Verfügung stehen. Das Know-how der öffentlichen Betriebe und Verwaltung geht nach und nach verloren, die privaten Anbieter gewinnen einen wachsenden Informationsvorsprung. Gleichzeitig schränken sich die Einflussmöglichkeiten der Bürger/innen auf die Ausgestaltung der Daseinsvorsorge immer weiter ein.

Die nachfolgend angeführten Alternativvorschläge sollen helfen, das Volumen der finanzmarktfinanzierten und -betriebenen Infrastrukturen zu reduzieren. Bestehende öffentliche Infrastrukturen sollen gestärkt werden, um sie vor einem Übergang zu den Kapitalmärkten zu schützen. Dynamiken, die einen Übergang von öffentlicher Steuerung hin zu Kapitalmarktsteuerung befördern, sollten in ihrer Wirkung umgekehrt werden. Bei der Infrastruktur der Daseinsvorsorge erscheint der Vergleich zur Bodenerosion zutreffend: Unternimmt man nichts, droht langfristig die (Vorsorge-)Wüste. Soll der Erosionsvorgang aufgehalten werden, benötigt man eine Kombination aus hemmenden Maßnahmen und Renaturierung, um im Bild zu bleiben: Terrassierung verbunden mit Neupflanzung und Bewässerung.

Im Lichte dieser Metapher können auch die nachfolgenden Vorschläge zu Alternativen betrachtet werden. Einige dienen dazu, Kräfte zu hemmen, die eine Erosion der Daseinsvorsorge bewirken, andere sollen neue Oasen der Daseinsvorsorgepflege erschaffen, pflegen und gedeihen lassen. Das Ziel ist nicht zwingend eine hundertprozentige Rückkehr zum vorigen Zustand: zur extensiven Monokultur dort, zur paternalistisch dirigierten Daseinsvorsorge hier. Modifikationen am Konzept der Daseinsvorsorge werden unabdingbar sein, wenn die schützenden Veränderungen nachhaltig sein sollen.

7.1 Klassische Haushaltspolitik wertschätzen

Es kommt immer wieder vor: Für einzelne Projekte wird ein zusätzlicher Investitionsbedarf festgestellt, der mit dem jeweiligen Haushaltstitel nicht mehr abgedeckt ist. Das kann zum Beispiel einen dringend anstehenden Schulneubau oder eine notwendige Sanierung von Autobahnen oder Eisenbahnbrücken betreffen. Folgt man der Privatisierungslogik, dann ist zur Bewältigung der Aufgabe eine Verschuldung erforderlich, die aber – aufgrund von Schuldenregeln – nur begrenzt möglich oder – infolge des bereits ausgeschöpften Verschuldungsrahmens – sogar unmöglich ist.

Das ist allerdings eine reduktionistische Sicht, die einiges verkennt. Tatsächlich ermöglicht der Einbezug der Privaten ja zunächst Investitionen, die aber – zumeist über Ratenzahlungen – anschließend wieder abbezahlt werden müssen. Die dafür anfallenden zusätzlichen Kosten schränken den verfügbaren Haushaltsspielraum jedoch über einen langen Zeitraum ein. Lediglich eine unvollständige Darstellung im Haushalt suggeriert, das vorgeschossene Kapital stünde zusätzlich zur Verfügung.

Die Einbeziehung von Privaten ist aber auch aus anderen Gründen problematisch. Zum einen kann so auch einem als nachrangig angesehenen Vorhaben, wie etwa dem Autobahnneubau, eine dauerhafte Finanzierung gesichert werden. Diese Projekte müssen sich nun nicht mehr in ihrer Notwendigkeit gegenüber anderen Haushaltspositionen behaupten. Zum anderen kann sich die öffentliche Hand damit wie ein Versandhauskunde verhalten, der jeden Monat ein weiteres Produkt auf Ratenkredit bestellt, bis er bemerkt, dass die Summe der eingegangenen Zahlungsverpflichtungen seine Möglichkeiten übersteigt.

Es gibt aber Alternativen. Kosten für Investitionen können weiterhin durch Einsparungen in anderen Haushaltspositionen kompensiert werden. Faktisch zwingen Schuldenregeln also gar nicht zu bestimmten (unerwünschten) Verschuldungsformen. Die Umschichtung von Krediten und die Neugewichtung von Haushaltspositionen sind klassische Haushaltspolitik und gleichzeitig deren älteste Aufgabe. Doch dazu muss Politik sich fragen (lassen): Sind alle Militärausgaben, alle Steuererleichterungen und gewährleisteten Subventionen weiterhin gleich- oder höherwertig gegenüber der akuten Sicherung einer vom Verfall bedrohten Infrastruktur der Daseinsvorsorge?

Ebenso ist es natürlich auch möglich, in allen Haushaltspositionen entsprechende Einsparungen vorzunehmen, wenn für das betreffende Projekt eine so hohe Priorität gesehen wird.

7.2 Einnahmen erhöhen

Verschuldung ist nicht nur ein Problem der Ausgabenseite. So zeigt der Fall Griechenland, dass eine drastische Kürzungspolitik auf der Ausgabenseite die Einnahmen überproportional reduzieren kann: In Griechenland war das Defizit infolge der Sparpolitik gestiegen statt gesunken.[168]

168 Vgl. Harald Schumann (2015): «Die Sparpolitik in Griechenland ist unglaublich destruktiv», Interview mit Ökonom Paul Krugman, Print-Ausgabe vom 25. Februar 2015, online: www.tagesspiegel.de/politik/interview-mit-oekonom-paul-krugman-die-sparpolitik-in-griechenland-ist-unglaublich-destruktiv/11406210.html.

In Deutschland wird gerade eine neue Steuersenkungsdebatte begonnen. Dabei ist es kaum verständlich, wieso ein so reiches Land wie Deutschland sich auf der Einnahmenseite so stark selbst begrenzen will, wie es aktuell der Fall ist. Stattdessen müsste wieder eine Vermögenssteuer eingeführt werden. Auch die Erbschaftssteuer bedarf einer mehr als kosmetischen Reform, auf die teils enormen vererbten Vermögen sollte ein relevanter Anteil an Steuern bezahlt werden. Kapitaleinkommen könnten wieder wie Arbeitseinkommen besteuert werden, etwa durch die Abschaffung der pauschalen Abgeltungssteuer von 25 %.

Nötig ist auch eine stärkere Besteuerung von Unternehmen, zumindest durch konsequentes Vorgehen gegen Steuerhinterziehung und gegen (halb-)legale Formen der Steuervermeidung von Großunternehmen über Tochterfirmen in Steueroasen. Steuervermeidungstricks wie zum Beispiel über vorgebliche Lizenzzahlungen an Tochterfirmen, die darauf kaum oder keine Steuern zahlen, sollten EU- und weltweit verboten werden. Das Engagement der Staaten im Rahmen von G20 und der OECD gegen Steuervermeidung reicht bei Weitem nicht aus.

Auch hohe Einkommen sind in Deutschland sehr gering besteuert. Zudem zahlen Menschen mit hohem Einkommen gar nicht oder proportional sehr wenig in die Sozialkassen ein, sodass auch die Finanzbasis dieser Kassen erodiert. Hier sollten die betreffenden Versicherungspflichten auf alle Berufsgruppen und Einkommensarten ausgeweitet werden. Auch die Obergrenzen für Sozialversicherungsbeiträge sollten aufgehoben werden.

Wie in Kapitel 5.1 dargelegt, haben in Deutschland viele Kommunen ein Verschuldungsproblem. Das ist wenig verwunderlich, wurden doch die Einnahmen der Kommunen durch die Steuerpolitik des Bundes und der Länder von rund 25 % im Jahr 2004 auf heute etwa zwölf Prozent mehr als halbiert. Gleichzeitig ist ein Großteil der Infrastrukturen der Daseinsvorsorge kommunal.

Es weist vieles darauf hin, dass in Deutschland die Einnahmen der Kommunen im Verhältnis zu ihren Aufgaben zu gering sind. Hier sind eine Erhöhung und eine Umverteilung der Steuer- und Gebühreneinnahmen erforderlich, sodass die Kommunen wieder ein auskömmliches Steueraufkommen erhalten.

7.3 Schuldenregeln reformieren

Die deutsche Schuldenbremse wird mittlerweile breit kritisiert: zu starr, pro-zyklisch, investitions- und wachstumshemmend, makroökonomisch widersinnig. Die Debatte reicht von einfachen Reformen der Schuldenbremse über eine neue «goldene Regel» bis hin zur Abschaffung der Schuldenbremse. Der Europäische Wirtschafts- und

Sozialausschuss (EWSA)[169] und der Deutsche Gewerkschaftsbund[170] kritisieren die Schuldenbremse. Auch aus der Wissenschaft kommt Kritik, so vom Würzburger Ökonomen und Mitglied im Sachverständigenrat Prof. Peter Bofinger, vom Kieler Sozialwissenschaftler Prof. Harald Hagemann, dem Wirtschaftswissenschaftler und Leiter des Instituts für Makroökonomie und Konjunkturforschung (IMK) der Hans-Böckler-Stiftung, Prof. Gustav A. Horn, dem Speyerer Wirtschaftswissenschaftler Prof. Holger Mühlenkamp, der Leiterin des Referats für Steuer- und Finanzpolitik im IMK, Katja Rietzler, dem Wirtschaftswissenschaftler und ehemaligen «Wirtschaftsweisen» Prof. Bert Rürup und dem Berliner Makroökonom Prof. Achim Truger. Der Leipziger Wirtschaftswissenschaftler Prof. Thomas Lenk kritisiert in einem Gutachten für die Bertelsmann-Stiftung[171], dass die Kommunen von den Regelungen der Schuldenbremse nicht erfasst sind und Belastungen in deren Haushalte verschoben werden können.

Gleichzeitig erreichen die Bemühungen, im Rahmen einer Autobahnreform die verfassungsrechtlichen Schuldenregeln zu umgehen, mit den Vorschlägen der Bundesregierung zur Grundgesetzänderung vom 14. Dezember 2016 die Verfassungsebene (Details zu dem Vorschlag unter 3.5). Dazu der Rechtswissenschaftler Prof. Christoph Möllers: «[Es] ist [...] nicht klar, warum man die Investitionsfähigkeit des Staates erst durch Verfassungsrecht im Namen der Budgetstabilität begrenzen will, um diese Regelung dann mittels einer anderen Grundgesetzreform zu umgehen.»[172]

Es liegt also nahe, die deutsche Schuldenbremse zu reformieren, statt sie zu umgehen. Eine Reform sollte eine Nettoverschuldung für Investitionen in die Daseinsvorsorge erlauben. Das bestehende Zinstief könnte dann dazu genutzt werden, die in den vergangenen 15 Jahren aufgelaufenen Investitionsstaus schnell wieder abzubauen. Die Transparenz hinsichtlich der Verschuldung wäre hoch und das Vorgehen demokratisch legitimiert.

Eine nationale Konferenz für eine transparente öffentliche Haushaltsführung abzuhalten, auf der möglichst viele der betroffenen Institutionen vertreten sein sollten, wäre der erste Schritt zur Umsetzung. Ziel sollte dabei zunächst eine möglichst

169 Europäischer Wirtschafts- und Sozialausschuss (2015): Stellungnahme des Sozialausschusses, «Eine Investitionsoffensive für Europa», ECO/374, online: http://edz.bib.uni-mannheim.de/edz/doku/wsa/2014/ces-2014-7287-de.pdf.

170 Die Schuldenbremse im Grundgesetz bezeichnete der damalige DGB-Vorsitzende Michael Sommer als «völligen Unsinn». Sommer wörtlich: «Die Politik sollte die Schuldenbremse aussetzen oder am besten komplett streichen. Die Schuldenbremse darf kein politisches Sakrileg sein.» Bert Losse, Cornelia Schmergal (2010): DGB fordert Abschaffung der Schuldenbremse, Handelsblatt vom 24. April 2010, online: www.wiwo.de/politik/deutschland/gewerkschaften-dgb-fordert-abschaffung-der-schuldenbremse/5639996.html.

171 Thomas Lenk, Martina Kuntze (2012): Neuordnung der föderalen Finanzverfassung nach 2019 unter besonderer Berücksichtigung der kommunalen Finanzausstattung, hrsg. von der Bertelsmann Stiftung, online: www.bertelsmann-stiftung.de/fileadmin/files/BSt/Presse/imported/downloads/xcms_bst_dms_36547__2.pdf.

172 Christoph Möllers (2016): Eine verfassungspolitische Bewertung der aktuellen Diskussion um eine Änderung des Art. 90 GG, erstellt im Auftrag der Bundestagsfraktion Bündnis 90/Die Grünen, online: www.gruene-bundestag.de/fileadmin/media/gruenebundestag_de/themen_az/verkehr/PDF/Gutachten_Bundesfernstrassen.pdf.

umfassende Dokumentation der Schuldenverbuchungspraxis in Deutschland sein. Diese müsste auch alle derzeit legalen Schattenhaushalte umfassen, die in den Kommunen, Ländern, im Bund und gegenüber Europa bestehen. Parallel dazu könnten juristische Prüfaufträge vergeben werden, mit dem Ziel, die Scheidelinien zwischen den jeweiligen Regulierungsbereichen zu definieren. So ließe sich abklären, was durch einfache Verwaltungsvorschriften und -anweisungen verbessert werden kann, was Länder und Bund über Gesetze regeln können und ob und inwieweit dann noch eine Änderung des Grundgesetzes notwendig ist.

7.4 Das echte Lebenszyklusprinzip einführen

Das Argument des sogenannten «Lebenszyklus» spielt eine wichtige Rolle bei der Privatisierung des Betriebs von Infrastrukturen. Der Lebenszyklus eines Projektes kann angeblich effizienter gestaltet werden, wenn Investitionen in Infrastrukturen in einem Paket zusammen mit dem langjährigen Betrieb dieser Infrastrukturen an Dritte vergeben werden.[173] Dabei wird oft ausgeblendet, dass es faktisch nicht um den echten Lebenszyklus eines Projekts geht, sondern nur um den Vertragszeitraum. Häufig sind jedoch schon vor Vertragsbeginn kostenintensive Voraussetzungen zu schaffen und nach Vertragsende nicht minder kostenintensive Nacharbeiten zu übernehmen. Das Lebenszyklusprinzip, wie es von privaten Unternehmen verwendet wird, ist somit unvollständig. Der Wirtschaftswissenschaftler Prof. Holger Mühlenkamp merkte deshalb einmal an, dass das Lebenszyklusprinzip in der Praxis noch nie eingesetzt wurde.[174]

Kosten des Betriebs sowie externe Kosten der Infrastruktur - wie Umweltemissionen und aufwändiger Rückbau - optimal zu gestalten ist ein wichtiges Ziel. Öffentlich-private Partnerschaften (ÖPPs) behindern dies durch das verkürzt verwendete Lebenszyklusprinzip. Es ist in konventioneller Ausschreibung besser möglich, Investitions- und Betriebskosten über einen längeren Zeitraum im Zusammenhang zu betrachten und zu optimieren. Dafür muss, etwa in Ausschreibung, Vergabe und Projektsteuerung von Bauprojekten, darauf geachtet werden, dass ressourcenschonend, emissionsarm, energiesparend, Verkehr reduzierend und

173 Die Kehrseite des sogenannten Lebenszyklusprinzips ist, dass Baufirmen teilweise eine sehr schlechte Bauqualität abliefern. Statt hier die Qualität anzuheben, wird nun seitens der Bauindustrie gefordert, den langjährigen Betrieb mitzuübertragen - erst dann würden sie anständig bauen.

174 «Ganz zu Ende gedacht umfasst das Lebenszykluskonzept die Spanne von der Geburt bzw. Planung eines Projektes bis hin zu dessen Rückbau oder Entsorgung. Man muss feststellen: Das Lebenszykluskonzept wird in Deutschland nicht praktiziert - das wird immer nur behauptet -, weil die Vermögensgegenstände nach 25 oder spätestens 30 Jahren an die öffentliche Hand übergehen und die wirtschaftliche Nutzungsdauer länger ist. Das heißt, wir haben in Praxis de facto [bei ÖPPs] - ich formuliere es vorsichtig - ein eingeschränktes Lebenszykluskonzept.» Holger Mühlenkamp (2015): Mündliche Stellungnahme in der Anhörung im Ausschuss für Bauen, Wohnen, Stadtentwicklung und Verkehr, Landtag Nordrhein-Westfalen am 22. September 2015, Ausschussprotokoll APr 16/1002, S. 45, online: www.gemeingut.org/wp-content/uploads/2016/03/Wortprotokoll_2015_09_22.pdf.

flächenschonend gebaut wird. Spätere Nutzungsänderungen sollten möglich sein, auch das ist bei ÖPP nicht der Fall. Gebäude und die darin verbaute Technik sollten langlebig und günstig zu reparieren sein. Statik und Gebäudetechnik sollten in einem angemessenen Verhältnis zu Bedeutung des Gebäudes stehen. Für eine lange Nutzungsdauer sind für Stützen, Decken und Träger die notwendigen Tragreserven vorzusehen. Die Auswahl der Planer/innen und Bauausführenden sollte maßgeblich nach Qualitätskriterien und guten Erfahrungen mit den Teams in der Vergangenheit erfolgen. Und nicht zuletzt sollte der Planungs- und Ausschreibungsprozess von qualifizierten öffentlichen Beschäftigten erfolgen und nicht durch private Beratungsfirmen und Rechtsanwaltskanzleien.

Die genannten Vorschläge zur Reduktion der Betriebskosten können schon heute ohne Weiteres umgesetzt werden, zusätzlicher gesetzlicher Vorgaben bedarf es nicht. Einzig der (Wieder-)Aufbau eines qualifizierten Personalstamms in den Verwaltungen ist zeitaufwendiger, kann aber sofort begonnen werden. Es gibt in Deutschland zahlreiche öffentliche Gebäude und Infrastrukturen, die schon heute öffentlich gebaut und betrieben werden und in denen all das erfolgreich umgesetzt wurde.

Was steht also einer flächendeckenden Umsetzung noch im Wege? Zum einen scheint sich in den Köpfen vieler öffentlicher Bauherren und parlamentarischer Bauausschüsse festgesetzt zu haben, dass allein öffentlich-private Partnerschaften imstande seien, Optimierungseffekte auszuschöpfen. Zum anderen sind die meisten der genannten Maßnahmen nicht kostenneutral: Sie wirken sich auf die Anfangsinvestition kostensteigernd aus. Teilweise rufen sie sogar dauerhafte Kosten hervor wie etwa die Bereitstellung eines qualifizierten Personalstamms in den Verwaltungen. Dennoch kann nur dazu geraten werden, diese Ausgaben zu tätigen. Die höheren Anfangsinvestitionen fließen dann in die Substanz (und nicht etwa in ÖPP-Transaktionskosten), sie amortisieren sich über eine gewisse Zahl von Jahren. Die höheren laufenden Kosten machen sich durch noch höhere laufende Einsparungen bei den Betriebskosten bezahlt. Umgekehrt führen starke Kosteneinsparungen aufseiten der Verwaltung und bei der Anfangsinvestition zu späteren Kostenexplosionen im Betrieb.

Die öffentliche Hand kann aufgrund ihres enorm großen Gebäude- und Netzbestands wertvolle gemeinsame Datenbanken und Netzkarten erstellen und für alle betroffenen Körperschaften bereithalten. Datenbanken zum Betrieb öffentlicher Gebäude und Infrastrukturen könnten eine bundesweite Vergleichbarkeit dieser Daten schaffen. Da es sich bei den Schätzungen für künftige Betriebskosten um eine noch weiter in die Zukunft reichende Prognose handelt als bei den Baukostenschätzungen, sollte der zugrunde gelegten Datensammlung zu öffentlichen Bauten mehr Aufmerksamkeit gewidmet werden. Gebäude, die heute schon betriebskostenoptimiert sind, bleiben bisher unerkannt und ohne besondere Würdigung. Die öffentliche Hand erhebt Betriebsdaten und -kosten nicht strukturiert, geschweige denn dass diese Daten für alle einsehbar veröffentlicht würden. «Helden» und «schwarzen Schafe» unter den ausführenden Firmen könnten ausgemacht werden, Best-Practice-Beispiele würden zur Nachahmung einladen. Und je mehr Daten vorliegen, desto besser würden die Prognosen, welche Parameter in Bau und Betrieb imstande sind, Betriebskosten zu senken.

In dieser Frage hat die öffentliche Hand gegenüber privaten Anbietern einen unschlagbaren Vorteil: Private müssen ihre Daten geheim halten, damit nicht Wettbewerber daraus Profit schlagen. In der Folge kennen sie nur das, was sie selbst gebaut haben und was sie selbst betreiben, oft kaum mehr als ein paar Dutzend Projekte. Bei der öffentlichen Hand konkurriert nicht ein Schulbau mit dem anderen, die betreffenden Daten können problemlos ausgetauscht werden. In der Folge hätte die öffentliche Hand Zugriff auf Tausende Projekte, also auf eine weit umfangreichere und damit validere Datenbasis als jedes private Unternehmen.

Mit einer flächendeckenden Einführung des echten Lebenszyklusprinzips in der konventionellen Vergabe entfällt gleichzeitig die Notwendigkeit für mit zahlreichen Risiken behaftete, langlaufende Verträge. Das öffentlich vorhandene Know-how muss nicht mehr über den Vertragszeitraum an Dritte abgegeben werden. Für laufende Kosten müssen keine Kredite aufgenommen werden.

7.5 Anreizsysteme von Daseinsvorsorge gestalten

Im Unterschied zu privatrechtlichen Unternehmen entfällt bei öffentlichen Einrichtungen der Anreiz zur Gewinnmaximierung. Es ist eine Besonderheit von Daseinsvorsorge, dass sie Gemeinwohlziele verfolgt. Welche Anreize haben aber öffentliche Betriebe, um ihre Ziele zu erreichen?

Anreizsysteme entstehen durch Satzungen, die Organisationsform, materielle und immaterielle Vergütungssysteme sowie durch eine externe Steuerung und Kontrolle. Werden die vorgegebenen Ziele erfolgreich gestärkt und umgesetzt, ist das Anreizsystem zielführend und die Einrichtung der Daseinsvorsorge gilt als zuverlässig und günstig. Im anderen Fall setzen sich teilweise oder vollständig Fehlanreize durch, das Anreizsystem ist dysfunktional, die Menschen schimpfen zu Recht auf «die Bahn» oder «die Stromriesen».

Ohne Kontrolle kann letztlich kein Anreizsystem funktionieren. Unabdingbar dafür ist Transparenz hinsichtlich der Parameter, an denen sich die Erfüllung der Ziele ablesen lässt. Wer sein Körpergewicht beeinflussen will, sollte sich zumindest ab und an wiegen. Einrichtungen der Daseinsvorsorge haben viele und zudem teilweise deutlich unterschiedlich zu gewichtende Zielparameter zu erfüllen. Nichtsdestoweniger werden nicht selten nur sehr wenige Parameter explizit erfasst.

Sinnvolle Zielparameter wären die Qualität der Daseinsvorsorgeleistung, die Qualität und die Quantität der Beschäftigung, die Dauerhaftigkeit der Einrichtungen und Infrastrukturen, die Absicherung der demokratischen Legitimation, die Effizienz von Steuerung und Kontrolle, der Erhalt und Ausbau von organisatorischem und technischem Know-how. Einrichtungen der Daseinsvorsorge sollten daher gesetzlich verpflichtet werden, jedes Jahr die in diesem Sinne relevanten Kennzahlen zu veröffentlichen.

7.6 Daseinsvorsorge sollte im öffentlichen Recht bleiben

Trotz aller Versuche, Privatisierung als Möglichkeit darzustellen, zusätzliches Geld in die öffentliche Infrastruktur zu investieren, wird diese immer mit öffentlichem Geld finanziert. Der Rechtsrahmen von Einrichtungen der Daseinsvorsorge sollte daher das für die Aufgaben der Daseinsvorsorge eigens entwickelte öffentliche Recht sein. Mit dem Übergang ins Privatrecht ergeben sich erhebliche Probleme mit der – demokratisch legitimierten – Steuerung und Kontrolle. Das wirtschaftliche Eigentum an Infrastrukturen kann Dritten übertragen werden, sogar wenn die Infrastrukturen selbst in öffentlichem Eigentum bleiben (z. B. über Nießbrauch). Das öffentliche Recht wurde unter anderem für öffentliche Einrichtungen geschaffen und fortentwickelt, als verpflichtender Rechtsrahmen für Einrichtungen der Daseinsvorsorge sollte es Verfassungsrang bekommen.

7.7 Daseinsvorsorgeeinrichtungen dem Gemeinwohl verpflichten

Daseinsvorsorgeeinrichtungen dienen dem Gemeinwohl. Sind die betreffenden Einrichtungen Unternehmen mit einem eigenen Haushalt, sind sie gleichzeitig dem betriebswirtschaftlichen Erfolg verpflichtet. Daraus können sich Interessenkonflikte ergeben. Soll mehr Gewinn ausgewiesen werden, auch wenn dafür Leistungen reduziert werden müssen?

Ein Beispiel: Im Grundgesetz steht, dass der Bund beim Ausbau und Erhalt des Schienennetzes und der Verkehrsangebote auf diesem Netz gewährleistet, dass dem Wohl der Allgemeinheit Rechnung getragen wird. Anders die Satzung der Deutschen Bahn AG: Dort steht weder, dass die Deutsche Bahn AG dem Gemeinwohl verpflichtet wäre noch dass sie das Allgemeinwohl höher werten muss als die Erwirtschaftung von Gewinnen. Entsprechend agiert sie vorrangig (manche sagen: ausschließlich) mit Blick auf Gewinnerzielung. Dabei könnte die Satzung jederzeit in diesem Sinne verändert werden, schließlich gehört die Bahn zu 100 % dem Bund.

Um einem Missbrauch, also einem nicht oder nur in Teilen dem Gemeinwohl dienenden Gebrauch der Einrichtungen vorzubeugen, ist es empfehlenswert, die allgemeinen und spezifischen Gemeinwohlziele in Satzungen der Daseinsvorsorgeeinrichtungen zu verankern. Ähnlich einer Verfassung werden damit späteren Veränderungen höhere Schranken auferlegt, die dann eines breiteren gesellschaftlichen Konsenses bedürfen als einfache Regierungsentscheidungen.

Wie solche Ziele beschrieben werden können, zeigt das Beispiel der Berliner Wassercharta. Nach dem erfolgreichen Volksentscheid zur Offenlegung der Verträge zu den Berliner Wasserbetrieben kam es zu einer materiellen Rekommunalisierung durch den Berliner Senat. Rechtsform – eine komplexe Holdingsstruktur – und Satzung blieben hingegen unangetastet. Für den Rückkauf mussten daher teure Bankschulden aufgenommen werden. Statt – wie bei Landesanleihen üblich – nahe null betrugen die Zinsen dafür drei Prozent. Die Initiatoren des Volksentscheids reagierten darauf, indem sie einen Berliner Wasserrat einberiefen und dort die Berliner Wassercharta erarbeiteten. Diese formuliert allgemeine, politische, soziale, ökonomische und ökologische Grundsätze als Grundlage für die Auslegung bestehender und neuer Gesetze, rechtlicher Bestimmungen und sonstiger Regelungen (zum Beispiel der Satzung). Die Festlegung auf das Gemeinwohl ist darin ebenso enthalten wie die Absage an jegliche Privatisierung. Der Zugang zu sauberem Wasser und sanitärer Grundversorgung soll als Menschenrecht für alle Berliner/innen dauerhaft gewährleistet sein. Es finden sich Forderungen nach qualitativ hochwertigem Wasser zu sozial angemessenen Gebühren und zur Einhaltung des Grundsatzes «Gleicher Lohn für gleiche Arbeit». Für Investitionen sollen Rücklagen gebildet werden. Ressourcen für demokratische Beteiligungsarbeit und wasserbezogene Forschung sollen in angemessenem Umfang bereitgestellt werden.[175]

Rechtlich bindend sind diese Forderungen natürlich nicht, dazu bedürften sie erst der gesetzlichen Umsetzung durch das Berliner Abgeordnetenhaus. Dennoch könnten entsprechende Forderungen auch in anderen Sektoren und Städten für Einrichtungen der Daseinsvorsorge erhoben werden und so dazu beitragen, den jeweiligen Daseinsvorsorgeanspruch konkret zu machen und möglichst stark im jeweiligen Rechtssystem zu verankern.

7.8 Daseinsvorsorge transparent gestalten

Die Schweizer Bundesbahnen (SBB) gelten in vieler Hinsicht weltweit als vorbildlich. Die Nutzung pro Einwohner/in liegt deutlich höher als in Deutschland, bei gleichzeitig nur einem Drittel der Kosten pro gefahrenem Kilometer. Eine mögliche Ursache könnte in der umfangreichen öffentlichen Darlegung der jährlichen Kennzahlen liegen. In Deutschland genügt der Geschäftsbericht der Bahn zwar dem deutschen Aktienrecht, die Infrastruktur wird dort allerdings nicht bilanziert. Ein Infrastrukturzustandsbericht wird zwar vorgelegt, ist aber nach Aussage des Bundesrechnungshofs wenig aussagekräftig.

Die formell privatisierte Bahn erfasst auch nach über zwanzig Jahren den ganz überwiegenden Teil der Anlagenwerte des Schienennetzes nicht. Seit der Reform

175 Berliner Wassertisch (2015): Berliner Wassercharta, Fassung März 2015, http://berliner-wasserrat.de/charta.php.

1994 hat die Infrastruktur erheblich gelitten[176]: Das Schienennetz wurde in Deutschland um 17 % gekappt. Gleichzeitig wurde seine Kapazität massiv geschwächt, indem 47 % aller Weichen[177] und 80 % aller Gleisanschlüsse abgebaut wurden.

In der Schweiz veröffentlicht das Bundesamt für Statistik hingegen jährlich die sogenannte Schweizer Eisenbahnrechnung, in der die Kosten und die Finanzierung des Schienenverkehrs offengelegt werden. Die SBB geben in ihrem Geschäftsbericht nicht nur die Betriebsleistung an, sondern stellen auch die Kundenzufriedenheit, die erreichte Pünktlichkeit und den sogenannten Modalsplit, d. h. die Verteilung des Transportaufkommens auf verschiedene Verkehrsmittel dar. Diese Daten sind nicht nur für die Steuerung durch die Regierung von Bedeutung. Die Reform der Bahn wurde in einer Serie von insgesamt sechs Volksabstimmungen verabschiedet.

Anders in Deutschland. Das existierende Informationsfreiheitgesetz des Bundes ist im Hinblick auf die Transparenz, wenn es um im Bereich der Daseinsvorsorge tätige Privatfirmen geht, unzureichend.

Transparenz ist ein Schlüssel zu einer erfolgreichen Steuerung und Kontrolle. Im Abschnitt 7.4 wurde die Einrichtung öffentlich zugänglicher Datenbanken zu Bereichen der Daseinsvorsorge angeregt, in Abschnitt 7.5 die Erfassung von Zielparametern für die betreffenden Einrichtungen. Diese Regeln sollten ergänzt werden durch einklagbare Auskunftsrechte, die über die Regelungen des Informationsfreiheitsgesetzes des Bundes hinausgehen und die dort bisher bestehende Asymmetrie aufheben. Bürger/innenanfragen dürfen nicht mehr am Betriebs- und Geschäftsgeheimnis öffentlicher Betriebe abprallen.

---

176 So sagte der Präsident des Bundesrechnungshofs, Kay Scheller, der Berliner Morgenpost im Dezember 2016 in einem Interview: «Wir sehen sehr kritisch, dass hier jedes Jahr drei bis vier Milliarden Euro an Steuergeld in die Bahn fließen, ohne dass die Bahninfrastruktur wesentlich verbessert wird. Beispiel Eisenbahnbrücken. Die Zustandsbewertungen verschlechtern sich. Gleichzeitig nimmt das Durchschnittsalter zu.» Auf die Frage nach mehr Kontrolle durch den zuständigen Bundesverkehrsminister antwortete Scheller: «Wir fordern schon seit 2008 ein wirksames Vertragscontrolling durch das Bundesministerium, da die Zuwendungen des Bundes auf vertraglicher Grundlage an die Bahn gegeben werden. Natürlich muss bei der Bahn der Kosten-Nutzen-Aufwand stimmen. Im Rahmen der Leistungs- und Finanzierungsvereinbarung zwischen Bund und Bahn erwarten wir, dass die Bahn wirtschaftlich arbeitet. Kritisch sehe ich, dass der Bundesrechnungshof hier keine umfassenden Prüfungsrechte hat. Die Haushalts- und Wirtschaftsführung der Bahn können wir uns nicht anschauen.» Karsten Kammholz, Kerstin Münstermann (2016): Rechnungshof-Präsident Scheller: «Internet ist Steueroase», Berliner Morgenpost vom 12. Dezember 2016, online: www.morgenpost.de/politik/inland/article208953033/Rechnungshof-Praesident-Scheller-Internet-ist-Steueroase.html. Die Defizite der Steuerung und Kontrolle der Deutschen Bahn AG werden besonders anschaulich, wenn deren offizielle Geschäftsberichte mit den vom zivilgesellschaftlichen Bündnis Bahn für Alle jährlich herausgegebenen Alternativen Geschäftsberichten verglichen werden, siehe dazu www.bahn-fuer-alle.de/pages/bestandsaufnahme.php

177 Angaben nach: Antwort der Bundesregierung auf die Große Anfrage der Fraktion DIE LINKE (2014): 20-Jahres-Bilanz der Bahnreform von 1994 bis 2014, Deutscher Bundestag, Drucksache 18/1500, online: http://dip21.bundestag.de/dip21/btd/18/032/1803266.pdf sowie Monika Lege, Bernhard Knierim, Heiner Monheim, Winfried Wolf (2014): Alternativer Geschäftsbericht der DB AG 2013, online: www.bahn-fuer-alle.de/pages/bestandsaufnahme/alternativer-geschaeftsbericht-2013.php.

7.9 Infrastrukturpolitik sachgerecht betreiben

Nicht selten gibt es für wichtige Infrastrukturbereiche in der Exekutive keinen einfach adressierbaren Verantwortlichen. Infrastrukturpolitik wird als ein Unterpunkt verschiedener Sektoren und Fachbereiche wie Verkehr, Wasser, Bildung und Gesundheit geführt. Diese Herangehensweise führt bei den politisch Verantwortlichen dazu, in längeren Zyklen anfallende Investitionen auszublenden und gleichzeitig die Substanz zugunsten der Aufrechterhaltung oder sogar Ausweitung des Betriebs aufzuzehren.

Eine sachgerechte Infrastrukturpolitik sollte wesentlich langfristiger planen und vorsorgen. Dazu sollte sie eigene Infrastrukturministerien auf Landes- und Bundesebene bekommen. Anstelle der schlichten Verwaltung des Bestehenden könnte man dann steuern: Was bisher gut funktioniert (hat), kann ausgebaut werden, Best-Practice-Beispiele lassen sich nachahmen. Eine kontinuierliche und ergebnisoffene Bedarfsermittlung würde die Möglichkeit eröffnen, die Infrastrukturpolitik an den Bedürfnissen der Menschen und der Umwelt auszurichten.

Wird Infrastrukturpolitik als eigener Politikzweig aufgefasst, wird auch deutlicher, dass es dort eigener Beteiligungsinstrumente für die betroffenen Bürger/innen bedarf. Nicht-öffentlich tagende Beteiligungsausschüsse in den Stadträten, Landtagen und im Bundestag haben sich hier als nicht ausreichend erwiesen, haben sie doch zugelassen, dass seit mehr als 15 Jahren die Nettoinvestitionen in die Infrastrukturen der Daseinsvorsorge negativ sind – ohne dazu einen hörbaren Hilferuf zu äußern.

Bestehende Beiräte sollten zu echten Mitbestimmungsinstrumenten ausgebaut werden. Vorbild könnten hier das Pariser Observatoire de l´Eau oder die Vorschläge des Berliner Wasserrates sein.

7.10 Kooperation zwischen den Körperschaften der öffentlichen Hand stärken

Ein nur noch selten geäußertes Argument für die weitere Privatisierung von Einrichtungen der Daseinsvorsorge ist die Schaffung von Wettbewerbssituationen, in denen Innovationen gedeihen und Ineffizienzen abgeschliffen werden. Das Wettbewerbsargument wirft jedoch ein Licht darauf, dass weitgehend privatisierte Sektoren eben auch weitgehend fragmentiert sind. Dem stehen die Möglichkeiten der öffentlichen Hand gegenüber, durch Kooperationen erhebliche Synergien zu schöpfen.

So haben öffentliche Körperschaften die Möglichkeit, Planungskapazitäten zu teilen und so das Know-how auch bei langen Investitionszyklen aktuell zu halten. Möglich ist auch die intersektorale Planung: Verkehrswege können verkehrsträgerübergreifend entworfen und beplant werden. Damit lassen sich die erheblichen volkswirtschaftlichen Verluste minimieren, die entstehen, wenn isoliert Straßen und Schienenwege in Konkurrenz zueinander gesetzt werden. Städtische Leitungsnetze könnten ebenfalls sektorübergreifend geplant, betrieben und erhalten werden – statt zum Beispiel mehrmals in einem Jahr dieselbe Straße aufzureißen. Interkommunaler

Know-how-Austausch bezüglich der Spezifika bei der Errichtung und dem Betrieb von Schulbauten, Krankenhäusern und Verkehrswegen würde helfen, Fehler zu vermeiden und so Bau- und Betriebskosten zu senken.

7.11 Daseinsvorsorge langfristig betrachten

Infrastrukturen der Daseinsvorsorge genießen bisher keinen besonderen Schutz. Sie können zwischen zwei Wahlterminen verkauft oder mit 30 Jahre laufenden Verträgen belegt werden. Die Käufer oder Vertragspartner von ÖPP-Verträgen genießen ab diesem Moment den vollen Schutz des Grundgesetzes hinsichtlich ihres solcherart erworbenen Privateigentums. Dieser Schutz besteht auch dann, wenn sie einen viel zu niedrigen Preis bezahlt oder eine viel zu hohe Vergütung zugesichert bekommen haben.

Bei den öffentlichen Infrastrukturen besteht für die Bürger/innen kein adäquater Schutz – weder vor Vernachlässigung noch vor einem Weiterverkauf. Auch eine Regierung, die Infrastrukturen verkauft hat, hat kein Recht auf Rückgabe. Es bleibt allein der Weg der Enteignung gegen eine angemessene Entschädigung – hierfür sind aber im Grundgesetz enge Bedingungen gesetzt. Diese grundlegende Asymmetrie beschreibt der italienische Rechtswissenschaftler Prof. Ugo Mattei wie folgt: «Wenn ein Staat eine Eisenbahnstrecke, eine Fluggesellschaft oder ein Krankenhaus privatisiert, wenn er ein Stück Land beschlagnahmt, um eine Autobahn darauf zu bauen, wenn er die Trinkwasserversorgung aus den Händen gibt oder Universitäten verkauft, entzieht er der Gemeinschaft einen Teil ihrer Güter – so ähnlich wie er auch Privatbesitz enteignen kann, um eine Straße zu bauen oder ein öffentliches Gebäude zu errichten. Die Regierung bringt sich also, notfalls zwangsweise, in Besitz von etwas, das ihr nicht gehört. Doch es gibt einen entscheidenden Unterschied: Die liberale Verfassungstradition schützt den Privateigentümer vor dem staatlichen Bauträger, indem sie eine Entschädigung für die Enteignung vorschreibt, während kein Gesetz und schon gar kein Verfassungsparagraf Schutz vor dem neoliberalen Staat bietet, der Gemeinschaftsgüter an die Privatwirtschaft veräußert.»[178]

Infrastrukturen der Daseinsvorsorge bedürfen daher zusätzlicher Schutzmechanismen in der Verfassung, zum Beispiel durch einen obligatorischen Plebiszit-Vorbehalt für Verkauf und Beleihung. Es werden schon heute in verschiedenen Bundesländern sogenannte Privatisierungsbremsen diskutiert. Zudem könnten – möglicherweise direkt gewählte – Infrastrukturbeauftragte eingesetzt werden. Mit hinreichenden Befugnissen ausgestattet, könnten sie als Anwälte der Bürger/innen ein Gegengewicht zum auf Legislaturperioden fixierten Politikbetrieb bilden. Anders als die weitgehend nachträglich prüfenden Rechnungshöfe müsste ihre Beteiligung im Vorfeld verbindlich festgelegt werden. Zudem sollten Infrastrukturbeauftragte mit gewissen Sanktionsmöglichkeiten ausgestattet werden, zum Beispiel mit dem Recht,

178 Ugo Mattei (2012): «Privatisierung ist Diebstahl an der Öffentlichkeit – Das Gemeineigentum braucht Verfassungsrang», Le Monde diplomatique vom 13. Januar 2012, online: http://monde-diplomatique.de/artikel/!626403.

einen Infrastrukturverkauf bis zum nächsten Termin einer Wahl oder Abstimmung aufzuschieben.

7.12 Daseinsvorsorge weitgehend ohne Kredite finanzieren

Ziel einer Infrastrukturpolitik, die Steuermittel und Gebühren effizient einsetzen und gleichzeitig die demokratische Steuerung und Kontrolle bei der Errichtung, dem Erhalt und Betrieb von Infrastrukturen sichern möchte, sollte es sein, so wenig Kredite, ÖPPs oder andere kreditähnliche Rechtsgeschäfte wie möglich einzugehen. Dies deckt sich auch mit den Zielen der Schuldenregeln.

Wie bereits dargestellt, verteuern private Kapitaleinlagen Investitionen und Betrieb erheblich und behindern gleichzeitig eine Steuerung im Sinne des Bedarfs. Zur Vermeidung von privaten Krediten müssen mindestens die Investitionen in diese Infrastrukturen aus dem Steuerhaushalt oder über öffentliche Kredite finanziert werden. Zur Steuerung ihrer Auslastung ist es denkbar, einen Teil des Infrastrukturbetriebs über Gebühren zu finanzieren. Voraussetzung ist dabei, dass der Sozialstaatsanspruch weiterhin voll gewährleistet ist und alle notwendigen Leistungen der Daseinsvorsorge von allen Bürger/innen aus dem normalen Lebensunterhalt bestritten werden können.

Bei öffentlich-privaten Partnerschaften hat die Kopplung von Investitionen an den Betrieb zur Folge, dass nicht nur der Investitionsanteil über die Kapitalmärkte vorfinanziert wird, sondern auch die Ausgaben für den Betrieb. Diese Kreditaufnahme ist unnötig, denn es handelt sich beim Betrieb ja um Ausgaben, die jährlich oder sogar monatlich anfallen und für die somit eigentlich kein Kredit notwendig sein dürfte. Zur Vermeidung von Krediten sind je nach Sektor bestimmte Verwaltungshindernisse zu beseitigen, die trotz ausreichend vorhandener Steuermittel zu Kreditaufnahmen führen. Wichtigste Punkte sind dabei die Schaffung von Überjährigkeit sowie eine strikte Kontinuität in Erhalt und Ausbau («Umlagefinanzierung»).

Ein Jahr lang nicht nachzuinvestieren bedeutet – wenn ein gleichbleibendes Leistungsniveau gewünscht wird –, im kommenden Jahr (mindestens) doppelt so viel bezahlen zu müssen. Wurden die betreffenden Mittel nicht als Rücklage gebildet – in Zeiten dauerhafter Staatsverschuldung ein seltener Vorgang –, dann ergibt sich im zweiten Jahr sofort die Notwendigkeit, die Verschuldung zu erhöhen. Eine kontinuierliche Investitionspolitik ohne Kredite wird auch erleichtert durch eine vorausschauende Infrastrukturpolitik mit zahlreichen kleineren Aus- und Umbauten anstelle von Megaausbauten und Großprojekten – die bekanntermaßen neben der Notwendigkeit der Kreditfinanzierung auch noch erhebliche Herausforderungen einer Steuerung im Sinne der Bürger/innen mit sich bringen.

7.13 Die Geschichte von Infrastrukturen sichtbar machen

Infrastrukturen führen oft ein recht unscheinbares Dasein. Wasser- und Abwasserrohre liegen Jahrzehnte unter der Erde, ohne dass Bürger/innen oder die Politik von ihnen nennenswert Notiz nehmen. Zuweilen macht erst ein spektakulärer

Rohrbruch auf Defizite aufmerksam. Wenn in unterspülten Straßenkreuzungen Autos verschwinden oder ganze Stadtteile aus Tanklastwagen mit frischem Trinkwasser versorgt werden müssen, werden Forderungen nach schnellen und grundlegenden Lösungen laut. Die Zyklen von langjährigem Vergessen und plötzlicher Hyperaufmerksamkeit sind soliden Infrastrukturentscheidungen abträglich.

Infrastrukturen haben nicht selten eine durchaus ereignisreiche Geschichte. Die öffentliche Daseinsvorsorge wurde in über hundert Jahren aufgebaut und etabliert. Oft ursprünglich privat initiiert, wurden viele Infrastrukturen mit der Notwendigkeit größerer Investitionen oder flächendeckender Verfügbarkeit verstaatlicht. Zwei Weltkriege verursachten dann massive Zerstörungen, einzelne Netze konnten erst in den 1980er-Jahren wieder in den alten Funktionsumfang zurückgeführt werden. Es gibt auch Beispiele von Zyklen von Privatisierung und Vergesellschaftung. Einmalerlöse beim Verkauf können dabei gering ausfallen gegenüber den anschließenden Einnahmeausfällen sowie den Kosten für den Rückkauf und die Sanierung einer heruntergewirtschafteten Infrastruktur. In Abschnitt 7.8 wurde dargelegt, dass hinsichtlich des aktuellen Betriebs Transparenz hergestellt werden sollte. Dies gilt jedoch auch für den Rückblick: Im Zusammenhang mit der Debatte, ob und in welchem Umfang Haushaltsmittel an Infrastrukturen der Daseinsvorsorge gebunden werden sollen, ist es empfehlenswert, die Geschichte der betreffenden Infrastruktur transparent zu machen.

Diese Darstellung sollte nicht einem gelegentlichen Bericht im Lokalteil der örtlichen Tageszeitung oder auf einer Schautafel des städtischen Tourismusbüros überlassen werden. Die betreibenden Einrichtungen müssen vielmehr dazu verpflichtet werden, von der Gründung der Einrichtung bis heute eine vollständige Dokumentation ihrer Investitionstätigkeit, ihrer Beschäftigung, der Betriebskosten, ihrer Verschuldungs- bzw. Vermögenslage, ihrer Subventionen oder Ausschüttungen sowie zum Umfang der Versorgungsleistungen bereitzustellen. Phasen des Eigentümerwechsels von öffentlich zu privat und umgekehrt sollten extra ausgewiesen werden – zusammen mit den eingenommenen Geldern respektive den angefallenen Kosten. Werden diese Zahlen anschaulich und nachvollziehbar dargestellt, haben Bürger/innen und Politik eine valide Basis für die Entscheidung, ob ihnen der Einbezug von privatem Kapital notwendig und zielführend erscheint.

7.14 Ein bürger/innennahes Bauregelwerk schaffen

Das deutsche Bauregelwerk wird als zunehmend unüberschaubar und kostenproduzierend kritisiert. Kostenüberschreitungen kommen zwar auch bei privater Bauherrenschaft vor (für die das Regelwerk gleichermaßen gilt), die öffentliche Hand ist in Deutschland jedoch offenbar wesentlich stärker von diesem Problem betroffen. Das ist ein Hinweis darauf, dass die öffentlichen Ausschreibungsvorgaben und das Netzwerk aus Kontrollinstanzen, denen öffentliche Bauten unterliegen, Kostenüberschreitungen begünstigen.

Bei Großprojekten versagen bereits die Instrumente zur Feststellung des Bedarfs. So stellen – anders als behauptet – der Tiefbahnhof Stuttgart 21 sowie der Berliner

Großflughafen BER keine oder nur eine geringfügige Kapazitätserhöhung dar.[179] Im Weiteren werden weder unrealistische Kostenannahmen im Vorfeld noch teure Steuerungseingriffe während der Bauphase effektiv unterbunden. In der Folge entsteht das Phänomen des «Nachtragsbaus»: Anbieter erhalten den Zuschlag, die weit unterhalb der Durchschnittskosten geboten hatten. Mithilfe von Nachträgen entstehen dann Bauten, die weit über dem Durchschnitt kosten.

Möglich wird das auch durch eine Lücke im Baurecht: Die Baugenehmigung gilt weiter, auch wenn Nachträge die anfängliche Kostenschätzung bereits um das Zehnfache überschreiten. Der Rechtsrahmen zur Erteilung von Baugenehmigungen sollte daher reformiert werden. Für das Planfeststellungsverfahren wird insbesondere empfohlen, zwingend auch Alternativen durchzuplanen und bei größeren Projekten in Referenden zur Abstimmung zu stellen. Baugenehmigungen sollten an die Kostenschätzung gebunden werden. Beispielsweise könnte bei Kostensteigerungen ab 30 % ein neuer Bauantrag vorgeschrieben werden.

Daseinsvorsorge, Infrastrukturen und Investitionen bedürfen, wie in Kapitel 1 gezeigt, genauerer Definitionen in den sie betreffenden Rechts- und Verwaltungsvorschriften. Dabei sollte das Ziel sein, die jeweilige Funktion zu sichern. Systeme, in denen Infrastruktur und Betriebsmittel stark verzahnt sind, wie die Bahn, sollten integriert betrachtet und erfasst werden. Fremdkörper wie Waffensysteme sind von Daseinsvorsorge, Infrastrukturen und Investitionen getrennt zu behandeln und auszuweisen.

7.15 Die umlagefinanzierte Rente stärken

Die starke Kapitalakkumulation durch den Ausbau der privaten Altersvorsorge wirkt sich auch auf die Daseinsvorsorge aus. Rentenfonds und Lebensversicherungen suchen nach Anlageobjekten. Dabei ist die kapitalmarktbasierte Altersvorsorge nicht die beste Lösung, das zumindest legt der Vergleich zwischen den Altersversorgungssystemen Deutschlands und Österreichs nahe. Danach ist das Rentenniveau in Österreich mit einer Nettoersatzquote von 70 bis 100 % deutlich höher.[180] Gleichzeitig ist das System gerechter, weil es allen offensteht, armutsfester, weil es eine Mindestrente enthält und als reines Umlagesystem auch zukunftssicherer. Die Beitragssätze sind in Österreich im Vergleich zu den Leistungen nur geringfügig höher.

179 Stuttgart 21 war schon zu Beginn als Rückbau der Leistungsfähigkeit ausgelegt worden, was aber über viele Jahre systematisch verschleiert wurde. Gutachten haben inzwischen die S21-Kapazität von 32 Zügen pro Stunde (heute: 38 Züge pro Stunde) und damit den Rückbau bestätigt. Vgl. Christoph Engelhardt (2017): Stuttgart21: Leistung, WikiReal, online: http://wikireal.org/wiki/Stuttgart_21/Leistung.

180 Die Nettoersatzquote beziffert die Höhe der individuellen Rentenansprüche geteilt durch das individuelle Erwerbseinkommen vor Eintritt in den Ruhestand. Sie liegt in Österreich bei einem Durchschnittsverdienst bei 91,6 %, im EU-28-Durchschnitt bei 70,9 % und in Deutschland bei 50 %. Vgl. Florian Blank, Camille Logeay, Erik Türk, Josef Wöss, Rudolf Zwiener (2016): Alterssicherung in Deutschland und Österreich – vom Nachbarn lernen? Hrsg. von der Hans-Böckler-Stiftung, WSI-Report Nr. 27, 1/2016, S. 15, online: www.boeckler.de/pdf/p_wsi_report_27_2016.pdf.

7.16 Eine Finanztransaktionssteuer einführen

Ein Argument für den Einbezug von privatem Kapital in Bereiche der Daseinsvorsorge ist, dass auf diesem Wege wichtige Finanzmarktakteure gestützt werden können. Institutionelle Anleger wie Versicherungen könnten so von spekulativen (und damit potenziell gemeinwohlschädigenden) Geschäften abgehalten werden. Anstelle dieser Koppelung von Daseinsvorsorge und Finanzmärkten bedürfen die Finanzmärkte jedoch eigener stabilisierender Schritte. Die Einführung einer Finanztransaktionssteuer (FTS) würde Anzahl und Volumen spekulativer Finanzgeschäfte voraussichtlich wesentlich besser reduzieren. Als Nebeneffekt würden Finanzströme zudem transparenter. Bei ausreichender Höhe könnte man sogar eine sozial gerechte Einnahmequelle erhalten, mit deren Hilfe verschuldete öffentliche Haushalte entlastet werden könnten.

7.17 Öffentliche Vermögensbilanzen modernisieren

Der Substanzverlust in Infrastrukturen der Daseinsvorsorge ist unter anderem möglich, weil die geltende Form der Kameralistik keine Abschreibungen vorsieht und die Vermögensbilanzen so unvollständig bleiben. Daher wird vorgeschlagen, die geltende Kameralistik um eine transparente kaufmännische Bilanzierung des Bundesvermögens zu erweitern.

Diese Bilanz soll die Werte der öffentlichen Hand bzw. der betreffenden öffentlichen Körperschaft erfassen, Abschreibungen ausweisen, den Substanz- und Wertverzehr dokumentieren und damit die bestehende Vermögensrechnung ergänzen. Zudem soll die Vermögensbilanz des vorangegangenen Jahres in die jährlichen Haushaltsberatungen integriert werden und Bestandteil des jeweiligen Haushaltsentwurfs sein.[181] Anlagenwerte und Abschreibungen können zum Beispiel über eine erweitere Kameralistik in den öffentlichen Haushalten dargestellt werden.[182] Neben der Erfassung von Abschreibungen sollte die volle Einstellung von Ratenkrediten und vergleichbaren kreditähnlichen Rechtsgeschäften in die Haushalte so erfolgen, dass sie als solche erkennbar sind.

In den Haushaltsordnungen der jeweiligen Gremien (Gemeinderat, Stadtrat, Kreistag, Landtag, Bundestag) kann festgelegt werden, dass Ratenkredite jedweder Couleur mit ihrer Gesamtsumme einzustellen sind und nicht nur mit der Höhe der

181 Vorschläge teilweise entnommen aus dem Antrag der Fraktion Bündnis 90/Die Grünen vom 15. Februar 2017 «Öffentliches Vermögen erhalten, ehrlich bilanzieren, richtig investieren», Deutscher Bundestag, Drucksache 18/11188, online: http://dip21.bundestag.de/dip21/btd/18/111/1811188.pdf.

182 Vor einer flächendeckenden Umstellung auf die sogenannte Doppik sollte abgesehen werden. Dort wird zwar auch eine Erfassung von Werten geleistet. Gleichzeitig können jedoch durch die Umstellung auf eine Buchhaltungsform, die für privatwirtschaftliche Unternehmen entwickelt wurde, volkswirtschaftliche Zielsetzungen nicht ohne Weiteres einbezogen werden. Auf die Doppik umgestellte Einrichtungen der öffentlichen Hand wurden in den vergangenen Jahren nicht selten anschließend privatisiert.

ersten Rate. Damit kämen zwei wichtige privatisierungstreibende Schattenhaushalte zurück unter parlamentarische Kontrolle.

7.18 Zielvorgaben für öffentliche Beschäftigung vereinbaren

Eine der weitreichendsten Folgen von Privatisierung ist der nachhaltige Verlust von Arbeitsplätzen. Damit dieser Trend sich nicht fortsetzt, sollte ihm auch auf der Ebene der Personalplanung begegnet werden. Dabei können Kommunen, Länder oder Bund Zielvorgaben für die öffentliche Beschäftigung vereinbaren. Diese Vorgaben sollten sich auf bestimmte Sektoren oder Einrichtungen beziehen; sie müssten in Verträge und Konzessionen aufgenommen und unabhängig von der konkreten Organisationsform eingehalten werden. Dabei sollte man die Zielvorgaben am prognostizierten Bedarf ausrichten.

Ein Beispiel: Das Land Berlin möchte gemäß Koalitionsvertrag eine aufholende Schulsanierung betreiben. Dazu sind Schätzungen nach[183] in den kommenden zehn Jahren insgesamt 5,5 Milliarden Euro erforderlich. Nach der Honorarordnung für Architekten und Ingenieure (HOAI) werden dafür jährlich schätzungsweise 800 Beschäftigte für die Bauleitung und 1.500 für die Planung benötigt. Von einer verbindlichen Vorgabe, wie viele von ihnen künftig öffentlich beschäftigt werden sollen, könnten Impulse an den Arbeits- und Ausbildungsmarkt ausgehen.

7.19 Volks- und Bürger/innenentscheide stärken

Viele Konflikte, die sich in Deutschland aus der Organisation der Daseinsvorsorge und dem Erhalt der Infrastrukturen ergeben, stellen sich in der Schweiz wesentlich weniger scharf. Hintergrund ist die dortige direkte Koppelung der Bürger/innen an die jeweilige Einrichtung über Volksentscheide. Auch in Deutschland haben Volks- und Bürger/innenentscheide zu einem wachsenden bürgerschaftlichen Engagement im Bereich der Daseinsvorsorge geführt. Auf diesem Weg wurden Einrichtungen vor Privatisierung bewahrt oder deren Rekommunalisierung bewirkt.

Noch sind aber in vielen Bundesländern die Hürden für Elemente direkter Demokratie hoch: Es bestehen hohe Zustimmungs- und Beteiligungsquoren, Prüfrechte der Parlamente werden für Verzögerungen missbraucht, weil verbindliche Fristen fehlen. Die Entscheidung über Wahltermine obliegt teilweise der Exekutive, die damit eigene Interessen verfolgen kann. Die Kostenerstattung bevorzugt Parteien und Parlamentswahlen einseitig, eine Aufwandserstattung für Volksentscheids-«Wahlkämpfe» gibt es bisher nicht. Bereits erreichte Entscheide können von Parlamenten einfach und ohne weiteren Volks- oder Bürger/innenentscheid wieder aufgehoben werden.

Die Forderungen lauten daher: geringere Quoren, eine grundsätzliche Terminierung von Volks- oder Bürger/innenentscheide an Wahltagen, feste Fristen für Zulässigkeitsprüfungen der Exekutive, Aufwandserstattungen für erfolgreiche

183 Torsten Schneider, Björn Böhning et al. (2016): S. 26.

Entscheide, Referendumsvorbehalte für Änderungen an Gesetzen, die per Volksentscheid zustande gekommen sind. Auf Bundesebene ist der Volksentscheid nach der Verfassung zwar zulässig, wird aber vom Parlament bislang nicht mit konkreten Ausführungsvorschriften erleichtert, auch hier würde mehr direkte Demokratie die öffentlichen Infrastrukturen der Daseinsvorsorge voraussichtlich stärken.

7.20 Fazit

Öffentliche Daseinsvorsorge hat eine anhaltend hohe Bedeutung für die Gesellschaft. Die diesbezüglichen Erwartungen der Bürger/innen nehmen eher zu. Dennoch gab es in den vergangenen 15 Jahren eine lange Phase der Unterinvestition, die einen steten Verfall der Infrastrukturen nach sich gezogen hat. Dieser Investitionsstau ist Ausdruck der teils prekären Lage der öffentlichen Haushalte, die durch große Unterschiede zwischen einzelnen öffentlichen Körperschaften sowie durch die Schuldenbremse und Maastricht-Kriterien in Zukunft noch verstärkt wird. Das Diktum zum Sparen betrifft öffentliche Infrastrukturen in besonderem Maße, weil Konsequenzen einer Sparpolitik hier nicht sofort sichtbar werden, sondern erst wenn der Verfall deren Nutzbarkeit einschränkt.

Als Problemlösung wird bislang meist vorgeschlagen, Private in die Leistungen der Daseinsvorsorge einzubeziehen. Diese Entwicklung hat sich jedoch als problematisch erwiesen. Durch privates Kapital werden die Probleme der öffentlichen Haushalte nicht gelöst – im Gegenteil: Vielerorts explodieren die Kosten für die Errichtung und den Betrieb privat finanzierter Anlagen. Zudem gehen demokratische Legitimation, Transparenz und das entsprechende Know-how der Verwaltungen verloren. So entstehen Umverteilungsprozesse, die den Privatisierungsprozess noch verstärken.

Tatsächlich kann es jedoch einen anderen Umgang mit Verschuldung geben als immer neue Privatisierungen. Dazu ist ein ganzes Bündel an Maßnahmen denkbar und möglich. Eine Rückkehr zu klassischer Haushaltspolitik gehört ebenso dazu wie eine Erhöhung der Einnahmen, etwa durch eine Wiederbelebung der Vermögenssteuer und eine Reform der Erbschaftssteuer. Eigene Ressorts für Infrastrukturpolitik böten die Möglichkeit, entsprechende Maßnahmen planerisch und in der Umsetzung besser aufeinander abzustimmen – und dabei entsprechendes Know-how in den Verwaltungen zu bündeln und Synergieeffekte zu nutzen. Gleichzeitig ließe sich, etwa durch Änderungen im Baurecht, die öffentliche Hand als Bauherr stärken, entsprechende Zielvereinbarungen kämen den Beschäftigten zugute.

Zudem ist zu bedenken, dass die Infrastrukturen der Daseinsvorsorge den Bürger/innen dienen, die sie bezahlt haben. Umso wichtiger ist, dass sie die Kontrolle darüber behalten, was mit diesen Infrastrukturen geschieht. Mehr direkte Demokratie, beispielsweise in Form von Volksentscheiden oder durch einen obligatorischen Plebiszit-Vorbehalt für den Verkauf und die Beleihung, wären geeignete Mittel, diese demokratische Kontrolle wieder her- und dauerhaft sicherzustellen. Aber auch bei der Verwaltung der Güter und Dienstleistungen der öffentlichen Daseinsvorsorge sollten wichtige Reformen folgen, die Transparenz und die Beteiligung der Bürger/innen im alltäglichen Geschäft etablieren.

DANKSAGUNG

Im Vorfeld der Erstellung dieser Studie haben wir mehrere Interviews und Gespräche geführt. Mit ihrer Expertise haben uns insbesondere geholfen: Christa Hecht, Geschäftsführerin der Allianz der öffentlichen Wasserwirtschaft (AöW), Karl-Martin Hentschel, Bundesvorstand von Mehr Demokratie sowie aktiv im Netzwerk Steuergerechtigkeit und in der Attac-AG Finanzmärkte, Prof. Dr. Holger Mühlenkamp, Inhaber des Lehrstuhls für Öffentliche Betriebswirtschaftslehre an der Universität für Verwaltungswissenschaften Speyer, Renate Sternatz, Bereichsleiterin des Fachbereichs Gemeinden bei der Gewerkschaft ver.di, und Dr. Axel Troost, MdB und finanzpolitischer Sprecher der Fraktion Die Linke im Bundestag. Wir danken unseren Interview- und Gesprächspartner/innen herzlich für diese Unterstützung!

Nach Vorliegen des Textes haben sich Dr. Tim Engartner, Professor für Didaktik der Sozialwissenschaften an der Goethe-Universität Frankfurt am Main, sowie Markus Henn, Politikwissenschaftler und Referent für Finanzmärkte bei WEED, die Mühe gemacht, unsere Analysen und Aussagen gegenzulesen und uns hilfreiche Hinweise dazu gegeben. Auch ihnen dafür vielen Dank!

Unser besonderer Dank gilt Dr. Heike Löschmann von der Heinrich-Böll-Stiftung, deren Weitblick das Zustandekommen dieser Studie in der vorliegenden Form maßgeblich bewirkt hat.

QUELLEN

AMTSBLATT DER EUROPÄISCHEN UNION, Mitteilungen und Bekanntmachungen, Ausgabe vom 30. März 2010, online: http://eur-lex.europa.eu/legal-content/DE/TXT/PDF/?uri=OJ:C:2010:083:FULL&from=DE.

ARBEITSKREIS «STUTTGART 21 IST ÜBERALL», online: https://stuttgart21ueberall.wordpress.com/tag/6-forum-gegen-aufgezwungene-unnuetze-grossprojekte.

FELIX ARNOLD, Florian Boettcher, Ronny Freier, René Geißler, Benjamin Holler (2015): Kommunaler Finanzreport, hrsg. von der Bertelsmann-Stiftung, Gütersloh, online: www.bertelsmann-stiftung.de/fileadmin/files/BSt/Publikationen/GrauePublikationen/Studie_LK_Kommunaler-Finanzreport-2015.pdf.

THORSTEN BECK, Christoph Kaserer, Marc Steffen Rapp (2015): Beteiligungs- und Kapitalmarktfinanzierung im deutschen Finanzsystem: Zustand und Entwicklungsperspektiven. Dienstleistungsprojekt I C 4 – 27/14 des Bundesministerium für Wirtschaft und Energie, Abschlussbericht.

SVEN BECKER (2016): Kosten für Dauerstreit um Lkw-Maut explodieren in: Spiegel, online: www.spiegel.de/politik/deutschland/lkw-maut-kosten-fuer-schiedsverfahren-explodieren-a-1087972.html.

BERICHT DER EXPERTENKOMMISSION IM AUFTRAG DES BUNDESMINISTERS FÜR WIRTSCHAFT UND ENERGIE, Sigmar Gabriel (2015): Stärkung von Investitionen in Deutschland, online: www.bmwi.de/Redaktion/DE/Downloads/I/investitionskongress-report-gesamtbericht-deutsch-barrierefrei.pdf?__blob=publicationFile&v=1.

BERLINER LANDESVERFASSUNGSGERICHT (2009): BerlVerfGH vom 6. Oktober 2009 (VerfGH 63/08).

BERLINER WASSERTISCH (2015): Berliner Wassercharta, Fassung März 2015, http://berliner-wasserrat.de/charta.php.

CLAIRE BERLINSKI (2010): There Is No Alternative: Why Margaret Thatcher Matters, Basic Books, New York.

FLORIAN BLANK, Camille Logeay, Erik Türk, Josef Wöss, Rudolf Zwiener (2016): Alterssicherung in Deutschland und Österreich – vom Nachbarn lernen? Hrsg. von der Hans-Böckler-Stiftung, WSI-Report Nr. 27, 1/2016, online: www.boeckler.de/pdf/p_wsi_report_27_2016.pdf.

KURT BODEWIG (2015): Zwischenbericht der Kommission «Bau und Unterhalt des Verkehrsnetzes».

JÖRG BOGUMIL, Johann-Christian Pielow, Jens Ebbinghaus, Sascha Gerber, Maren Kohrsmeyer (2010): Die Gestaltung kommunaler Daseinsvorsorge im Europäischen Binnenmarkt – empirische Untersuchung zu den Auswirkungen des europäischen Beihilfe- und Vergaberechts insbesondere im Abwasser-und Krankenhaussektor sowie in der Abfallentsorgung, erstellt im Auftrag des Ministers für Bundesangelegenheiten, Europa und Medien des Landes Nordrhein-Westfalen, online: www.sowi.ruhr-uni-bochum.de/mam/images/regionalpolitik/gestaltung_kommunaler_daseinsvorsorge.pdf.

PETRA BÖHNKE, Jens Kersten, Berthold Vogel (Hg.) (2015): Der Wert öffentlicher Güter. Bericht der «Kommission Öffentliche Güter» der Heinrich-Böll-Stiftung. Schriften zu Wirtschaft und Soziales, Bd. 15, hrsg. von der Heinrich-Böll-Stiftung, Berlin, online: www.boell.de/sites/default/files/der-wert-oeffentlicher-gueter.pdf.

DETLEF BORCHERS (2012): Maut jenseits von Toll Collect, in: heise online, Online: www.heise.de/newsticker/meldung/Maut-jenseits-von-Toll-Collect-LKW-Maut-auf-allen-Strassen-gefordert-1765141.html.

TILMAN BRACHER, Busso Grabow, Stefan Schneider, Antje Seidel-Schulze, Michael Reidenbach (2008): Investitionsrückstand und Investitionsbedarf der Kommunen – Ausmaß, Ursachen, Folgen, Strategien, Hg. vom Deutschen Institut für Urbanistik, Edition Difu – Stadt – Forschung – Praxis, Bd. 4, Berlin.

SIEGFRIED BROSS (2015): Privatisierung staatlicher Infrastrukturbereiche in der «sozialen Demokratie». Probleme, Risiken, verfassungs- und gemeinschaftsrechtliche Bindungen, Folgerungen für die Mitbestimmung und strategische Überlegungen, Schriften der Hans-Böckler-Stiftung, Band 84, Nomos Verlag, Baden-Baden.

BUNDESFINANZMINISTERIUM (2015): Bund startet Neue Generation von ÖPP-Projekten, Pressemitteilung vom 30. April 2015, online: www.bundesfinanzministerium.de/Content/DE/Pressemitteilungen/Finanzpolitik/2015/04/2015-04-30-PM17.html.

BUNDESRECHNUNGSHOF (2014): Bericht an den Haushaltsausschuss des Bundestags über Öffentlich Private Partnerschaften im Bundesfernstraßenbau, online: www.gemeingut.org/wp-content/uploads/2014/06/2014-06-04_Bericht_BRH_zu_PPP_an_Haushaltsausschuss.pdf.

BUNDESRECHNUNGSHOF (2008): Prüfung ÖPP im Straßenbau, Anwendung des A-Modells beim Ausbau der BAB A 1 zwischen dem Bremer Kreuz und dem Autobahndreieck Buchholz, Gz.: V 3-2006-1242, Bonn.

BUNDESREGIERUNG (2014): Antwort auf die Große Anfrage der Fraktion DIE LINKE, 20-Jahres-Bilanz der Bahnreform von 1994 bis 2014 , Deutscher Bundestag, Drucksache 18/1500, online: http://dip21.bundestag.de/dip21/btd/18/032/1803266.pdf.

BUNDESZENTRALE FÜR POLITISCHE BILDUNG (2015): Das Vermögen der DDR und die Privatisierung durch die Treuhand, online: www.bpb.de/geschichte/deutsche-einheit/zahlen-und-fakten-zur-deutschen-einheit/211280/das-vermoegen-der-ddr-und-die-privatisierung-durch-die-treuhand.

BÜNDNIS 90/DIE GRÜNEN (2017): Antrag der Fraktion «Öffentliches Vermögen erhalten, ehrlich bilanzieren, richtig investieren», Deutscher Bundestag, Drucksache 18/11188, online: http://dip21.bundestag.de/dip21/btd/18/111/1811188.pdf.

BUNDESVERFASSUNGSGERICHT BVerfGE 66, 248, 258.

COLIN CROUCH (2008): Postdemokratie, Suhrkamp Verlag, Frankfurt am Main.

MIKE DAVIS (2007): Planet der Slums, Assoziation A Verlag, Berlin.

DBB BEAMTENBUND UND TARIFUNION/forsa Gesellschaft für Sozialforschung und statistische Analysen mbH (2015): Bürgerbefragung öffentlicher Dienst, www.dbb.de/fileadmin/pdfs/2015/forsa_2015.pdf.

SABINE DECKWERTH (2010): Berliner Verfassungsrichter: Senat muss Akten über Verkauf der Wasserbetriebe öffnen. Parlamentarier dürfen in alle Ordner gucken, in: Berliner Zeitung vom 15. Juli 2010, online: www.berliner-zeitung.de/berliner-verfassungsrichter--senat-muss-akten-ueber-verkauf-der-wasserbetriebe-oeffnen-parlamentarier-duerfen-in-alle-ordner-gucken-14716730.

CHRISTINA DECKWIRTH (2008): Kommunalwirtschaft und Global Players. Stand der Liberalisierung und Privatisierung in der Bundesrepublik Deutschland. In: Torsten Brandt, Thorsten Schulten, Gabriele Sterkel, Jörg Wiedemuth (Hg.): Europa im Ausverkauf. Liberalisierung und Privatisierung öffentlicher Dienstleistungen und ihre Folgen für die Tarifpolitik, VSA-Verlag, Hamburg, S. 42–67.

ALEX DEMIROVIĆ, Heike Walk (Hg.) (2011): Demokratie und Governance. Kritische Perspektiven auf neue Formen politischer Herrschaft. Westfälisches Dampfboot, Münster.

DEUTSCHE BUNDESBANK (2017): Geldschöpfung, Schülerbuch Geld und Geldpolitik digital, online: www.bundesbank.de/Redaktion/DE/Dossier/Service/schule_und_bildung_kapitel_3.html?notFirst=true&docId=147694#chap.

DEUTSCHE BANK RESEARCH (2011): Erlöse, Wettbewerb, Wachstum. Möglichkeiten der Privatisierung im Eurogebiet, online: www.dbresearch.de/PROD/DBR_INTERNET_DE-PROD/PROD0000000000279744/Erl%C3%B6se%2C+Wettbewerb%2C+Wachstum%3A+M%C3%B6glichkeiten+der+Privatisierung+im+Eurogebiet.pdf.

DIE PRESSE (2014): Staatsanleihen als Verkaufsschlager, Printausgabe vom 21. Juli 2014, online: http://diepresse.com/home/meingeld/3841532/Staatsanleihen-als-Verkaufsschlager.
DIE PRESSE (2015): ASFINAG muss dem Staat doppelt so viel abliefern, Printausgabe vom 25. April 2015, online: http://diepresse.com/home/wirtschaft/economist/4716787/Asfinag-muss-dem-Staat-doppelt-so-viel-abliefern?from=simarchiv.
DIE WELT (2014): Wirtschaftsforscher fordern Autobahnprivatisierung, 30. August 2014, online: www.welt.de/newsticker/news1/article131746558/Wirtschaftsforscher-fordern-Autobahnprivatisierung.html.
PETRA DOBNER (2010): Wasserpolitik. Zur politischen Theorie, Praxis und Kritik globaler Governance, Suhrkamp Verlag, Berlin.
TIM ENGARTNER (2014): Der große Postraub, Die Privatisierung der Bundespost und ihre Folgen. In: Blätter für deutsche und internationale Politik, 1/2014, online: www.fb03.uni-frankfurt.de/49005923/Privatisierung_Der-grosse-Postraub_Blaetter_I_2014.pdf
TIM ENGARTNER (2016): Staat im Ausverkauf. Privatisierung in Deutschland. Campus, Frankfurt.
CHRISTOPH ENGELHARDT (2017): Stuttgart21: Leistung, WikiReal, online: http://wikireal.org/wiki/Stuttgart_21/Leistung.
EUROPÄISCHER WIRTSCHAFTS- UND SOZIALAUSSCHUSS (2015): Stellungnahme des Sozialausschusses, «Eine Investitionsoffensive für Europa», ECO/374, online: http://edz.bib.uni-mannheim.de/edz/doku/wsa/2014/ces-2014-7287-de.pdf.
EUROSTAT (2017): Bereitstellung der Daten zu Defizit und Schuldenstand 2016, Pressemitteilung vom 24. April 2017, http://ec.europa.eu/eurostat/documents/2995521/7997689/2-24042017-AP-DE.pdf/f7e33ad8-0bdc-4780-b6e0-56f997a7f0ef.
EUROSTAT (2016): General government deficit/surplus, online: http://ec.europa.eu/eurostat/tgm/table.do?tab=table&init=1&language=en&pcode=tec00127&plugin=1.
FLEISCHHAUER, Hoyer & Partner – Private Equity Consultants (2009): Anlageklasse Infrastruktur: Potenziale und Perspektiven. Eine empirische Marktanalyse – Executive Summary, online: www.fhpe.de/vc-panel/Anlageklasse%20Infrastruktur_Summary_FHP.pdf.
ERNST FORSTHOFF (1933): Der totale Staat, Hanseatische Verlagsanstalt, Hamburg.
ERNST FORSTHOFF (1938): Die Verwaltung als Leistungsträger, Kohlhammer, Stuttgart.
ERNST FORSTHOFF (1958): Die Daseinsvorsorge und die Kommunen, Kohlhammer, Stuttgart.
ARNO GAHRMANN, Ernst Mönnich, Malte Moewes, Silke Overman, Benno Reinhardt, Thomas Wüst (2012): Public Private Partnership. Organisationsvarianten für eine nachhaltige Entsorgung. Evaluierung von Fallbeispielen für die Praxis, Lit Verlag, Berlin.
GEMEINGUT IN BÜRGERINNENHAND (2016): Die ASFINAG – ein Vorbild für die deutsche Autobahnverwaltung?, 10. Mai 2016, online: www.gemeingut.org/die-asfinag-ein-vorbild-fuer-die-deutsche-autobahnverwaltung.
WOLFGANG GERSTLBERGER, Michael Siegl (2009): Öffentliche Dienstleistungen – unverzichtbarer Baustein der Daseinsvorsorge! Zwei Jahrzehnte Privatisierung: Bilanz und Ausblick, WISO Diskurs, Juni 2009, online: http://library.fes.de/pdf-files/wiso/06514.pdf. Wolfgang Gerstlberger, Karsten Schneider, Katrin von Schäwen (2008): Öffentlich Private Partnerschaften. Zwischenbilanz, empirische Befunde und Ausblick, Bd. 31. Nomos Verlag Baden-Baden.
HANS-BÖCKLER-STIFTUNG (2016): Höhere Rente beim Nachbarn, Impuls 1/2016. online: www.boeckler.de/Impuls_2016_01_1.pdf
SILKE HELFRICH/Heinrich-Böll-Stiftung (Hg.): Commons. Für eine neue Politik jenseits von Markt und Staat. transcript, Bielefeld 2012, online: www.boell.de/sites/default/files/2012-04-buch-2012-04-buch-commons.pdf.
TOBIAS HENTZE (2016): Stellungnahme zum Mittelfristigen Finanzplan für die Jahre 2016 bis 2020 für den Freistaat Thüringen, Anhörungsverfahren des Haushalts- und Finanzausschusses zur Drucksache 6/2655, IW-Report 38/2016, hrsg. vom Institut der deutschen Wirtschaft Köln, online: www.iwkoeln.de/_storage/asset/317976/storage/master/file/11589023/download/IW-Report_38_2016_Mittelfristiger_Finanzplan_Thueringen.pdf.

GEORG HERMES, Holger Weiß (2017): Neuordnung der Bundesfernstraßenverwaltung – Politische Steuerung, Privatisierung, Kreditaufnahme. Rechtliches Kurzgutachten im Auftrag der SPD-Bundestagsfraktion, Freiburg, Stuttgart, 20. März 2017.

GEORG HERMES, Holger Weiß, Thorsten Beckers (2016): Verhindert der Vorschlag der Bundesregierung vom 24.11.2016 zur Neufassung des Art. 90 GG eine Privatisierung der Bundesautobahnen? Eine rechtliche und ökonomische Bewertung der Privatisierungsschranken in dem Entwurf der Bundesregierung zur Neufassung des Art. 90 GG vom 24.11.2016 unter Berücksichtigung der geplanten einfachgesetzlichen Anpassungen, Kurzgutachten im Auftrag des Zentralverbandes des Deutschen Baugewerbes (ZDB), online: www.wip.tu-berlin.de/fileadmin/fg280/forschung/publikationen/2016/Kurzgutachten_Beurteilung_Art-90-GG-Entwurf_der_Bundesregierung_hinsichtlich_Privatisierungsschranken-v90.pdf.

UWE HOERING (2003): «Zauberformel PPP» – «Entwicklungspartnerschaften» mit der Privatwirtschaft. Ausmaß – Risiken – Konsequenzen. WEED – Weltwirtschaft, Ökologie & Entwicklung e.V., online: www2.weed-online.org/uploads/Zauberformel%20PPP.pdf.

JÖRG HUFFSCHMID (2008): Die Bedeutung der EU für die Liberalisierung und Privatisierung öffentlicher Dienstleistungen. In: Torsten Brandt et al. (2008): S. 14–41

INSTITUT DER DEUTSCHEN WIRTSCHAFT KÖLN (2016): Nur jeder zehnte Euro fließt in die Infrastruktur, online: www.iwd.de/artikel/nur-jeder-zehnte-euro-fliesst-in-die-infrastruktur-285975

INTERNATIONALER WÄHRUNGSFONDS (2016) World Economic Outlook Database, General government gross debt, Percent of GDP, www.imf.org/external/pubs/ft/weo/2016/02/weodata/weorept.aspx?sy=2008&ey=2017&scsm=1&ssd=1&sort=country&ds=.&br=1&pr1.x=60&pr1.y=11&c=182%2C134%2C184%2C178%2C136%2C111&s=GGXWDG_NGDP&grp=0&a=.

WERNER JANN, Kai Wegrich (2004): Governance und Verwaltungspolitik. In: Arthur Benz (Hg.): Governance – Regieren in komplexen Regelsystemen. Eine Einführung. Governance, Bd. 1, VS Verlag für Sozialwissenschaften, Wiesbaden, S. 193–214.

KARSTEN KAMMHOLZ, Kerstin Münstermann (2016): Rechnungshof-Präsident Scheller: «Internet ist Steueroase», Berliner Morgenpost vom 12. Dezember 2016, online: www.morgenpost.de/politik/inland/article208953033/Rechnungshof-Praesident-Scheller-Internet-ist-Steueroase.html.

ROBERT KÖSLING, Renate Sternatz (2009): Public-Private-Partnership (PPP/ÖPP) im kommunalen Hoch- und Tiefbau. Verfahrensabläufe – Hintergründe – Kritik – Praxisbeispiele, hrsg. von der Dienstleistungsgesellschaft ver.di, Berlin.

ANDREAS KRAUTSCHEID (Hg.) (2009): Die Daseinsvorsorge im Spannungsfeld von europäischem Wettbewerb und Gemeinwohl – eine sektorspezifische Betrachtung, VS Verlag, Wiesbaden.

MALTE KREUTZFELDT (2016): Schon der Prozess kostet Millionen, in: taz vom 18.Oktober 2016, online: www.taz.de/!5346027.

JÜRGEN LAUBER, Hans Kranz, Bernd Hanke (2014): BauWesen/BauUnwesen: Warum geht Bauen in Deutschland schief? Bauwesen.co, Courgevaux.

MONIKA LEGE, Bernhard Knierim, Heiner Monheim, Winfried Wolf (2014): Alternativer Geschäftsbericht der DB AG 2013, online: www.bahn-fuer-alle.de/pages/bestandsaufnahme/alternativer-geschaeftsbericht-2013.php.

THOMAS LENK, Martina Kuntze (2012): Neuordnung der föderalen Finanzverfassung nach 2019 unter besonderer Berücksichtigung der kommunalen Finanzausstattung, hrsg. von der Bertelsmann Stiftung, online: www.bertelsmann-stiftung.de/fileadmin/files/BSt/Presse/imported/downloads/xcms_bst_dms_36547__2.pdf.

JENS LOEWE (2010): Stuttgart 21 – demokratisch legitimiert?, Lobbypedia, online: https://lobbypedia.de/images/5/57/12e_Stuttgart_21_demokratisch_legit.pdf.

BERT LOSSE, Cornelia Schmergal (2010): DGB fordert Abschaffung der Schuldenbremse, Handelsblatt vom 24. April 2010, online: www.wiwo.de/politik/deutschland/gewerkschaften-dgb-fordert-abschaffung-der-schuldenbremse/5639996.html.

UGO MATTEI (2012): «Privatisierung ist Diebstahl an der Öffentlichkeit – Das Gemeineigentum braucht Verfassungsrang», Le Monde diplomatique vom 13. Januar 2012, online: http://monde-diplomatique.de/artikel/!626403.

CHRISTOPH MÖLLERS (2016): Eine verfassungspolitische Bewertung der aktuellen Diskussion um eine Änderung des Art. 90 GG, erstellt im Auftrag der Bundestagsfraktion Bündnis 90/Die Grünen, online: www.gruene-bundestag.de/fileadmin/media/gruenebundestag_de/themen_az/verkehr/PDF/Gutachten_Bundesfernstrassen.pdf.

GABRIELA MOSER (2015): Beantwortung des Fragenkatalogs zum Thema ÖPP/PPP für die Öffentliche Anhörung des Ausschusses für Bauen, Wohnen, Stadtentwicklung und Verkehr im Landtag NRW, Düsseldorf, 22. September 2015, online: www.landtag.nrw.de/Dokumentenservice/portal/WWW/dokumentenarchiv/Dokument/MMST16-3024.pdf;jsessionid=BDCE66D5C7026476F4925AC9F7C07532.ifxworker.

HOLGER MÜHLENKAMP (2006): Public Private Partnership aus der Sicht der Transaktionskostenökonomik und der Neuen Politischen Ökonomie. In: Dietrich Budäus (Hg.) (2005): Kooperationsformen zwischen Staat und Markt – Theoretische Grundlagen und praktische Ausprägungen von Public Private Partnership, Schriftenreihe Öffentliche Dienstleistungen, Band 54, Nomos, Baden-Baden, S. 29–48.

HOLGER MÜHLENKAMP am 6. Juni 2016 im Interview mit den Autor/innen.

HOLGER MÜHLENKAMP (2016): Vortragsfolien «Empfehlungen der Fratzscher-Kommission – Wirkungen und Alternativen. Der Staat – in Zukunft eine Gesellschaft mit beschränkter Haftung?» beim ver.di-Fachdialog am 14. Januar 2016 in Berlin, online: https://gemeinden.verdi.de/++file++56c61cd2ba949b0680000994/download/Vortrag%20Prof.%20Dr.%20M%C3%BChlenkamp.pdf.

HOLGER MÜHLENKAMP (2015): Mündliche Stellungnahme in der Anhörung im Ausschuss für Bauen, Wohnen, Stadtentwicklung und Verkehr, Landtag Nordrhein-Westfalen am 22. September 2015, Ausschussprotokoll APr 16/1002, online: www.gemeingut.org/wp-content/uploads/2016/03/Wortprotokoll_2015_09_22.pdf.

HOLGER MÜHLENKAMP (2012): Effizienzgewinne und Entlastungen öffentlicher Haushalte durch Public Private Partnership (PPP)? In: Ulrich Küpper, Lothar Semper (Hg.): Chancen und Risiken von PPP. Eine Betrachtung aus ökonomischer und juristischer Perspektive, Ludwig-Fröhler-Institut, München, S. 63–126, online: http://docplayer.org/27925481-Effizienzgewinne-und-entlastungen-oeffentlicher-haushalte-durch-public-private-partnership-ppp.html.

NDR (2009): Todesfalle Autobahnbaustelle, NDR Markt vom 9. November 2009, 20.15 Uhr.

MARK OELMANN, Iris Böschen, Claudia Kschonz, Gernot Müller (2009): 10 Jahre Wasserpartner Berlin. Eine Bilanz der öffentlich-privaten Partnerschaft zwischen dem Land Berlin, RWE Aqua und Veolia Wasser, WIK-Consult GmbH, Bad Honnef, online: www.wik-consult.com/uploads/media/10JahreWasserpartnerBerlin.pdf.

ELINOR OSTROM (1990): Governing the Commons: The Evolution of Institutions for Collective Action, Cambridge University Press.

P&P TREUHAND GMBH (2015): 182. Prüfung «Nachschau PPP Kreis Offenbach» nach dem Gesetz zur Regelung der überörtlichen Prüfung kommunaler Körperschaften in Hessen (ÜPKKG) im Auftrag des Präsidenten des Hessischen Rechnungshofs, Wiesbaden, 26. März 2015.

THOMAS PIKETTY (2014): Das Kapital im 21. Jahrhundert, C.H. Beck, München.

PRÄSIDENTINNEN UND PRÄSIDENTEN DER RECHNUNGSHÖFE DES BUNDES UND DER LÄNDER (2011): Gemeinsamer Erfahrungsbericht zur Wirtschaftlichkeit von ÖPP-Projekten vom 14. November 2011, Wiesbaden, online: http://docplayer.org/4906277-Gemeinsamer-erfahrungsbericht-zur-wirtschaftlichkeit-von-oepp-projekten.html.

ALICE RATCLIFE (2007): Zukunft bauen. Infrastruktur als Investition. In: Bauen für die Zukunft – Infrastruktur als Investition, ahead, Investment-Magazin, Ausgabe 2, April/Mai 2007, S. 5–8 und S. 26, online: www.oecd.org/sti/futures/infrastructureto2030/38939784.pdf.

RAUMORDNUNGSGESETZ vom 22. Dezember 2008 (BGBl. I S. 2986), § 2 Abs. 2 Ziffer 1, zuletzt geändert durch Artikel 124 der Verordnung vom 31. August 2015 (BGBl. I S. 1474), online: www.gesetze-im-internet.de/bundesrecht/rog_2008/gesamt.pdf.

KATJA RIETZLER (2014): Anhaltender Verfall der Infrastruktur. Die Lösung muss bei den Kommunen ansetzen, IMK-Report 94, hrsg. vom Institut für Makroökonomie und Konjunkturforschung der Hans-Böckler-Stiftung, Düsseldorf, online: www.econstor.eu/bitstream/10419/106118/1/imk-report_94_2014.pdf.

CHRISTINE RÜCKNER (2011): Integration in den Finanz- und Personalstatistiken. Auf dem Weg zum finanzstatistischen Gesamtbild, Statistisches Bundesamt; Wirtschaft und Statistik, online: www.destatis.de/DE/Publikationen/ WirtschaftStatistik/FinanzenSteuern/Personalstatistiken122011.pdf?_blob=publicationFile.

WERNER RÜGEMER (2008): Privatisierung in Deutschland. Eine Bilanz. Von der Treuhand zu Public Private Partnership, Westfälisches Dampfboot, Münster.

TORSTEN SCHNEIDER, Björn Böhning et al. (2016): Abschlussbericht der AG Schule der Berliner SPD, online: www.spd.berlin/w/files/spd-positionen/abschlussbericht_ag-schule.pdf.

LUDGER SCHUKNECHT (2014): Private Investitionen im Bereich Infrastruktur aus nationaler Sicht und im Rahmen von G 20, Bundesministerium für Finanzen, Berlin.

RENATE SCHULZE-STEIKOW (2016): Wirtschaft und öffentlicher Sektor. Auszug aus dem Datenreport 2016, Abschnitt 4.2. Öffentliche Finanzen, öffentlicher Dienst, Statistisches Bundesamt, S. 112–123, online: www.destatis.de/DE/Publikationen/Datenreport/Downloads/Datenreport-2016Kap4.pdf?__blob=publicationFile.

HARALD SCHUMANN (2015): «Die Sparpolitik in Griechenland ist unglaublich destruktiv», Interview mit Ökonom Paul Krugman, Print-Ausgabe vom 25. Februar 2015, online: www.tagesspiegel.de/politik/interview-mit-oekonom-paul-krugman-die-sparpolitik-in-griechenland-ist-unglaublich-destruktiv/11406210.html.

JÜRGEN SCHUTTE (2015): Was ist ÖPP und was haben ihre Befürworter vor?, Vortrag auf Einladung von Attac, DGB Dortmund und Nachdenktreff, Dortmund, 19. Oktober 2015, online unter www.gemeingut.org/wp-content/uploads/2015/10/Vortrag_Was_ist_OEPP.pdf.

STATISTA (2017): Weltweites Bruttoinlandsprodukt (BIP) in jeweiligen Preisen von 2006 bis 2016 (in Billionen US-Dollar) https://de.statista.com/statistik/daten/studie/159798/umfrage/entwicklung-des-bip-bruttoinlandsprodunkt-weltweit.

STATISTA (2017): Bruttoinlandsprodukt (BIP) in Deutschland von 1991 bis 2016 (in Milliarden Euro) Bruttoinlandsprodukt (BIP) in Deutschland von 1991 bis 2016 (in Milliarden Euro), https://de.statista.com/statistik/daten/studie/1251/umfrage/entwicklung-des-bruttoinlandsprodukts-seit-dem-jahr-1991.

RENATE STERNATZ am 28. Juni 2016 im Interview mit den Autor/innen.

KATJA THIELE, Carl Waßmuth (2016): Aktuelle Entwicklungen bei der Privatisierung der Daseinsvorsorge in Deutschland mit besonderem Fokus auf Bundesfernstraßen, online: www.gemeingut.org/wp-content/uploads/2016/02/Studie_Privatisierung_Fernstrassen_-2016_02_09.pdf.

PETER WAHL (2009): Entwaffnet die Märkte! Der Finanzcrash – Ursachen, Hintergründe, Alternativen, Attac-Basis-Texte 32,VSA-Verlag, Hamburg.

CARL WASSMUTH (2017): Schriftliche Stellungnahme zur öffentlichen Anhörung des Haushaltsausschusses des Deutschen Bundestages am 24. April 2017 «Öffentliches Vermögen erhalten, ehrlich bilanzieren, richtig investieren», online: www.bundestag.de/blob/503808/c3d8c8af253dc329e712e9b1990ddda0/carl-friedrich-wassmuth-data.pdf.

DEXTER WHITFIELD (2017): PFI/PPP Buyouts, Bailouts, Terminations and Major Problem Contracts, ESSU Research Report No 9, online: www.european-services-strategy.org.uk/publications/essu-research-reports/pfippp-buyouts-bailouts-terminations-and-major/pfi-ppp-buyouts-bailouts-and-terminations.pdf.

DEXTER WHITFIELD (2010): Global Auction of Public Assets: Public sector alternatives to the infrastructure market & Public Private Partnerships, Spokesman, Nottingham.

WINFRIED WOLF (2017): abgrundtief + bodenlos. Stuttgart 21 und sein absehbares Scheitern, PapyRossa Verlag, Köln.

WORLD BANK (2009): Global Monitoring Report, online: http://siteresources.worldbank.org/INTGLOMONREP2009/Resources/5924349-1239742507025/GMR09_book.pdf.

WORLD ECONOMIC FORUM (2017): Global Competitiveness Report 2016–2017, online: www3.weforum.org/docs/GCR2016-2017/05FullReport/TheGlobalCompetitivenessReport2016-2017_FINAL.pdf.

ABKÜRZUNGEN

A-Modell	Ausbau-Modell
ASFINAG	Autobahnen- und Schnellstraßen-Finanzierungs-Aktiengesellschaft
BAB	Bundesautobahn(en)
BER	Flughafen Berlin Brandenburg Willy Brandt
BIP	Bruttoinlandsprodukt
CBL	Cross-Border-Leasing
dbb	Deutscher Beamtenbund
Destatis	Statistisches Bundesamt Deutschland
DIW	Deutsches Institut für Wirtschaftsforschung
EIB	Europäische Investitionsbank
ESVG	Europäisches System Volkswirtschaftlicher Gesamtrechnungen
EU	Europäische Union
Eurostat	Zusammenschluss der Statistikämter in der EU
EWG	Europäische Wirtschaftsgemeinschaft
FTS	Finanztransaktionssteuer
HOAI	Honorarordnung für Architekten und Ingenieure
IFG	Informationsfreiheitsgesetz des Bundes
KfW	Kreditanstalt für Wiederaufbau
LBen	Landesbanken
ÖPP(s)	Öffentlich-Private Partnerschaft(en)
PFI	Private Finance Initiative
PPP	Public Private Partnership
SBB	Schweizer Bundesbahnen
VEB	Volkseigene Betriebe
VEBA	Vereinigte Elektrizitäts- und Bergwerks AG
VIAG	Vereinigte Industrieunternehmungen AG
V-Modell	Verfügbarkeitsmodell

AUTOR/INNEN UND PARTNER

Jana Mattert ist Philologin sowie Politik-und Verwaltungswissenschaftlerin. Sie arbeitet seit 2015 für den Verein Gemeingut in BürgerInnenhand. Ihr Arbeitsschwerpunkt liegt auf öffentlich-private Partnerschaften im internationalen Kontext.

Laura Valentukeviciute ist Mitbegründerin und Sprecherin des Vereins Gemeingut in BürgerInnenhand. Die Sozialwissenschaftlerin beschäftigt sich seit 2007 mit dem Thema Privatisierung der Infrastruktur der öffentlichen Daseinsvorsorge als Referentin und Autorin. Sie veröffentlichte u. a. Beiträge in den «Blättern für deutsche und internationale Politik», «Neue Gesellschaft/Frankfurter Hefte» sowie in der Zeitschrift «Lunapark 21». Im Rahmen der Debatte um die Grundgesetzänderung und Autobahnprivatisierung sowie die Einführung der Pkw-Maut wurde sie als Sachverständige zu Anhörungen im Finanz- und Haushaltsausschuss des Deutschen Bundestages eingeladen.

Carl Waßmuth ist beratender Ingenieur für das Bauwesen, Infrastrukturexperte und betreibt in Berlin ein Ingenieurbüro für Statik und Tragwerksplanung. Er ist Mitbegründer von Gemeingut in BürgerInnenhand und als Vorstand für die Pressearbeit sowie die Fachthemen Verkehr und Bildung zuständig. Carl Waßmuth hat zuletzt gemeinsam mit Katja Thiele eine Studie zur Autobahnprivatisierung verfasst: «Aktuelle Entwicklungen bei der Privatisierung der Daseinsvorsorge in Deutschland mit besonderem Fokus auf Bundesfernstraßen», online: www.gemeingut.org/privatisierungsstudie.

Gemeingut in BürgerInnenhand (GiB) e.V. tritt für die Bewahrung und Demokratisierung öffentlicher Einrichtungen der Daseinsvorsorge ein. Gemeingüter wie Wasser, Bildung, Mobilität, Energie und vieles andere sollen unter demokratische Kontrolle zurückgeführt werden. Ein inhaltlicher Schwerpunkt der Arbeit von GiB ist das Thema Privatisierung – und in diesem Zusammenhang insbesondere die Aufklärung über öffentlich-private Partnerschaften (ÖPPs).

Gemeingut in BürgerInnenhand (GiB) e.V.
Weidenweg 37, 10249 Berlin
Tel.: +49 (0) 30 373 00 442
E-Mail: info@gemeingut.org
Weitere Informationen: www.gemeingut.org